国家出版基金项目
NATIONAL PUBLICATION FOUNDATION

"十三五"国家重点出版物出版规划项目

知识产权经典译丛（第5辑）

国家知识产权局专利局复审和无效审理部◎组织编译

药物创新、竞争与专利法

［德］约瑟夫·德雷克斯（Josef Drexl）

［荷］纳里·李（Nari Lee） ◎编著

马秋娟 杨 倩 王 璟 等◎译

知识产权出版社
全国百佳图书出版单位
——北京——

© The Editors and Contributors Severally 2013

Pharmaceutical Innovation，Competition and Patent Law：A Trilateral Perspective

Edited by Josef Drexl，Nari Lee；Published by Edward Elgar

图书在版编目（CIP）数据

药物创新、竞争与专利法/（德）约瑟夫·德雷克斯，（荷）纳里·李编著；马秋娟等译. —北京：知识产权出版社，2020. 1

书名原文：Pharmaceutical Innovation，Competition and Patent Law

ISBN 978 - 7 - 5130 - 6420 - 0

Ⅰ. ①药… Ⅱ. ①约… ②纳… ③马… Ⅲ. ①药品管理法—研究 Ⅳ. ①D912. 16

中国版本图书馆 CIP 数据核字（2019）第 191951 号

内容提要

公众健康、安全和可接受的合理药品定价是药物法规共同的政策目标。由于在创新和竞争格局变化的背景下，行业参与者会动态挑战保护激励与这些政策目标实现之间的平衡。从创新的角度来看，本书探讨了平衡保护与药品可及性的难点，突出了统一和协调难点的问题。探索了针对制药创新领域如何利用专利战略和生命周期管理实践的根本问题，适用于知识产权、竞争法、生命科学法规以及制药公司和监管机构等方面的学者和从业人员。

责任编辑：卢海鹰　王玉茂	责任校对：潘凤越
装帧设计：卢海鹰　王玉茂	责任印制：刘译文

知识产权经典译丛

国家知识产权局专利局复审和无效审理部组织编译

药物创新、竞争与专利法

［德］约瑟夫·德雷克斯（Josef Drexl）
［荷］纳里·李（Nari Lee）　　　　编著

马秋娟　杨　倩　王　璟　等译

出版发行：知识产权出版社 有限责任公司	网　址：http：//www. ipph. cn
社　址：北京市海淀区气象路 50 号院	邮　编：100081
责编电话：010 - 82000860 转 8541	责编邮箱：wangyumao@ cnipr. com
发行电话：010 - 82000860 转 8101/8102	发行传真：010 - 82000893/82005070/82000270
印　刷：三河市国英印务有限公司	经　销：各大网上书店、新华书店及相关专业书店
开　本：720mm×1000mm　1/16	印　张：17
版　次：2020 年 1 月第 1 版	印　次：2020 年 1 月第 1 次印刷
字　数：305 千字	定　价：98. 00 元

ISBN 978 -7 -5130 -6420 -0

京权图字：01-2019-4995

总　序

当今世界，经济全球化不断深入，知识经济方兴未艾，创新已然成为引领经济发展和推动社会进步的重要力量，发挥着越来越关键的作用。知识产权作为激励创新的基本保障，发展的重要资源和竞争力的核心要素，受到各方越来越多的重视。

现代知识产权制度发端于西方，迄今已有几百年的历史。在这几百年的发展历程中，西方不仅构筑了坚实的理论基础，也积累了丰富的实践经验。与国外相比，知识产权制度在我国则起步较晚，直到改革开放以后才得以正式建立。尽管过去三十多年，我国知识产权事业取得了举世公认的巨大成就，已成为一个名副其实的知识产权大国。但必须清醒地看到，无论是在知识产权理论构建上，还是在实践探索上，我们与发达国家相比都存在不小的差距，需要我们为之继续付出不懈的努力和探索。

长期以来，党中央、国务院高度重视知识产权工作，特别是十八大以来，更是将知识产权工作提到了前所未有的高度，作出了一系列重大部署，确立了全新的发展目标。强调要让知识产权制度成为激励创新的基本保障，要深入实施知识产权战略，加强知识产权运用和保护，加快建设知识产权强国。结合近年来的实践和探索，我们也凝练提出了"中国特色、世界水平"的知识产权强国建设目标定位，明确了"点线面结合、局省市联动、国内外统筹"的知识产权强国建设总体思路，奋力开启了知识产权强国建设的新征程。当然，我们也深刻地认识到，建设知识产权强国对我们而言不是一件简单的事情，它既是一个理论创新，也是一个实践创新，需要秉持开放态度，积极借鉴国外成功经验和做法，实现自身更好更快的发展。

自2011年起，国家知识产权局专利复审委员会*携手知识产权出版社，每年有计划地从国外遴选一批知识产权经典著作，组织翻译出版了《知识产权经典译丛》。这些译著中既有涉及知识产权工作者所关注和研究的法律和理论问题，也有各个国家知识产权方面的实践经验总结，包括知识产权案

---

* 编者说明：根据2018年11月国家知识产权局机构改革方案，专利复审委员会更名为专利局复审和无效审理部。

件的经典判例等，具有很高的参考价值。这项工作的开展，为我们学习借鉴各国知识产权的经验做法，了解知识产权的发展历程，提供了有力支撑，受到了业界的广泛好评。如今，我们进入了建设知识产权强国新的发展阶段，这一工作的现实意义更加凸显。衷心希望专利复审委员会和知识产权出版社强强合作，各展所长，继续把这项工作做下去，并争取做得越来越好，使知识产权经典著作的翻译更加全面、更加深入、更加系统，也更有针对性、时效性和可借鉴性，促进我国的知识产权理论研究与实践探索，为知识产权强国建设作出新的更大的贡献。

当然，在翻译介绍国外知识产权经典著作的同时，也希望能够将我们国家在知识产权领域的理论研究成果和实践探索经验及时翻译推介出去，促进双向交流，努力为世界知识产权制度的发展与进步作出我们的贡献，让世界知识产权领域有越来越多的中国声音，这也是我们建设知识产权强国一个题中应有之意。

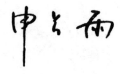

2015 年 11 月

编著者简介

Richard Arnold：英格兰和威尔士高等法院、英国大法官法庭和专利法庭法官

Margo A. Bagley：美国弗吉尼亚大学法学院法学教授

Bengt Domeij：瑞典乌普萨拉大学法学院法学教授

Josef Drexl：法学教授，德国慕尼黑马克斯－普朗克（Max Planck）知识产权与竞争法研究所所长

Rochelle C. Dreyfuss：美国纽约大学法学院 Pauline Newman 法学教授

Christian R. Fackelmann：德国联邦司法部部长

Toshiaki Imura：日本知识产权高等法院法官

Ryoko Iseki：日本同志社大学法学教授

Nari Lee：芬兰汉坎（Hanken）经济学院知识产权教授，德国慕尼黑马克斯－普朗克（Max Planck）知识产权与竞争法研究所兼职研究员

Rainer Moufang：德国慕尼黑欧洲专利局上诉委员会法定成员

Hanns Ullrich：德国慕尼黑马克斯－普朗克（Max Planck）知识产权与竞争法研究所独立研究员，名誉教授，比利时欧洲学院客座教授

致　谢

　　我们，这本书的编辑，真诚地感谢所有投稿人，感谢他们在漫长的出版过程中所做的杰出贡献以及他们的耐心。特别感谢那些参与和协助了这本书出版的人。我们感谢两位学生助理——Zornitsa Hvaldzhiyska 和 Ausra Morkunaite，他们帮助我们对这本书进行了版式设计，还有两位语言评论家 Charles Head 和 Allison Felmy。最后，我们要感谢 Edward Elgar 出版社及其工作人员，感谢他们耐心地应对由于需要合并更新而造成的多次延迟。

翻译和审校

（按章节顺序排列）

翻 译

王 婷、王 璟（前言、第1章）

郝 佳、王 璟（第2~3章、第7章）

杨 倩、马秋娟（第4~5章、第9章、原书索引）

管 冰、马秋娟（第6章、第8章）

杨琳琳、马秋娟（第10~11章、原书索引）

校 对

郝 佳（第1章、原书索引）

杨 倩（前言、第2~3章）

杨琳琳（第4~5章）

王 婷（第6~8章、原书索引）

管 冰（第9~11章）

审 校

马秋娟

译者简介

马秋娟　专利审查协作北京中心医药生物发明审查部主任，理学博士，研究员

王　璟　专利审查协作北京中心医药生物发明审查部基因工程一室主任，理学博士，研究员

王　婷　专利审查协作北京中心医药生物发明审查部高级审查员，理学硕士，助理研究员

郝　佳　专利审查协作北京中心医药生物发明审查部高级审查员，理学博士，助理研究员

杨　倩　专利审查协作北京中心医药生物发明审查部高级审查员，理学博士，副研究员

管　冰　专利审查协作北京中心医药生物发明审查部导师级审查员，理学硕士，助理研究员

杨琳琳　专利审查协作北京中心医药生物发明审查部高级审查员，理学博士，副研究员

前　言

公共健康、安全和获取价格合理的药品及医疗服务是公认的部门政策目标。与此同时，用于医药用途的新化学实体的研发成本很高。相比之下，一旦确切的化学成分被披露，化学实体就容易被模仿。由于有用医学知识的社会效益超过了作为特定药物消费者的患者个人利益，公开的知识可以构成进一步研究的基础。本书综合这些因素，将医学知识的产生认定为一种社会效益问题的典型情况案例，以描述供不应求的风险，并呼吁政府定期干预，以鼓励研发方面的投入和信息披露。

排他的专利权的保护是激励研发投资和信息披露的核心措施之一。然而，专利法作为一种激励创新的手段，以及在与竞争法的相互作用中，作为促进继续研究的手段，必须与促进公共健康、产品安全和药品可及性的社会利益相协调和平衡。面对市场上新进入者和仿制药的竞争加剧，以及突破性研究的速度减慢，原研制药公司采用各种策略来扩大其商业上成功的产品的营利能力并基于专利保护来巩固其已获得的市场地位。在某些情况下，专利保护似乎主要不是作为收回研发投资的一种手段，而是作为延长市场独占权的一种手段。针对即将到期的专利，原制药企业通常采用各种策略来延长保护，或者至少通过管理特定专利的生命周期，以延缓商业上成功产品的营利能力下降。可能遭到滥用的所谓"常青"策略的行为，包括在相关领域申请新专利，使用药品专利期延长，拥有仿制药生产和与仿制药公司的延期付款协议。在这方面，各国的专利法和安全条例可能有很大不同。

本书采取了比较的方法，通过分析欧盟、日本和美国法律情况，旨在强调不同方法的趋同和分歧，以确定不同方法的利弊。本书分析了欧洲、日本和美国的专利法律和政策，因为这三个司法管辖区代表了三个最发达的经济体，有着强大的专利保护历史和相似的产业发展水平。此外，鉴于合作的强度以及这种合作对国际专利保护治理体系的影响，这三个司法管辖区的专利局有时甚至被称为专利管理机构网络的超级节点。

从政策的角度来看，本书探讨了常规的专利策略和特定的生命周期管理实践需要在多大程度上利用专利法和医疗保健监管，才能打破激励创新和获得负担得起的药物和医疗保健之间的必要的平衡。

本书由三部分组成。第一部分（Dreyfuss，Moufang 和 Lee）探讨了药物创新在美国、欧洲和日本的可专利性。随着医药行业创新路径的不断增加，决策者不仅需要重新调整专利保护带来的创新激励机制，还需要重新评估专利保护对创新医疗基础研究和获取途径的影响。使用遗传信息和创新药物递送系统的个性化医疗是政策复杂性所体现的众多例子中的两个。在第 1 章中，Rochelle Dreyfuss 根据最近的美国判例法审视了基因诊断的可专利性。她主张经过人工精心设计的研究和诊断用途例外，以平衡对专利保护的需要和获取基础信息的需要，从而促进个性化医学的基础和转化研究。在第 2 章中，Rainer Moufang 分析了在欧洲专利体系不完全统一的背景下，对于将某些药品创新可专利性的明确法律排除。相比之下，Nari Lee 提供了关于日本医疗方法的可专利性的概述，在日本，是在没有明确的法律规定的情况下诊断、治疗和外科治疗方法仍被排除在外。

第二部分包括来自三个司法管辖区的五位贡献者（Bagley，Fackelmann，Iseki，Arnold 和 Imura），涉及数据独占和专利期限延长。数据独占和专利期限延长是协调市场上药品安全监管需求与维护专利法创新激励关系的两项措施。与专利保护有关，这两项措施有时被认为是对专利保护制度的补充。数据独占保护和专利期限延长在国际上并不统一，例如欧洲设置了补充保护证书（SPC）的法规，即便是对核心概念的解释有时也会导致各国实践的分歧。❷ 在此背景下，Margo Bagley、Christian Fackelmann 和 Ryoko Iseki 讨论了在美国、欧洲和日本通过数据独占策略和专利期限延长来保护临床数据。在他们的文章之后，英格兰和威尔士高等法院、大法官法庭和专利法庭的 Arnold 法官以及日本知识产权高等法院的 Imura 法官撰写的两章将根据英国和日本最近的判决讨论各国的做法。

第三部分（Ullrich，Domeij 和 Drexl）探讨了专利申请策略和数据独占的保护措施以及延长期限对竞争的影响。欧盟委员会（European Commission）2009 年关于医药行业调查的最终报告就是一个很好的例子，表明了人们对这

---

❷ 理事会条例 469/2009 of 6 May 2009 关于建立药品补充保护证书的问题（编纂版本，替换理事会条例 1768/92 of 18 June 1992）OJ of the EU L152.

些问题的担忧。❸ 在此背景下，第三部分的三章内容着眼于市场竞争背景下的专利保护争论。Hanns Ullrich 探讨了在欧洲医药行业调查背景下出现的专利保护滥用行为的概念。Bengt Domeij 评估了创新企业在产品转换到市场上的仿制药产品阶段的营销实践是否应该被认为是反竞争的。Josef Drexl 根据欧洲法院在阿斯利康案的决定讨论了专利申请是否可能以及在哪些条件下被视为违反竞争法的问题，这是欧盟委员会继 2009 年的行业调查报告之后未来可能进行的最相关的调查。

纳里·李

约瑟夫·德雷克斯

---

❸　European Commission, Final Report, 8 July 2009, at paras 1 and seq, p. 14, available at：http：// ec. europa. eu/competition/sectors/pharmaceuticals/inquiry/index. html，accessed 1 April 2011.

目　　录

1

美国关于基因诊断
可专利性的法律与政策

Rochelle C. Dreyfuss[❶]

在美国，各种发展趋势引起人们对有关诊断的专利问题的关注，特别是涉及用于诊断家族病症的遗传信息的专利。最重要的是专利已进入"上游"研究领域。可以说，部分原因是大学试图从教师的研究工作中获得经济收益，[❷]基本技术专利化的概念开始在专门为审理专利诉讼和稳定专利法而设立的美国联邦巡回上诉法院大量出现（这并不奇怪）。由于联邦巡回上诉法院的决议，特别是在 *State Street Bank & Trust Co. v. Signature Financial Group*，*Inc.* 案[❸]的决议，引发了包括医疗领域的专利申请量的激增。[❹] 因此，目前专利权覆盖了大约20%的据说是构成人类基因组的基因。[❺]

---

❶ 纽约大学法学院 Pauline Newman 法学教授。我要感谢 Nari Lee 和 Josef Drexl 给我机会就这个重要问题提出我的看法；感谢 Filomen D'Agostino 和 Max E. Greenberg 研究基金支持这项工作；感谢 Jim Evans 和 Dianne Nicol 提供有用的评论，以及感谢纽约大学 2011 级研究生 Jason Liu 提供的研究帮助。我是美国基因学、健康和社会咨询委员会的成员之一，在本章中讨论了基因专利和许可实践及其对患者获取基因测试的影响。然而，这里表达的是我个人的观点，而不是委员会的意见。

❷ 在美国，这些行为大部分依赖于拜杜法案（Bayh Dole Act），35 USC§§200 – 212（2006），该法案允许大学保留由联邦资金资助的发明的专利权。

❸ 49 F. 3d 1368（Fed. Cir. 1998）（扩大专利主题以涵盖软件和商业方法）。一般参见 Dreyfuss, R. C.（2008），In search of institutional identity：The federal circuit comes of age, Berkeley Tech. L. J.，23，787；Dreyfuss，R. C.（2004），The federal circuit：A continuing experi ment in specialization, Case W. Res. L. Rev.，54，69；Dreyfuss，R. C.（1990），Specialized adjudication, BYU L. Rev.，377；Rochelle Cooper Dreyfuss（1989），The federal circuit：A case study in specialized courts, NYU L. Rev.，64，1。

❹ 例如，参见 Nat'l Research Council of the Nat'l Academies of Sci.（2004），A Patent System for the 21st Century, Nat'l Academies Press, pp. 59 – 64。

❺ Jensen，K. L. and F. E. Murray（2005），Intellectual property landscape of the human genome, Sci.，310，239 – 240。

当然，有很多判例将专利作为激励研究和商业化的机制。然而，由于这一领域的专利可以覆盖生命科学的发展过程，所以它们很可能阻碍社会从基因组学对于医疗革命和医药研究转型的巨大应用前景中充分受益。有关基因以及基因与遗传疾病之间的关联的专利可能会增加获取诊断服务的成本，并产生其他障碍。⑥ 这些专利也造成了一种"反公共地"悲剧，可能会破坏更有效的诊断技术的开发和实施。⑦ 这些技术，包括多重检测（允许同时分析大型基因阵列）和全基因组测序（分析每个人的全部遗传基因）将促进研究工作，并允许医生从事"个性化医疗"和针对每个患者的体质制定护理方案。⑧

事实上，在司法和政府层面，对具有遗传信息的产品（如基因）以及开发基础生物学的方法（如诊断）的专利的担忧已经浮出水面。*Laboratory Corp. of America Holdings v. Metabolite Laboratories*，*Inc.* 案涉及诊断方法的专利（该案中，维生素 B_{12} 缺乏伴随特定氨基酸水平的升高），联邦最高法院法官 Breyer⑨ 对驳回复议表示异议，认为"有时候太多的专利保护可能阻碍而不是促进科学和实用技术的进步"。⑩ 在 *Bilski v. Kappos* 案中，法院对 *State Street Bank* 案进行了彻底否定，并坚持自然法则、物理现象和抽象概念不能获得专利保护。⑪ 最近，在 *Mayo Collaborative Services v. Prometheus Laboratories* 案中，法

---

⑥ Ass'n for Molecular Pathology v. US Patent & Trademark Office, 702 F. Supp. 2d 181, 203（SDNY 2010）（注释在加拿大安大略省（BRCA 专利未被强制执行）测试与 BRCA 相关的乳腺癌的费用是美国（这些被强制执行专利）1/3 的价格），部分修订，653 F. 3d 1329（Fed. Cir. 2011），授予调卷令，决定撤销，和发回重审，132 S. Ct. 1794（2012），decision reinstated, 689 F. 3d 1303（Fed. Cir. 2012），名义上授予调卷令。Ass'n for Molecular Pathology v. Myriad Genetics, Inc., 133 S. Ct. 694（2012）。

⑦ 参见 Heller, M. A. and R. S. Eisenberg（1998），Can patents deter innovation? The anticommons in biomedical research, Sci., 280, 698 – 701。

⑧ 例如，参见 Hamburg, M. A. and F. S. Collins（2010），The path to personalized medicine, NEJM Org., 15 June, available at：http：//content. nejm. org/cgi/reprint/NEJMp1006304v1. pdf。

⑨ 548 US 124, 126（2006）（Breyer, J., 对否认调卷令持异议）；ibid, pp. 137 – 38（发现关联诊断是一种"自然现象"）；也参见 Microsoft Corp. v. AT&T Corp., 550 US 437（2007）（限制了软件专利的地理范围）。

⑩ 参见 Heller, M. A. & R. S. Eisenberg（2009），Can patents deter innovation? The anticommons in biomedical research, Sci., 280, 698 – 701；Huang, K. G. and F. E. Murray（2009），Does patent strategy shape the long – run supply of public knowledge? Evidence from human genetics, Acad. Mgmt. J., 52, 1193 – 1221, available at：http：//fmurray. scripts. mit. edu/docs/Huang. Murray _ AMJ _09. 16. 2008 _ FINAL. pdf；Murray, F. and S. Stern（2007），Do formal intellectual property rights hinder the free flow of scientific knowledge：An empirical test of the anti – commons hypothesis, J. Indus. Behav. & Org., 63, 648 – 687, available at：http：//papers. ssrn. com/sol3/papers. cfm? abstract_id =755701。

⑪ 130 US 3218（2010）. 特别是，Breyer 法官和 Scalia 法官指出，"与联邦巡回上诉法院在 *State Street* 案的决议相关联的，引入'有用的、具体的、有形的结果'的可专利性方法，在授予专利之前'从有点荒谬到真正荒谬'"。同上，p. 3259（Breyer & Scalia, J. J., concurring）（引用 re Bilski, 545 F. 3d 943, 1004（Mayer, J., dissenting））。

院判决一种不同的诊断方法专利无效，并警告"禁止未来创新"的"危险性"。⓬

不幸的是，联邦最高法院在 Mayo 案的判决中留下了许多悬而未决的问题。该案件涉及一个直接的关联诊断测试：它通过查看该药物的代谢产物是否在指定范围内来确定患者正在接受的药物是否适量。法院并没有考虑更复杂的诊断，例如遗传基因对疾病潜在发生的影响。而且 *Mayo* 案（像 *Bilski* 案那样）只关心方法权利要求；并未考量产品专利，例如分离基因的专利。当然，另一个案例 *Association for Molecular Pathology v. Myriad Genetics*, *Inc.* 案（以下简称"*Myriad* 案"）仍然悬而未决。通常所称的"*Myriad* 案，在专利权人 Myriad 公司之后，安普公司（AMP）专利的权利要求涉及（除其他之外）某些基因突变（被称为"BRCA"突变）与乳腺癌之间的关联，以及涉及包含 BRCA1 和 BRCA2 的全部或部分的分离的基因序列（即含有核苷酸序列的 DNA 分子突变时会引起乳腺癌风险增加）的权利要求。在审判庭，Sweet 法官认定所有这些专利都是无效的。在上诉中，联邦巡回上诉法院撤销了对诊断方法权利要求的无效决定，之后联邦最高法院将此案发回联邦巡回上诉法院要求根据 *Mayo* 案重审。在联邦巡回上诉法院恢复审理后，联邦最高法院授权对产品权利要求进行审查。⓭

各研究机构也研究了这些问题。2005 年，美国国家科学院的国家研究委员会在美国国立卫生研究院（NIH）的要求下完成了一项关于基因和蛋白的专利在医学研究中的影响的研究。虽然研究发现专利和相关活动（如共享材料的失败）阻碍了医学研究，但委员会的意见主要局限于由 NIH 资助的发明。⓮美国遗传学、健康与社会咨询委员会（SACGHS）调查患者药品可及性问题并向美国卫生与公众服务部提出了建议。为了更接近实际情况，其进行了一系列案例研究。⓯ 在对这些研究、文献综述、专家咨询以及社会公众意见进行了详

⓬　132 S. Ct. 1289, 1301 (2012).

⓭　Ass'n for Molecular Pathology v. US Patent & Trademark Office, 702 F. Supp. 2d 181, 203 (S. D. N. Y. 2010), 部分修订, 653 F. 3d 1329 (Fed. Cir. 2011), 授予调卷令, 决定撤销和发回重审, 132 S. Ct. 1794 (2012), 决定恢复, 689 F. 3d 1303 (Fed. Cir. 2012), 名义上授予调卷令. Ass'n forMolecular Pathology v. Myriad Genetics, Inc. , , 133 S. Ct. 694 (2012).

⓮　Nat'l Research Council (2006), Reaping the Benefits of Genomic and Proteomic Research: Intellectual Property Rights, Innovation, and Public Health, Nat'l Academies Press ［以下简称 Reaping the Benefits］.

⓯　参见 Patently complicated: Case studies on the impact of patenting and licensing on clinical access to genetic testing in the United States, Genetics inMed. , 12, S1 – S211 (Supp. 2010), available at: http: // journals. lww. com/geneticsinmedicine/toc/2010/04001; Cook – Deegan, R. and C. Heaney (2010), Gene patents and licensing: Case studies prepared for the Secretary's Advisory Committee on Genetics, Health, and Society, Genetics in Med. , 12, S1 – S2 (Supp.), available at: http: //journals. lww. com/geneticsinmedicine/Fulltext/2010/4001/Gene_patents_and_licensing__Case_studies_prepared. 1. aspx。

细的分析后，SACGHS 在 2010 年发表了一份报告，提出了使诊断方法对患者和研究人员的可用性得以提升的若干建议。[16] 此外，在最近的专利改革立法中，国会要求美国专利商标局（USPTO）研究基因检测的可及性问题以便获得第二种意见。[17]

本章的第一部分，通过解释基因诊断的个人和社会意义，并提供美国基因专利的案例说明其潜在保护范围，以阐明基因专利的特殊问题。根据 SACGHS 的报告，第二部分提出这些专利不仅对患者的护理和研究有负面影响，而且对诊断测试的开发和商业化也没有什么意义。第三部分讨论了各种专利策略以改善可及性问题。结论是，正如 Breyer 法官在 *Metabolite* 案中所建议的，基于 *Bilski* 案似乎合理的以及 *Mayo* 案所争辩的，排除所有与基因相关的发明主题的处理方式太过生硬而不能成功解决这些问题。虽然排除可能是简单关联的合理方式，但是排除所有与基因相关的发明专利，将会消除对复杂诊断（可能有必要）和治疗学的重要激励（似乎是必需的）。此外，例如由州法院提出的，当首次扩大主题类型时，[18] 调整其他可专利性的条件的方式，并没有强有力地解决观察者所发现的问题。虽然有些人认为，解决可及性问题的方法在于各种新的制度安排，例如最佳实践指导方针和专利池，[19] 但没有理由相信基因专利权人会遵守这些指导方针或进入专利池。

本章的结论是，最好通过在诊断情境中为研究和医护人员制定新的侵权责任防御措施来解决可及性问题。最后，由于遗传信息对两种截然不同的医疗目标——治疗和诊断具有重要意义，它给专利制度提出了问题。版权法和商标法长期以来一直处理"双重用途"的知识产品，其所提出的抗辩措施利用了其他制度所采用的策略。

---

[16] Sec'y's Advisory Comm. on Genetics, Health, and Soc'y (2010), Reporton Gene Patents and Licensing Practices and Their Impact on Patient Access to Genetic Tests, available at：http：//oba. od. nih. gov/oba/sacghs/reports/SACGHS_ patents_report_2010. pdf；see also Testing time for gene patents, Nature, 464, 957 (2010)（支持委员会的报告）。

[17] Leahy - Smith America Invents Act, Pub. L. No. 112 – 129, §27, 125 Stat. 284, 338 – 339 (2011)（to be codified at 35 USC）§ 27。

[18] State Street, 149 F. 3d, 1375。

[19] Van Overwalle, G. (2009), Of thickets, blocks and gaps, in G. Van Overwalle（ed.）, Gene Patents and Collaborative Licensing Models, pp. 383–463, Cambridge Univ. Press；Van Overwalle, G. (2010), Designing models to clear patent thickets in genetics, in R. Dreyfuss et al. (eds.), Working Within the Boundaries of Intellectual Property, pp. 305–323, Oxford Univ. Press；也参见 OECD (2006), Guidelines for Licensing of Genetic Inventions［简称 OECD Guidelines］, available at：http：//www. oecd. org/dataoecd/39/38/36198812. pdf。

1.1 基因诊断方法：前景与专利

1.1.1 前 景

在某个层面上，所有专利技术都存在可及性问题，因为它们都允许权利人控制受保护的技术，并为获取技术收取独占性的价格。特别是，遗传学领域在此方面格外突出。先进的基因诊断方法对于改善个体患者的健康状况具有显著的潜力。同样重要的是，通过了解这些患者的基因组成而获得的信息已经超越了社会价值。

显然，遗传信息可以改善健康状况（可能会减少必须投入的资源）。在某些情况下，了解自身携带易患某种疾病基因突变的人可以采取一些预防措施。在某些情况下，必须采取极端措施。例如，*AMP* 案中，BRCA 基因突变与终生增加85%的乳腺癌发生风险以及25%～50%的卵巢癌发生风险相关。有这些突变的女性往往进行预防性乳房切除术和子宫切除术。[20] 在其他情况下，预防措施不那么极端。例如，在基因决定患者有增加结直肠癌患病风险的情况下，建议增加结肠镜检查的筛查频率。[21] 那些预先了解到有患心脏疾病风险的人可能会加强锻炼或减少吸烟。[22] 总的来说，预防疾病可以降低社会所负担的医疗成本。[23]

基因诊断也可用于改善治疗方案。掌握疾病的病因可以决定其可能的进展和各种适合的干预措施。听力丧失就是一个例子：有一些遗传因素能够引起耳聋；了解患者的特定突变，医生就能预测耳聋如何发生以及可能出现的并发症。此外，特定的突变可以决定患者是否最好使用助听器，或是接受人工耳蜗植入，或者学习手语。[24] 而且，现在已经了解了遗传学在药物代谢和药物反应

---

[20] AMP, 702 F. Supp. 2d, 203。

[21] 例如，参见 de Backer, G. et al. (2003), European guidelines on cardiovascular disease prevention in clinical practice, Eur. Heart J., 24 (17), 1601 – 1610, 1605（注：减少包括吸烟和久坐的生活方式在内的行为风险因素对于心血管疾病高危人群是必需的）。

[22] 例如，参见 Marteau, T. M. and C. Lerman (2001), Genetic risk and behavioral change, British Med. J., 322, 1056 – 1059。

[23] 不可否认，只有经验才能揭示遗传信息是否会改善健康并降低成本：新的检测和预防措施可能很昂贵，并诱发被诊断不易患病人群的风险行为。参见 Ormand, K. E. et al. (2010), Challenges in the clinical application of whole – genome sequencing, The Lancet, 375, 1749 – 1751。

[24] Chandrasekharan, S. and M. Fiffer (2010), Impact of gene patents and licensing practices on access to genetic testing for hearing loss, Genetics inMed., 12, S171 – S193 (Supp.)。

中的作用，㉕ 医生可以越来越多地使用遗传信息（"伴随诊断"）来选择最为有效且将副作用降至最低的治疗方法。

与之密切相关的是，在药物开发过程中使用遗传信息。㉖ 科学家现在不依赖于反复试错，而是利用基因信息，及其表达的蛋白质（引起身体产生）来进行有针对性的研究和筛选工作。㉗ 一旦候选药物被确定用于临床试验，研究人员就可以排除有可能受到正在测试的药物损害（或不受益）的受试者。由于监管部门的审批依赖于药物的安全性和有效性，这种药物基因组学的药物开发方法将会把新药推向市场，甚至可能恢复批准那些在大多数人群中不安全或无效，但可能对具有特定基因的患者有效的药物。㉘

遗传信息的另一个用途是计划生育。例如，黑蒙性痴呆病是一种遗传性神经系统疾病，常见于德系犹太人（起源于欧洲中部或东部）。由于没有治疗这种致命疾病的方法，一些社区对年轻人进行了检查，并将结果用于决定能否结婚。㉙ 其他弱势群体利用产前检查来防止带有严重缺陷的孩子出生，或者为遗传疾病将对家庭造成的特殊负担提前做好计划。例如，2008 年竞选美国副总统的原教旨派基督徒佩林（Palin）认为堕胎是不对的。尽管如此，她还是用基因测试得知了她最小的孩子会患唐氏综合征。㉚

随着检测技术的改进和检测成本的下降，基因研究将变得更加有前景。伴随更多广泛和多样化的人口数据，识别和验证基因突变与疾病，或者基因与药效之间的更多以及更复杂的关联成为可能。㉛ 其他方面的应用，例如，病毒的

㉕　Weinshilboum, R. (2003), Inheritance and drug response, New Eng. J. Med., 348, 529 – 537。

㉖　例如，参见 Lifton, R. P. (2010), Individual genomes on the horizon, New Eng. J. Med., 362, 1235 – 1236。

㉗　参见 Human Genome Project, Pharmacogenomics, available at: http://www.ornl.gov/sci/techresources/Human_Genome/medicine/pharma.shtml（last visited June 27, 2010）; see also Rai, A. K. (2001), The Information Revolution Reaches Pharmaceuticals: Balancing innovation incentives, cost, and access in the post – genomics era, U. Ill. L. Rev., 173 – 209。

㉘　例如，参见 Nat'l Ctr. for Biological Info., A science primer, available at: http://www.ncbi.nlm.nih.gov/About/primer/pharm.html; Henderson, M. (2010), Gene test could prevent ineffective use of Taxol in breast cancer, TheTimes, 1 March, available at: http://www.timesonline.co.uk/tol/life_and_style/health/article7044486.ece。

㉙　参见 PHG Foundation (2009), Tay Sachs Disease Carrier Screening in theAshkenazi Jewish Population, p. 1, available at: www.phgfoundation.org/file/4591/。

㉚　参见 Palin, S., Sarah Palin: My Life with Trig, Our Down Syndrome Child; Excerpt From New Book, Lifenews.com, available at: http://www.lifenews.com/state4591.html。

㉛　参见 Wade, N. (2010), A decade later, human gene map yields few new cures, New York Times, 13 June, A1, available at: http://www.nytimes.com/2010/06/13/health/research/13genome.html（注: 目前的数据尚未产生重大的治疗选择）。

遗传信息可以帮助医学界了解、追踪和预防流行病。❷ 动植物的遗传信息可以用来改善食品安全。❸ 新领域表观遗传学为理解疾病的演变和寻找治疗方法开辟了许多新的可能性。❹ 例如，肿瘤学家已经在分子水平上越来越多地了解这些疾病并使癌症治疗从中受益。❺

1.1.2 专　利

只有当可能获得基因编码的信息时，才能实现所有这些好处。如前所述，大约有20%的人类基因组被专利保护。❻ 这些专利中的权利要求的范围有些难以确定。虽然一些观察者认为，许多产品专利的范围相当窄，❼ 不确定法院将如何解释一个特定的权利要求。❽ 一些产品专利和很多诊断方法专利的范围则看起来相当宽泛。❾ 例如，美国专利 US5837492，其部分产品权利要求：

1. 一种分离出的编码 BRA2 多肽的 DNA 分子，所述 DNA 分子包含编码如 SEQ ID NO：2（BRCA2 多肽）所示的氨基酸序列的核苷酸序列。

5. 一种分离出的 DNA 分子，其包含权利要求 1 的 DNA 分子的至少 15 个连续核苷酸。

---

❷　例如，参见 Miller, H. I. (2009), Opinion, Understanding swine flu, Wall St. J., 28 April, A13, available at：http：//online. wsj. com/article/SB124087429334861245. html；Garten, R. J. et al. (2009), Antigenic and Genetic Char acteristics of Swine - Origin 2009 A（H1N1）Influenza Viruses Circulating in Humans, Sci., 325, 197 - 201, available at：http：//www. sciencemag. org/cgi/content/full/325/5937/197? ijkey = a4bfd8fc46c55cb106e27bf83a98de4edcee3346.

❸　US Dept. of Agriculture (2010), Agricultural Research Service, ARS National Research Programs in Genomics and Genetics for Food Security, available at：http：//www. ars. usda. gov/is/AR/archive/may10/research0510. htm（last visited June 27）.

❹　一般参见 Allis, D. et al. (2007), Epigenetics, Cold Spring Harbor Lab. Press。

❺　Diamandis, E. P. (2009), Next - generation sequencing：A new revolution in molecular diagnostics? Clinical Chemistry, 55, 2088 - 92, 2091. See also Carey, B. (2012), Scientist link gene mutation to autism risk, New York Times, 4 April, available at http：//www. nytimes. com/2012/04/05/health/research/scientists - link - rare - gene - mutations - to - heightened - risk - of - autism. html? _r = 1&scp = 4&sq = autism&st = cse.

❻　Jensen, K. L. and F. E. Murray (2005), Intellectual property landscape of the human genome, Sci., 310, 239。

❼　例如，参见 Van Overwalle, G. (2010), Designing models to clear patent thickets in genetics, in R. Dreyfuss et al. (eds.), Working Within the Boundaries of Intellectual Property, Oxford Univ. Press, p. 387 (relying, in part, on analyses of European patents)；Holman, C. M. (2007), The impact of human gene patents on innovation and access：A survey of human gene patent litigation, UMKC L. Rev., 76, 295 - 361.

❽　例如，参见 Moore, K. A. (2005), Markman eight years later：Is claim construction more predictable?, Lewis & Clark L. Rev., 9, 231 - 47。

❾　专利申请也是一个反复的过程：早期的权利要求可能会被狭义解释，但这种解释方法将指导专利代理人如何更宽泛地起草申请文件。

6. 一种分离出的 DNA 分子，其编码 SEQ ID NO：2 所示的 BRCA2 多肽的突变体，其中所述 BRCA2 多肽的突变体与癌症的易感性相关。

9. 一种分离出的 DNA 分子，其包含权利要求 6 的 DNA 的至少 15 个连续核苷酸。❹

该专利似乎能被任何特定的分离的 DNA 序列侵权。❹ 由于提取通常是鉴定基因突变的关键，因此这项专利可能会严重限制诊断医生对患者信息的了解，从而不能判断患者是否容易患上与 BRCA 相关的乳腺癌。

诊断方法权利要求的范围更加宽泛。例如，美国专利 US5693473 是一个方法专利，权利要求如下：

1. 一种检测癌症易感性的方法，包括：检测来自人体的样本以确定是否存在 hMSH2 基因突变……，所述突变指示癌症易感性。

2. 根据权利要求 1 所述的方法，所述样本为 DNA。❹

这项专利是为了将特定的突变和癌症相关联。任何检测所述基因突变的方法只要涉及这个关联，该专利似乎都会被侵权。因此，即使开发了一种不需要前面例子中的提取 DNA 的检测方法，这项专利也会被侵权。简而言之，这与 Breyer 法官在 *Metabdile* 案中提出质疑的权利要求相同，以及与 *Mayo* 案中被驳回的权利要求相类似。

并非所有这些专利的权利要求都可能轻易被规避。❹ 大多数发明专利能够被规避或替代，❹ 竞争对手找到非侵权替代品可能性通常会促使专利权人许可或完全放开市场需求。这种威胁还可以作为对专利权人的权利（包括价格和许可条件）限制。❹ 但是，同样的道理并不适用于基因的发明专利。事实上，

❹ Chromosome 13 – Linked Breast Cancer Susceptibility Gene, US Patent No. 5，837，492（issued Nov. 17，1998）。

❹ 包含该基因的核苷酸序列在本说明书中被省略，但可以在专利中找到。

❹ Linked Breast and Ovarian Cancer Susceptibility Gene, US Patent No. 5，693，473（issued Dec. 2，1997）。

❹ 例如，参见 Matthijs, G. and G. – J. B. Van Ommen, Gene Patents：From Discovery to Invention：A Geneticist's View, in G. Van Overwalle（ed.）, Gene Patents and Collaborative Licensing Models, Cambridge Univ. Press, pp. 311 – 330；Huys, I. et al.（2009）, Legal uncertainty in the area of genetic diagnostic testing, Nature Biotechnology，27，903 – 909。

❹ 参见 Mansfield, E. et al.（1981）, Imitation costs and patents：An empirical study, J. Econ. ，91，907，913（注：研究中 60% 的专利产品是在大约 4 年内发明的）。

❹ 一般参见 Gallini, N.（1984）, Deterrence by market sharing：A strategic incentive for licensing, Am. Econ. Rev. ，74，931；Hayter, D. W.（1996）, When a license is worse than a refusal：A comparative competitive effects standard to judge restrictions in intellectual property licenses, Berkeley Tech. L. J. ，11，281，284。

许多不同的突变可能与相同（显性）疾病有关。然而，对一种特定疾病的易感性的全面诊断通常需要对疾病的所有潜在遗传信息进行详尽的分析；不可能通过鉴定另一种突变代替。同样的，研究疾病的科学家必须确定所有潜在来源，即使是作为不属于他们的研究对象而被放弃的受试者。不可否认，一些观点认为，当专利权人拒绝许可时，可以使用其他方法。包括对与突变相邻的序列的检测或筛选与突变相关的材料。⑯ 但是，这些替代方法不是在任何情况下都能使用，而且可能不准确。⑰ 事实上，第一种替代方法涉及连锁不平衡的现象，其作用机理具有确定的错误率使得这种方法的敏感性比对基因的直接分析要低。⑱ 很明显，接受乳房切除手术的患者将会难以接受不准确的检测结果。

1.2 专利：成本和收益

从科学家开始绘制基因图谱的那一刻起，人们便开始担心专利可能降低研究人员的热情，并干扰医务工作者的工作。⑲ 然而，事实证明，这些专利的实际影响很难评估。毕竟，如果专利是鼓励和支持关联和转化研究（找出基因和疾病之间的关联，并转化为临床应用）的必要条件，那么专利权的收益就超过了其所施加的临时限制。同样重要的是，技术专利化的事实本身是中立的：专利的许可和实施会影响这些技术对患者和研究人员的实际可用性。

为了解更多信息，SACGHS 委托杜克大学基因组科学与政策研究中心的基因组伦理、法律和政策中心主任 Robert Cook – Deegan 进行了一系列案例研究。在进行"自然实验"时，Cook – Deegan 和他的同事选择了 10 种临床疾病，包

---

⑯ 例如，参见 Myriad Defendant's Memorandum in Reply to Plain – tiff's Opposition to Myriad Defendant's Motion for Summary Judgment at 18, Ass'n for Molecular Pathology v. US Patent & Trademark Office, 2010 WL1233416（SDNY 29 March, 2010）（No. 09 Civ. 4515）（科学家［已经］成功地鉴定了基因标签，该基因标签可以被用作鉴别遗传性乳腺癌和卵巢癌的替代标记）. See generally Howell, T. (2010), Genetic Screening, available at：http://www.ndsu.edu/pubweb/~mcclean/plsc431/students99/howell.htm（last visited 27 June）（讨论 DNA 和蛋白质筛选）。

⑰ 例如，参见 Colaianni, A. et al. (2010), Impact of gene patents and licensing practices on access to genetic testing and carrier screening for Tay – Sachs and Canavan disease, Genetics in Med., 12, S5 – S14, S7（Supp.）（讨论酶筛选无法测试 Tay – Sachs 和 Canavan）。

⑱ 参见 Nussbaum, R. L. et. al. (2007), Thompson & Thompson's Genetics in Medicine, Saunders/Elsevier Press, pp. 213 – 216. See also Dreyfuss, R. C. and J. P. Evans (2011), From Bilski Back to Benson, preemption, inventing around, and the case of genetic diagnostics, Stan. L. Rev., 63, 1349, 1367 – 1368。

⑲ 例如，参见 Kevles, D. J. and A. Berkowitz (2001), The gene patenting controversy：A convergence of law, economic interests, and ethics, Brook. L. Rev., 67, 233 – 248。

括可遗传疾病或一系列基因测试可诊断的疾病。[50] 一些疾病与专利有关，有些则不然；一些专利被广泛许可，另一些则没有；有些疾病在人群中有很高的患病率；另一些则发生于少数人群。在每种情况下，已知这些关联至少有 10 年的时间——足够长的时间足以使诊断方法在医学界得到很好的利用，并且专利的效果也变得明显。通过比较各种专利和许可政策，研究人员希望分析并量化专利对基因诊断发展的影响，以及它们对患者和医生的可用性。

1.2.1　成　本

案例研究——辅以文献综述、调研和 SACGHS 收到的公众意见——证明了专利的社会成本正如观察者所担心的那样高。有一些专利被广泛许可，而另一些则没有被实施。但是也有专利权人和独占许可人收购专利并垄断市场，他们开发自己的设备作为诊断所需的测序信息的唯一提供者。[51]

这种情况的结果可能对患者非常不利，其中涉及费用问题。正如美国州地方法院在 *AMP* 案件中所指出的，在万基（Myriad）行使其美国专利权时，BRCA 检测的成本要高于加拿大，这些专利在加拿大没有被实施。[52] 当然，很

---

[50]　一般参见 Evans, J. P. (2010), Putting Patients Before Patents, Genetics in Med. , 2, S3 – S4 (Supp.), available at：http：//journals. lww. com/geneticsinmedicine/Fulltext/2010/04001/Putting _ patients _ before_patents. 2. aspx. 所述疾病是：（1）乳腺/卵巢癌；（2）结肠癌；（3）听力丧失；（4）囊性纤维化（CF）；（5）遗传性易患阿尔茨海默病；（6）遗传性血色素沉着症（HH）；（7）脊髓小脑性共济失调（SCA）；（8）长 QT 综合征（LQTS）；（9）Canavan 病；和（10）Tay – Sachs 病。案例研究可在线获得。参见 Patently complicated：Case studies on the impact of patenting and licensing on clinical access to genetic testing in the United States, Genetics in Med. , 12, S1 – S211 (Supp. 2010), available at：http：//journals. lww. com/geneticsinmedicine/toc/2010/04001；Cook – Deegan, R. and C. Heaney (2010), Gene patents and licensing：Case studies prepared for the Secretary's Advisory Committee on Genetics, Health, and Society, Genetics in Med. , 12, S1 – S2 (Supp.), available at：http：//journals. lww. com/geneticsinmedicine/Fulltext/2010/04001/Gene_patents_and_licensing__Case_studies_ prepared. 1. aspx。

[51]　参见 Sec'y's Advisory Comm. on Genetics, Health, and Soc'y (2010), Report on Gene Patents and Licensing Practices and Their Impact on Patient Access to Genetic Tests, p. 33, available at：http：//oba. od. nih. gov/oba/sacghs/reports/SACGHS_patents_report_2010. pdf；see also Angrish, M. et al. (2010), Impact of gene patents and licensing practices on access to genetic testing for long QT syndrome, Genetics in Medicine, 12, S111 – S151, S111 – S112（增刊）（注：直到 2009 年，与长 QT 综合征临床诊断有关的专利权仅由 PgxHealth 提供，PgxHealth 并未许可其测试）；Cook – Deegan, R. (2010), Impact of gene patents and licensing practices on access to genetic testing for inherited susceptibility to cancer：Comparing breast and ovarian cancers with colon cancers, Genetics in Medicine, 12, S15 – S38, S20（增刊）（注：万基是美国 BRCA1 和 BRCA2 全序列测试的唯一供应商）；Skeehan K. (2010), Impact of gene patents and licensing practices on access to genetic testing for Alzheimer disease, Genetics in Medicine, 12, S71 – S82, S73 – S74（增刊）（注：美国的阿尔茨海默病基因检测几乎完全由 Athena 诊断公司提供，该公司已向其他提供检测的实验室发出通知函）。

[52]　参见 Ass'n for Molecular Pathology v. US Patent & Trademark Office, 702 F. Supp. 2d 181, p. 203 (SDNY 2010)（注：在加拿大安大略省（BRCA 专利未被强制执行）测试与 BRCA 相关的乳腺癌的费用是美国（这些专利被强制执行）1/3），rev'd in part, 653 F. 3d 1329 (Fed. Cir. 2011)，授予调卷令，决定撤销和发回重审, 566 US (2012)。

难对基因检测收取的费用进行比较研究，因为实验室检测的费用根据所分析的突变基因而变化。此外，医疗费用通常不是由美国政府提供或监管的，所以检测提供方必须为自己的运营提供资金，他们往往收取所有费用。在美国，这些费用是由保险公司支付的，因此不能从现有数据得出专利或许可政策对费用的影响。(53) 事实上，SACGHS 的报告（以及部分基于该报告的案例研究）表明在进行 BRCA/2 检测时，几乎没有专利溢价。(54)

然而，费用的支付是另一个问题，不是每个供应商都和保险公司合作。当只有一个供应商的情况下，患者投保的保险公司没有和该供应商合作，那么这些患者不能使用他们的保险。(55) 因此，他们需要选择自己付费、放弃，或者依靠供应商提供的“基金”。这对于穷人来说是一个非常棘手的问题。独家供应商的低成本测试项目仍然可能是极其昂贵的，而且是难以负担的。(56) 可以肯定的是，由政府资助计划（医疗补助或医疗保险）投保的患者很少，而独家供应商可能没有与这些项目签订合同。(57)

基因专利权人也主张控制检测条款。(58) 由于与堕胎有关，产前检查在美国是有争议的。一些专利权人不愿意提供这些检测（尽管我们已经看到，基因检测可以用于孕前计划，而不是为了堕胎）。(59) 只有当可能使用的人群大到足以具有商业吸引力时，才会开发一些检测项目。例如，帮助开发卡纳万氏病（Canavan）基因检测的卡纳万氏人群必须提起诉讼，说服专利权人可使用其检测专利。(60)

另一个严重的问题是质量。技术检验的“黄金标准”是将相同的样本送

---

(53) 由于美国和加拿大的交付系统不同，所以与 AMP 的加拿大公司的比较可能存在缺陷，参见 Canada Health Act，R. S. C.，Ch. C－6，sec. 7（1985）（creating a statutory right to health care）。

(54) 参见 Sec'y's Advisory Comm. on Genetics，Health，and Soc'y（2010），Report on Gene Patents and Licensing Practices and Their Impact on Patient Access to Genetic Tests，pp. 38－39，available at：http：//oba. od. nih. gov/oba/sacghs/reports/SACGHS_patents_report_2010. pdf。

(55) 同上，pp. 43－44。

(56) 例如，医疗补助计划，患者可以通过 Athena 的财务援助计划要求高达 80% 的折扣，但他们必须提交“支付，完整的财务援助计划申请，医疗自助计划资格证明，税务文件证明，家庭收入以及过去的 12 个月里所有医疗费用的记录”。临床医师观察到 Athena 计划的参与程度较低，同上。

(57) 同上，p. 42。

(58) 同上，p. 44。

(59) 参见 Angrish，M. et al.（2010），Impact of gene patents and licensing practices on access to genetic testing for long QT syndrome，Genetics inMedicine，12，S111－S151，S111－S112（Supp.），S124－125；Powell，A. et al.，Sipnocerebellar Ataxia：patient and health professional perspectives on whether and how patents affect access to clinical genetic testing，Genetics in Medicine，12，S83－S110，S88（Supp. 2010）。

(60) Colaianni，A. et al.（2010），Impact of gene patents and licensing practices on access to genetic testing and carrier screening for Tay－Sachs and Canavan disease，Genetics in Med.，12，S7－S8。

到几个实验室，看它们是否都返回相同的结果。当只有一个供应商的时候这是无法实现的。同样地，那些担心某一特定结果与从患者的家族史和临床表现中了解到的信息不一致的医生，也无法在其他供应商那里进行核对。在决定进行乳房或卵巢切除术之前，那些想要获得其他意见的患者也无法获得核对。[61] 此外，研究和相关文献表明，由独家供应商提供的测试可能存在很大的缺陷。这些供应商并不一定会对微小变异进行测试，[62] 也不总是快速地将最新的科学成果融入它们的方法中。举例来说，Myriad 作为 BRCA 诊断的唯一供应商，仅通过确定 BRCA 1/2 基因的序列进行检测，而且根据一些人的说法，使用能够检测 BRCA 1/2 基因的缺失和重排（常规测序的突变类别）的新兴技术的进展缓慢。[63] 在来自学术界和医学界的巨大压力之后，Myriad 最终改变了它的检测系统。[64]

专利也会对科研产生不利影响。自从 *Madey v. Duke University* 案[65]以来，在美国法律中现有研究对侵权责任的抗辩一直存在质疑。然而，即使有人认为非商业性学术研究存在豁免，专利在诊断领域的应用也将是复杂的，[66] 因为大多数诊断性研究是临床研究。由于研究人员从实际治疗（通常是付费的）患者获得信息，专利权人可以声称研究人员正在使用发明专利用于商业目的。实际

---

[61]　Sec'y's Advisory Comm. on Genetics, Health, and Soc'y（2010），Reporton Gene Patents and Licensing Practices and Their Impact on Patient Access to Genetic Tests, p. 44, available at：http：// oba. od. nih. gov/oba/sacghs/reports/SACGHS_patents_report_2010. pdf。

[62]　Cook – Deegan, R. et al.（2010），Impact of gene patents and licensing practices on access to genetic testing for inherent susceptibility to cancer：Comparing breast and ovarian cancers and colon cancers, Genetics in Med., 12, S15 – S38, S29（Supp.）；see also Stokstad, E.（2006），Genetic screen misses mutations in women at high risk of breast cancer, Sci., 311, 1847。

[63]　Walsh, T. et al.（2006），Spectrum of mutations in BRCA1, BRCA2, CHEK2, and TP53 in families at high risk of breast cancer, J. Am. Med. Ass'n, 295, 1379 – 1388, 1386（发现有12%的乳腺癌高风险家族尽管携带有"癌症易感基因的缺失或复制"，但他们的乳腺癌易感基因 BRCA1 和 BRCA2 检测结果呈阴性）；也参见 Cook – Deegan, R. et al.（2010），Impact of gene patents and licensing practices on access to genetic testing for inherent susceptibility to cancer：Comparing breast and ovarian cancers and colon cancers, Genetics in Med., 12, S15 – S38, at S28；Li – dar Wang, R.（2008），Biomedical upstream patenting and scientific research：The case for compulsory licenses bearing reach – through royalties, Yale J. L. & Tech., 10, 251, 296；也参见 Marshall, E.（2009），Lawsuit challenges legal basis for patenting human genes, Sci., 324, 1000 – 1001（22 May）。

[64]　一般参见 Walsh, T. et al., Spectrum of mutations in BRCA1, BRCA2, CHEK2, and TP53 in families at high risk of breast cancer, J. Am. Med. Ass'n, 295, 1379 – 1388。

[65]　307 F. 3d 1351（Fed. Cir. 2002）。

[66]　这并不是说，在其他领域的研究和应用之间有明确的界限，只是在诊断领域尤其令人担忧。一般参见，Strandburg, K. J.（2004），What does the public get? Experimental use and the patent bargain, Wis. L. Rev., 81。

上，就像其他地方的学术研究人员一样，(67) 耶鲁大学的研究人员也收到了Myriad的威胁信。(68)

这种结果可能在几个方面是不利的。在没有竞争的情况下，独家供应商可能没有什么动机进行自己的研究——也就是改进他们现有的测试。正如在基因缺失/重排的检测问题上可以看到的那样，研究人员和临床医生在完善诊断技术方面发挥了重要作用。相反，独家供应商有可能确定了新的突变和关联，但是，它们可能会隐瞒它们的发现。(69) 毕竟，新的突变可能不足以获得专利保护。(70) 反之，如果供应商把信息保密，它们可以宣传它们的服务包括解释突变的影响而竞争对手几乎没有什么信息。通过这种方式，它们可以延长（至少是暂时的）专利权终止以后的有效排他期限。(71) 但是，这样做会剥夺医疗界和患者重要的资源；以及有效解释基因检测结果的能力。的确，对这种复杂检测的解释在未来临床应用中是最具挑战性的。对此类信息的限制可能会阻碍基因组学未来的发展。此外，专利权人拒绝广泛许可会抑制对同一疾病的其他病因的研究。例如，由于研究人员需要了解他们正在研究的材料的遗传图谱，即使是非 BRCA 相关的乳腺癌方面的工作也经常从检测 BRCA 开始。

当新的检测技术得到充分开发时，这些专利的影响可能会变得更加棘手。通过多重检测可以同时查找所有已知的特定疾病的遗传原因。然而，独家供应商并不总是开发最有效率的方法，而且没有理由相信它们会允许其他人这样做。(72) 全基因组测序可能允许医生参与个性化医疗，并根据每位患者的具体情

---

(67) 例如，参见 Sec'y's Advisory Comm. on Genetics, Health, and Soc'y (2010), Report on Gene Patents and Licensing Practices and Their Impacton Patient Access to Genetic Tests, p. 41, available at: http://oba.od.nih.gov/oba/sacghs/reports/SACGHS_patents_report_2010.pdf. See also Marshall, E. (2009), Lawsuit challenges legal basis for patenting human genes, Sci., 324, 1000 - 1001 (22 May), p. 1001; Kevles, D. J. (2010), Genes, railroads and regulation: intellectual property and the public interest, in M. Biagioli and J. Riskins (eds.) Wordly Science: Instruments, Practices, and the Law（注：最终，Myriad 与 NIH 谈判达成协议，将在研究过程中进行的测试费用降低约一半）。

(68) 参见 Declaration of E. T. Matloff at AMP, 7, 702 F. Supp. 2d, 205, available at: http://www.aclu.org/files/pdfs/freespeech/brca_Matloff_declaration_20090826.pdf。

(69) 参见 Carbone, J. et al. (2010), DNA patents and diagnostics: Not a pretty picture, Nature Biotechnology (forthcoming)（注：2004 年以后，万基停止向公共数据库提供数据）。

(70) 参见 In re Kubin, 561 F. 3d 1351 (Fed Cir 2009)（在基因专利的情况下应用高标准的创造性）。

(71) 正如下文脚注 89 ~ 90 所指出的那样，当没有专利时（或者到期后），实验室之间的竞争将很快消除这种优势；问题是患者和他们的医生是否会相信优势已经消失。

(72) Powell, A. et al. (2010), Spinocerebellar Ataxia: Patient and health professional perspectives on whether and how patents affect access to clinical genetic testing, Genetics in Med., 12, S83 - S110, S90 (Supp.); see also Chan - drasekharan, S. and M. Fiffer (2010), Impact of gene patents and licensing practices on access to genetic testing for hearing loss, Genetics in Med., 12, S180 - S181（讨论研究在没有专利权人许可的情况下由机构进行的基于微阵列的听力损失诊断检测）。

况制定治疗方案——只有在这种技术可用的情况下。[73] 多项专利和由此产生的协调问题可能使这类检测的价格过高，这种障碍使得类似方法不可能得到应用。[74]

结果就是由独家供应商控制的基因检测与未获得专利权的或非独家许可的基因检测的可用性之间形成鲜明对比。例如，许多与囊性纤维化（CF）相关的专利涉及一种相对常见的遗传性肺部疾病。然而，许多潜在的改进都是由多伦多的儿童医院的 Lap – Chee Tsui 和 NIH 的主任 Francis Collins 提出的，Francis Collins 曾领导政府资助的人类基因组计划。[75] 他们关心专利对基因组学的影响，因此坚持对 CF 专利的非独占性许可。[76] 结果是，CF 基因检测目前在美国63 个实验室中可用；这些实验室在质量、服务和创新方面存在竞争。[77] 许多设施都在学术机构，这能让那些没有能力支付费用的患者接受检测。在这些实验室中，临床医生可以利用所获得的信息更好地了解疾病和治疗方案。由于这些医生受到学术规范的激励，他们的发现通过出版物进行披露。[78] 因此，很少有人担心只有一个供应商才能解释的所谓"秘密"CF 突变。如果人群中出现的变异太少而不具有商业意义，尽管如此，研究兴趣可能会促使实验室提供诊断

---

[73] 例如，参见 Hamburg, M. A. and F. S. Collins（2010），The path to personalized medicine, NEJM Org., 15 June, available at：http：//content. nejm. org/cgi/reprint/NEJMp1006304v1. pdf。

[74] Sec'y's Advisory Comm. on Genetics, Health, and Soc'y（2010），Reporton Gene Patents and Licensing Practices and Their Impact on Patient Access to Genetic Tests, available at：http：//oba. od. nih. gov/oba/sacghs/reports/SACGHS_patents_report_2010. pdf，D – 2. 事实上，SACGHS 被非正式地告知，当基因或连锁被授予专利时，诊断信息有时会被隐瞒。例如，像23andme、Navigenics 和 Knowme 这样的公司将检测一系列 SNPS（单核苷酸多态性——本质上是遗传物质片段的突变）。当它们发现一个与专利基因有关的 SNP 时，它们会简单地建议患者通过授权的实验室进行检测；它们不会详细说明所确定的问题。例如，参见，Chandrasekharan, S. and M. Fiffer（2010），Impact of gene patents and licensing practices on access to genetic testing for hearing loss, Genetics in Med., 12, S171 – S193（Supp.），S182. 不可确定采用该建议的患者的比例。例如，参见 AMP, 702 F. Supp. 2d, 187（注：原告不能向研究对象透露1/2 测试的结果）。另一类受专利威胁的研究，参见 Goetz, T.（2010），Sergey Brin's search for a Parkinson's cure, Wired, 22 June, available at：http：//www. wired. com/magazine/2010/06/ff_sergeys_search/（描述数据挖掘技术）。

[75] US Dept of Health & Human Servs.（2010），The NIH Director, 2 June, available at：http：//www. nih. gov/about/director/index. htm。

[76] Chandrasekharan, S. et al.（2010），Impact of gene patents and licensing on access to genetic testing for cystic fibrosis, Genetics in Medicine, 12, S194 – S211, S196（Supp.）。

[77] 同上 at S197；Sec'y's Advisory Comm. on Genetics, Health, and Soc'y（2010），Report on Gene Patents and Licensing Practices and Their Impact onPatient Access to Genetic Tests, p. 2, available at：http：//oba. od. nih. gov/oba/sacghs/reports/SACGHS_patents_report_2010. pdf，D – 2。

[78] 参见 Eisenberg, R. S.（1987），Proprietary rights and the norms of science in biotechnology research, Yale L. J., 97, 177 –231, 181 –84（讨论科学界对出版的重视）。

服务。亨廷顿病（Huntington，又称舞蹈病）就是例子，这是一种非常罕见的疾病，但非独占许可使得超过 50 个私人和非营利性实验室可进行检测。[79]

1. 2. 2 收 益

即使专利产生不利后果，如果需要专利制度来鼓励和资助研发，该制度也是可以容忍的。专利作为一般事务的影响是一个很有争议的话题，[80] 但是在化学和制药领域专利的重要性几乎没有争议。调查通常表明，公司和风险投资者严重依赖专利独占性。[81] 值得注意的是，当克林顿总统和当时的英国首相托尼·布莱尔发表声明，即对基因组领域专利的可用性产生怀疑时，生物技术公司的股票立即暴跌。[82]

然而，区分治疗和诊断很重要。在这两种情况下，改进的技术都很容易复制，这就对专利权独占性提出了需求。问题是需要这些权利做什么，一种可能是鼓励投资。然而，开发诊断方法的成本——特别是基因和身体状况之间的直接关联——与寻找新化学实体的成本和为市场提供治疗所需的研究、开发和临床试验的成本截然不同。在治疗方面，成本相当高，原因在于临床试验费用昂贵，失败率高，风险大。[83] 因此，开发人员需要潜在的巨大回报[84]。然而，开发诊断方法的成本很低，SACGHS 的案例研究表明不需要专利来支持这项工作。

可以肯定的是，SACGHS 是从那些声称专利吸引他们投资的公司那里了解

---

[79] Sec'y's Advisory Comm. on Genetics, Health, and Soc'y（2010），Reporton Gene Patents and Licensing Practices and Their Impact on Patient Access to Genetic Tests, p. 2, available at：http：//oba. od. nih. gov/oba/sacghs/reports/SACGHS_patents_report_2010. pdf, D－2.

[80] 一般参见 Bessen, J. and M. J. Meurer（2008），Patent Failure：HowJudges, Bureaucrats, and Lawyers put Innovation at Risk, Princeton Univ. Press（认为专利总体上对创新产生不利影响）；Machlup, F.（1958），An Economic Review of the Patent System, Study No. 15 of Comm. on Judiciary, Subcomm. on Patents, Trademarks, and Copyrights, 85th Cong. , 2nd Sess.（认为不可能确定专利是好是坏）。

[81] 例如，参见 Bessen, J. and M. J. Meurer（2008），Patent Failure：How Judges, Bureaucrats, and Lawyers put Innovation at Risk, Princeton Univ. Press, p. 89。

[82] 例如，参见 Lewis, R.（2000），Clinton, Blair Stoke debate on gene data, The Scientist. com, 1, 14, available at：http：//www. the－scientist. com/article/display/11786/。

[83] 例如，参见 Berman, H. M. and R. C. Dreyfuss（2006），Reflections on the science and law of structural biology, genomics, and drug development, UCLA L. Rev. , 53, 871－908, 883－888。

[84] Scherer, F. M.（2001），The innovation lottery, in R. Dreyfuss et al.（eds.），Expanding the Boundaries of Intellectual Property, Oxford Univ. Press, pp. 3－21.

的情况。[85] 尽管如此，不可能得出这样的结论：必须由专利鼓励投资。如前所述，研究人员和临床医生鉴别突变并建立关联，他们的动机不依赖于专利。相反，是出于好奇心和帮助患者的初衷。[86] 专利也不需要获得资金，因为在诊断上并没有费用标准的监管要求，[87] 资助相关研究和将其转化为诊断方法是很便宜的。根据 SACGHS 报告，诊断成本低于 1 万美元。[88] 这种资助来自服务费用，来自患者权益主张团体的慈善捐赠，或通过政府拨款。[89] 值得注意的是，案例研究表明，即使有独占性专利权人，在专利权人享有独占权利之前，大多数检测都是可用的。事实上，专利主要是用来占领市场，而不是制造。[90]

当然，专利的效益不仅局限于发明本身。另一个问题是，是否需要专利来鼓励信息披露或传播。然而，答案似乎是否定的。尽管独家服务提供者有可能隐瞒结果，但学术研究人员有强烈的动机去发表。此外，当发现基因突变存在竞争时，对科学发现优先权的渴望促使研究人员尽快发表。[91] 一些基因诊断也

---

[85] Sec'y's Advisory Comm. on Genetics, Health, and Soc'y (2010), Reporton Gene Patents and Licensing Practices and Their Impact on Patient Access to Genetic Tests, p. 23, available at: http://oba. od. nih. gov/oba/sacghs/reports/SACGHS_patents_report_2010. pdf, D – 2.

[86] Strandburg, K. J. (2005), Curiosity driven research and university tech – nology transfer, in G. D. Libecap (ed.), 16 Advances in the Study of Entre preneurship, Innovation and Economic Growth, University Entrepreneurship and Technology Transfer: Process, Design, and Intellectual Property, JAI Press, p. 93.

[87] 正如关于基因专利的报告所承认的那样，这可能会改变，参见 Sec'y's Advisory Comm. on Genetics, Health, and Soc'y (2010), Report on Gene Patents and Licensing Practices and Their Impact on Patient Access to Genetic Tests, p. 2, available at: http://oba. od. nih. gov/oba/sacghs/reports/SACGHS_patents_report_2010. pdf, D – 2., p. 35; Pollack, A. (2010), FDA faults companies on unapproved genetic tests, NY Times, 12 June, at B2. 此外，一些州规定提供诊断服务. 参见 Peter, M. (2010), Kazon, regulatory issues facing genetic tests, J. Health & Life Sci., 3, 111 – 149, 130 – 131。尽管如此，情况却不尽相同：为简单的诊断程序取样没有任何身体健康风险。清查问题将围绕疗效，而不是患者的安全。因此，发明被侵权的风险可能会大大降低。

[88] Sec'y's Advisory Comm. on Genetics, Health, and Soc'y (2010), Reporton Gene Patents and Licensing Practices and Their Impact on Patient Access to Genetic Tests, p. 34, available at: http://oba. od. nih. gov/oba/sacghs/reports/SACGHS_patents_report_2010. pdf, D – 2.

[89] 例如，参见 Walsh, T. et al., Spectrum of mutations in BRCA1, BRCA2, CHEK2, and TP53 in families at high risk of breast cancer, J. Am. Med. Ass'n, 295, 1379 – 1388, 1386 (资助来自美国国立卫生研究院 (NIH)，欧洲科学技术合作计划，捷克共和国教育、青年和体育部，捷克共和国卫生部和乳腺癌研究基金会)；Sec'y's Advisory Comm. on Genetics, Health, and Soc'y (2010), Report on Gene Patents and Licensing Practices and Their Impacton Patient Access to Genetic Tests, p. 25, available at: http://oba. od. nih. gov/oba/sacghs/reports/SACGHS_patents_report_2010. pdf, D – 2 (讨论联邦基金和倡导团体的资助)。

[90] 例如，参见 Sec'y's Advisory Comm. on Genetics, Health, and Soc'y (2010), Report on Gene Patents and Licensing Practices and Their Impacton Patient Access to Genetic Tests, p. 35, available at: http://oba. od. nih. gov/oba/sacghs/reports/SACGHS_patents_report_2010. pdf, D – 2。

[91] Merton, R. K. (1973), The Sociology of Science, Univ. of Chicago Press.

可以被反向工程，或者受到州政府或联邦监管部门的监督而需要披露。[92]

至于信息传播，一些权利人向 SACGHS 建议，如果没有排他性，他们就不会有动机让医生和患者了解相关检测的好处，他们也不会寻求保险的保障。[93] 然而，在这种情况下，"了解"就像广告一样。它可能是片面的和不准确的。事实上，SACGHS 积极寻找其他方法来加强医疗服务提供者对遗传学的理解，并且还劝说政府直接管理面向消费者的广告。[94] 最后，SACGHS 所确定的关于保险的任何问题都涉及由独家供应商提供的诊断，而不涉及广泛适用的诊断。

1.3 改善公众获取策略

前几节指出，与诊断有关的专利引起的社会危害是真实存在的，并且它们不能被专利制度通常所具有的好处抵消。因此，问题是如何重新利用法律制度，在公共利益和个人利益之间建立适当的平衡。正如引言中所指出的，在排除基因和遗传诊断的可专利性方面，有相当多的观点用于解释可专利性的要求。其他观点还包括利用专利法中的其他法条，例如创造性的标准以及涉及公开、实用性和专利保护范围的法条；推动专利池等新的体制机制；或修改专利法对侵权责任提出新的抗辩。在这一节中，每个观点都是从理论、实践和规范的角度出发。[95]

1.3.1 主题的限制[96]

保护公众获取遗传信息的利益最直接的方法是，将基因和诊断方法作为不

---

[92] Sec'y's Advisory Comm. on Genetics, Health, and Soc'y (2010), Reporton Gene Patents and Licensing Practices and Their Impact on Patient Access to Genetic Tests, pp. 2, 26 – 27.

[93] 同上，p. 36。

[94] 同上，p. 7. 例如，参见 Draft Report of SACGHS, Genetics Education and Training of Health Care Professionals, Public Health Providers and Consumers (2010), available at: http://oba. od. nih. gov/oba/SACGHS/SACGHS% 20Draft% 20Genetics% 20Education% 20and% 20Training% 20Report. pdf; see also http: //oba. od. nih. gov/SACGHS/sacghs_focus_marketing. html（列出了 SACGHS 在直接面向消费者的广告方面的努力）。

[95] 可以说，反垄断法也可能被用来防止权利持有人妨碍消费者感兴趣的产品或方法进入市场。这可能是欧洲的情况，参见 Telefis Eireann & Indep. Television Publ'ns Ltd. v. Comm'n of the European Communities, 1995 E. C. R. I –743, 53, 54 ［以下称 Magill］（加入案例 C – 241/91P 和 C – 242/91P），但在美国，在没有法律障碍的情况下拒绝交易似乎是被禁止的，参见 Verizon Comm'ns Inc. v. Law Offices ofCurtis V. Trinko, 540 US 398, 407 (2004)。

[96] 35 USC § § 100 – 101 (2006).

受专利法保护的主题。根据美国法律，采取这一策略的理由很充分；基因可以认为是自然产物，而诊断方法——将基因与其在人体中的作用联系起来——可以被认为是自然规律或抽象概念。而 *Diamond v. Chakrabarty* 案被认为国会意图在专利法案中包括"任何由人类制造的东西"，[97] 法院仔细区分了"自然法则、物理现象和抽象概念"。[98]

Mayo 支持这种做法。争议中涉及的诊断方法权利要求是关于药物与药物吞服后身体产生的代谢物之间的关系。正如一开始提出的那样，基因诊断与 Mayo 涉及的测试有一点不同，因为它们涉及两种有些不同的现象：患者的基因型（基因遗传）和表型（身体的物理状态）。然而，这两种现象密切相关。在 *AMP* 案中，地区法官 Sweet 将诊断方法权利要求定性为"'比较'或'分析' BRCA1 和 BRCA2 基因序列的方法"，[99] 并发现它们是"抽象的思维过程"，因此在 *Bilski* 案中是不可授予专利权的。[100] 联邦巡回上诉法院维持了上述决定，专利权人（万基）没有请求联邦最高法院审查该决定。因此，这个案件不会在诊断问题上提供明确的答案。

不可否认，未来科学家们可能会发现基因、其他物理现象（如环境影响）和疾病倾向之间的复杂关联。这些复杂的关联可能花费昂贵的费用来查找、证实并转换成治疗方案。因此，专利也许是促进这项工作的动机。然而，即使联邦巡回上诉法院持否定立场，这些更复杂的关联也并不一定是不能取得专利的，因为它们远远超越了两个必然联系的现象之间的简单联系。此外，即使更复杂的遗传关联也仅仅被认为是关于机体如何运作的，那么用于分析基因序列的软件或设备可以分别申请专利并且这些专利可以提供必要的激励。

产品权利要求更加严格。在地区法院，Sweet 法官将 Chakrabarty 发现的可授权的合成微生物与 *AMP* 案中天然存在的基因序列区分开来。而 1911 年 *Parke - Davis & Co. v H. K. Mulford co.* 案中，[101] Learned Hand 法官判决了分离的肾上腺素的可专利性。Sweet 法官指出，从 *Parke - Davis* 判例中理解，只有当分离的天然物质为"具有新的或独特的形式、质量或性质"的物质时，才允许专利保护。[102] Sweet 法官认为遗传物质是不符合上述条件的，因为"DNA 编码的信息反映了原始生物学功能"。[103] 换句话说，即使是分离的，基因也是天

---

[97]　447 US 303，309（1980）.

[98]　447 US 303，309（1980）.

[99][100]　AMP，702 F. Supp. 2d，185.

[101]　189 F. 95（S. D. N. Y. 1911），aff'd in part，196 F. 496（2d Cir. 1912）.

[102]　AMP，702 F. Supp. 2d，226.

[103]　AMP，702F. Sup. 2d，同上，p. 228。

然产物，因为它们的重要性和有用性在于它们的遗传信息的内容，这正是它们在自然界中的作用。

在上诉中，尽管存在意见分歧，联邦巡回上诉法院扭转了局面。Lourie 法官发现这种分离的基因是可以申请专利的，因为它们的化学性质与自然界中发现的基因序列不同。[104] Moore 法官对此更加怀疑：她需求显示结构变化和新用途。对于一些权利要求保护的序列，特别是 cDNA（遗传物质被"编辑"而表达外显子序列而不表达内含子序列），她认为可以考虑 cDNA 的可专利性。[105] 她还支持长序列 gDNA（包括外显子和内含子的遗传物质）的权利要求，但很大程度上是因为这些专利一直以来被授予专利权，已经产生了"既定预期"。[106] Bryson 法官不同意 gDNA 可专利性的说法。他发现了一些"惊人的宽泛"的例子，就像 SACGHS 的报告一样，他担心专利丛林会给下一代的遗传医学创新带来巨大的障碍——多重测试和全基因组测序。[107] Myriad 成功请求重审该案件。当联邦最高法院根据 *Mayo* 案的判例将案件发回联邦巡回上诉法院时，联邦巡回上诉法院并没有改变意见；因此由联邦最高法院进行重审。[108]

当然，方法的判例并不直接与这些产品权利要求相关；但可以说，多数是 Breyer 法官的推理。从本质上说，基因是导致身体行为的主要原因。[109] 就像自然法则一样，它们也许是"科学技术工作的基本工具"。因此，专利权的授予会阻碍它们的使用，从而抑制未来的创新。[110] 因此，*Mayo* 判例中涉及分离的 DNA 的专利应当被无效。

当然，分离的基因与存在于人体中的基因之间存在显著的差异。尽管所要求保护的 DNA 能够被用于诊断应用以及任何研究应用中，但 DNA 也具有作为治疗剂的潜在商业用途。例如，有相当多的研究通过使用病毒载体将遗传物质

---

[104] AMP, 653 F. 3d, 1351.

[105] AMP, 653 F. 3d, 1364 – 1365.

[106] AMP, 653 F. 3d, p. 1366.

[107] AMP, 653 F. 3d, 1379 – 80.

[108] Ass'n for Molecular Pathology v. US Patent & Trademark Office, 702 F. Supp. 2d 181, 203 (S. D. N. Y. 2010)，部分修订，653 F. 3d 1329 (Fed. Cir. 2011)，授予调卷令，决定撤销和发回重审，132 S. Ct. 1794 (2012)，decision reinstated, 689 F. 3d 1303 (Fed. Cir. 2012)，名义上授予调卷令。Ass'n for Molecular Pathology v. Myriad Genetics, Inc., 133 S. Ct. 694 (2012)。

[109] 更完整的讨论参见 Berman, H. M. and R. C. Dreyfuss (2006), Reflections on the science and law of structural biology, genomics, and drug development, UCLA L. Rev., 53, 871 – 908, 890 – 91。

[110] Mayo, 132 S. Ct., p. 1301（内部引文省略）。

直接插入体内来纠正突变的有害影响。(111) 在这些应用中，分离的物质并没有以天然形式存在。相反，它与 *Parke – Davis* 判例中分离的肾上腺素类似。该产品与自然界中发现的不同，因为它可以被注射；分离的 DNA 不像天然的 DNA，因为它也可以直接传递到体内。(112) 此外，正如前面所讨论的，治疗方法的发明者确实严重依赖专利。(113) 因此，规范地解释法规使这种可能性公开化是有道理的。此外，反对基因专利的决定将使美国与采纳《欧洲专利公约》的国家产生分歧，后者认为基因是可授予专利权的主题。(114) 虽然这不会是美国和欧洲法律之间唯一的分歧，但值得考虑一下是否值得回避。

1.3.2 依靠其他现有的专利法规

当联邦巡回上诉法院首先在 *State Strat* 判例中扩大可专利主题时，Gilesrich 法官（曾帮助起草美国现行“专利法”）注意到关于可专利性的调查并没有以法定主题的问题结束。他强调，获得专利保护还有其他制约因素，包括“新颖性、非显而易见性、充分的公开和披露”。(115) 虽然可以将实用性和保护范围作为制约因素，但这些限制都不可能解决 SACGHS 提出的问题。

新颖性和非显而易见性(116)

从某种意义上讲，Rich 法官显然是正确的。提高发明创造的标准确实会影响遗传物质的可专利性。因此，联邦最高法院在 *KSR Int'l Co. v. Teleflex, Inc.* 案(117)之后，改变了美国专利法关于创造性的法条，法院在 *In re kubin* 案(118)中维持了美国专利商标局对表达已知蛋白质的 DNA 专利的驳回决定。尽管联邦

---

(111) 例如，参见 Gene therapy sets stage for new treatments for inherited blindness, Sci. Daily, 2 May 2010, available at: http: //www. sciencedaily. com/releases/2010/04/100429132749. htm（描述使用携带遗传物质的载体来纠正引起特定形式失明的突变）。

(112) 参见 Parke – Davis & Co. v. H. K. Mulford Co. , 189 F. 85, 103（CCNY 1911）（注：纯化的肾上腺素可以用于治疗）。

(113) 当然，为载体申请专利可能促进对治疗的研究。然而，如果将载体和遗传物质插入载体的方法标准化，基于 KSR Int'l Co. v. Teleflex, Inc. , 550 US 398（2007），该复合物可能不具有可专利性（当技术进步显而易见时，需要强加一个严格的发明标准）。

(114) 例如，参见 Pila, J. (2010), Patents for human genes and methods of analysis and comparison, Law Q. Rev. , 126. 然而，澳大利亚可能采取与美国相同的做法：在 AMP 案决议后，类似的案件也被提出。参见 Lyons, J.（2010）, Bid to halt patenting of genes, Age, 8 June, available at: http: // www. theage. com. au/national/bid – to – halt – patenting – of – genes – 20100607 – xqsc. html。

(115) 149 F. 3d 1368, 1375（Fed. Cir. 1998）；也参见 Bilski, 130 US, 3225。

(116) 35 USC § § 102 – 103（2006）.

(117) 550 US 398（2007）.

(118) 561 F. 3d 1351（Fed. Cir. 2009）.

巡回上诉法院此前已经批准了这些专利，[119] 联邦最高法院要求对普通生物技术专家是否可以从蛋白质中获得基因进行更严格的审查。[120]

但是 *KSR* 案和 *Kubin* 案并不一定代表了这个领域专利申请的终结。虽然表达蛋白质的 DNA 分子可能无法获得专利，但科学家已经发现了其他具有临床意义的遗传物质。[121] 由于人们对这些物质，以及这些物质与机体状况的相关性知之甚少，它们可以具有足够的创造性而作为产品或方法被保护。它们也同样不可能被轻易规避。它们简言之，创新标准的提高可能意味着更少的问题，但是每个专利的问题都将引起 SACGHS 所观察到的危害。

公开和公告[122]

美国法律的最新发展，尤其包括 *Ariad pharmaceuticals*，*Inc. v. Eli Lilly and Co.* 案，[123] 对书面描述要求制定了严格的规定，可能使基因发明难以获得专利保护。事实上，Bryson 法官在 *AMP* 案中提出了很多建议。[124] 但是一些专利仍然会出现问题，它们也会产生同样的担忧。因为 Ariad "要求披露落入属的范围内的具有代表性数量的物种或属的成员共有的结构特征，以使本领域技术人员能够'可看出或识别'属的成员"，[125] 因此，很多生物技术领域专利的保护范围可能特别窄，但专利数量会增加。如果是这样，并且不同的专利权人卷入了对紧密相关的突变和关联的控制，专利丛林将变得更密集，交易问题可能变得更糟。

实用性[126]

当生物技术行业开始申请专利时，就实用性要求的应用而言，存在可以考量的争议。在美国，这个问题在 *Fisher* 案中得到解决，他提出了一个"实质性"的实用性要求，要求专利申请人证明"权利要求保护的发明对公众具有显著的有益效果"。[127] 因为要求发明人掌握大量关于权利要求保护主题的功能

---

[119]　例如，参见 In re Deuel, 51 F. 3d 1552 (Fed. Cir. 1995)。

[120]　561 F. 3d, 1359 - 61.

[121]　例如，参见 Lin, S. - L. et al. (2006), Intronic microRNA (miRNA), J. Biomedicine & Biotechnology, 1 - 13, available at: http://www.ncbi.nlm.nih.gov/pmc/articles/PMC1559912/; Wade, N. (2010), A decade later, human gene map yields few new cures, New York Times, 13 June, A1, available at: http://www.nytimes.com/2010/06/13/health/research/13genome.html, p.27 (提及 RNA 和染色质)。

[122]　35 USC § 112 (2006).

[123]　598 F. 3d 1336 (Fed. Cir. 2010).

[124]　参见文本 No. 106, AMP, 653 F. 3d, 1379 - 1380。

[125]　AMP, 653 F. 3d, p.1350.

[126]　35 USC § 101.

[127]　421 F. 3d 1356, 1371 (Fed. Cir. 2005).

信息，Fisher 倾向于推迟发明人获得遗传信息专利的时间。⑫ 但是，当专利公布时，没有办法处理可及性问题。的确，由于诊断用途的发现和开发相对便宜，影响诊断的基因专利可能会像现在一样普遍。

范围

根据现行美国法律，即使只公开了一项可靠的用途，专利权人也会获得发明的所有用途的权利。⑫ 当然，有可能利用这一规定在确保公众获取方面取得一些进展。例如，在德国，基因专利的范围仅限于所公开的效果。⑬ 类似地，欧洲法院（ECJ）在 *Monsanto Technology LLC v. Cefetra BV* 案⑬的决议中解释了欧洲联盟（EC）生物技术指令，⑬ 认为只有在基因行使功能时才构成侵权。这一处理方式可以解决基因专利中存在的一些问题。例如，只有基因引起生物体以特定的方式表达（例如通过表达特定的蛋白质）才被认为是"有用的"，根据孟山都（*Monsanto*）案的判决，当发明用于诊断时，由于诊断方法仅仅是比较序列，并不需要该基因是活跃的，因此专利不会被侵权。与此同时，当发明被用于治疗时，涉及基因的专利会被侵权，因为在这些情况下，正如所声称的那样，关键是诱导基因发挥作用。

尽管如此，这一策略似乎有几个缺陷。在德国，这些专利以错误的方式缩小范围。如上所述，诊断用途的开发费用最低；治疗用途需要更多的工作。其结果是，公开的和受到保护的用途很可能是最不需要专利的诊断用途，而未受保护的用途是对开发至关重要的治疗用途。同样，孟山都案的处理方式不会允许所有的研究使用，因为在许多研究情况下，DNA 将按照专利中描述的那样起作用。孟山都案的限制在欧洲可能不是问题，在欧洲有法定的实验使用免责

---

⑫ 参见 Eisenberg, R. S. and R. P. Merges (1995), Opinion letter as to the patentability of certain inventions associated with the identification of partial cDNA sequences, AIPLA Q. J., 23, 1–52。

⑫ 例如，参见 Brenner v. Manson, 383 US 519, 537 (1966) (Harlan, J., 部分异议) (注：后来确定的用途"大大提高"了专利的价值)。

⑬ Gesetz zur Umsetzung der Richtlinie über den rechtlichen Schutz biotechnologischer Erfindungen [实施欧洲联盟生物技术指令的法规], 21 January 2005, BGBl. I at 146, §1a (4) (FRG). 法国采取类似的方法. 参见 Law No. 2004–800, Journal Officiel de la Republique francaise [JO], 7 August 2004, p. 14040, Article L. 613–2–1, available at: http://www.journal–officiel.gouv.fr/frameset.html。

⑬ 案例 C–428/08 (大法庭 July 6, 2010), available at: http://eurlex.europa.eu/LexUriServ/LexUriServ.do? uri = CELEX: 62008J0428: EN: HTML。

⑬ 98/44 欧盟指令, 1998 O. J. (L 213) 13 (EC)。

条款;⑬ 但是，在美国会有问题。此外，这种处理方式对于涉及基因和易感性关联的专利不起任何作用——在这些情况下，诊断医生将直接实施受保护的发明。

最后一个问题是 TRIPS 的兼容性。因为限制这些专利的范围仅适用于生物发明，而不适用于其他专利，可以说违反了 TRIPS 中关于"专利应该可用且在……技术领域不受歧视的享有专利权"的要求。⑭ 在孟山都案中，欧洲法院（ECJ）认为限制这些专利的范围将符合 TRIPS 的免责条款，⑮ 而且，根据协议，世界贸易组织（WTO）的裁定者不太可能出于"限制"的考虑取消对所有未公开用途的保护。⑯ 欧洲法院法律总顾问认为该区别对于区分发现与发明是必要的。⑰ TRIPS 允许成员做出这种区分，因此，基因检测可以满足国际法。⑱

---

⑬　例如，参见 Octrooiwet van 24 mei 1854［1854 年 5 月 24 日专利法］，Belgisch Staatsblad［比利时法律公报］，May 25，1854，转载于 Tweetalige We – Weitboek Intellectuele Rechten［双语法典报道——知识产权法典］Article 28 § 1（b）（Van Hecke，G. et al. 编）［简称"比利时专利法"］（"专利所赋予的权利不得延伸至以专利发明为主题的科学目的的行为"）；LBK nr 91 af 28/01/2009 Gldende（Patentloven）［2009 年 1 月 28 日合并专利法第 91 号］§ 3（3）（3）（Den.）［简称"丹麦专利法"］（"专有权不得延伸到：……用于与专利发明的主题有关的实验目的而完成的行为"）；英国专利法 § 60（5）（b）（排除一项行为，如果"它是为了实验目的而完成的与发明相关的主题'）。一般参见 Buydens，M.（2002），Belgian Group，Report 202：The Impact of Public Health on Exclusive Patent Rights［简称"比利时报告"］，available at：https：//www. aippi. org/download/comitees/202/GR202belgium. pdf；nørgaard，T. et al.（2002），Danish Group，Report 202：Impact of Public Health on Exclusive Patent Rights［简称"丹麦报告"］，available at：https：//www. aippi. org/download/comitees/202/GR202denmark. pdf；Brown，J. et al.（2002），United Kingdom Group，The Impact of Public Health on Exclusive Patent Rights［简称"英国报告"］，available at：http：//www. aippi. org. uk/docs/Q202% 20final% 20formatted% 20and% 20including% 20trilingual%20summary. DOC. See，generally，Wolrad Prinz zu Waldeck und Pyrmont（2008），Research tool patents after Integra v. Merck – have they reached a safe harbor?，Mich. Telecomm. & Tech. L. Rev.，14，367 – 446（描述了德国法律）。

⑭　Agreement on Trade – Related Aspects of Intellectual Property Rights，Article 27，15 April 1994，ILM，33，81（1994）［简称 TRIPS］。

⑮　同上，Article 30。

⑯　例如，参见专家组报告，Canada – Patent Protection of Pharma ceutical Products，3. 1，WT/DS114/R，（17 March 2000）（对违反协议的保护期限进行限制）［简称 Canada – Pharmaceuticals］。

⑰　主张意见，案例 C – 428/08（9 March 2010），available at：http：//eur – lex. europa. eu/LexUriServ/LexUriServ. do? uri = CELEX：62008C0428：EN：HTML；参见 Biogen Inc. v. Mediva Plc，［1997］RPC 1（Eng.）。

⑱　如果这种方法被认为是可取的，那么可能更容易实现 TRIPS 兼容性：侵权可以通过基因是否发挥作用来确定（以公开的方式或以任何其他方式）。例如，在 Monsanto 案中，基因导致大豆植物对除草剂 Roundup 产生抗药性，但侵权索赔仅涉及植物制成的大豆粉。在这种情况下，基因完全没有作用。因为它们既没有完成专利的抗除草剂功能，也没有完成任何其他功能，专利权人仍保留对该基因所有用途的控制权。

1.3.3　体制机制：指导方针、专利池和信息交流中心

有人强烈主张，遗传学发展的不充分利用不应归咎于专利制度，毕竟，专利制度是专门用来平衡激励措施和获取利益，而不是为了各种信息和制度上的失灵。例如，经济合作与发展组织（OECD）在 2002 年对诊断问题进行了研究。[139] 与 SACGHS 一样，它发现专利可及性并不理想，但它将缺陷归因于基因专利的新颖性。[140] 因此，OECD 暗示专利权人缺乏许可策略方面的经验，研究和商业应用之间的界限模糊使当事人的权利不清晰，[141] 并且处理专利丛林问题的制度方案尚未制定出来。[142] 同样，Cook - Deegan 和他的合作研究者也披露了某些信息的缺陷：他们很难获得关于他们正在研究的一些专利是如何被许可的信息。在某些情况下，有关各方将其做法视为商业秘密，并拒绝向潜在被许可人提供信息。[143]

为了纠正这些问题，OECD 制定了一系列指导方针——原则和最佳实践——试图调和权利人、研究人员和患者的利益。[144] 类似的，NIH（得到美国国家科学院[145]的认可）为那些获得资助的人提出了一系列最佳实践；[146] 一个由大学技术转让办公室组成的联盟提出了一系列更为通用的指导方针，适用于所有专利

---

[139] 一般参见 OECD（2002），Genetic Inventions, Intellectual Property Rights and Licensing Practices：Evidence and Policies。

[140][141] 参见 OECD（2006），Guidelines for Licensing of Genetic Inventions, pp. 19 – 21, available at：http：//www. oecd. org/dataoecd/39/38/36198812. pdf。

[142] 同上，pp. 20 – 21；也参见 Nicol, D. (2010), Patent licensing in medical biotechnology in Australia：a role for collaborative licensing strategies, Univ. of Tasmania Centre for Law and Genetics, Occasional Paper, 7, available at：http：//www. lawgenecentre. org/summary. php? id = 1853&category = All。

[143] 参见 Sec'y's Advisory Comm. on Genetics, Health, and Soc'y (2010), Report on Gene Patents and Licensing Practices and Their Impact on Patient Access to Genetic Tests, p. 99, available at：http：//oba. od. nih. gov/oba/sacghs/reports/SACGHS_patents_report_2010. pdf。

[144] 一般参见 OECD（2006），Guidelines for Licensing of Genetic Inventions, available at：http：//www. oecd. org/dataoecd/39/38/36198812. pdf。

[145] Nat'l Research Council (2006), Reaping the Benefits of Genomic and179. Proteomic Research：Intellectual Property Rights, Innovation, and Public Health, 180. Nat'l Academies Press, p. 8。

[146] 一般参见 Office of Tech. Transfers, Nat. Inst. of Health, Best Practices for the Licensing of Genomic Inventions, 70 Fed. Reg. 18, 413（11 April 2005），available at：http：//ott. od. nih. gov/policy/genomic_ invention. html。

的上游研究；❹ 并且 SACGHS 建议制定许可行为守则并在许可方面提高透明度。❹ 关于体制机制，由 Geertrui Van Overwalle 领导的比利时鲁汶大学的一个研究小组广泛研究了使用专利池和信息交流中心以促进基因专利的许可。❹

指导方针

如上所述，至少有 4 个组织推动最佳实践作为可及性问题的解决方案。所有提案都是相似的：他们观察到，专利权人在许可方式方面有很多选择，最后他们认为非独占性许可是诊断相关专利的最佳实践。这种理论可以理解为：正如我们所看到的，将上游工作转化为简单诊断测试的成本很低。因此，几乎没有必要使用独占权来鼓励被许可人资助这项工作。事实上，*CF* 案例研究表明非独占性许可在促进患者的药品可及性上非常成功。❺ 根据这种方法，专利权人也不一定会亏本。尽管非独占性许可可征收的使用费通常低于独占许可，但非独占性许可会产生更多的收益来源。❺ 因此，从众多的实验室，包括许多营利性实体，可以获得 CF 基因（和其他基因）的检测。

虽然促进非独占性许可的最佳实践有明显的好处，❺ 但指导方针由于缺乏约束力而不是解决专利可及性问题的完整方法。OECD 的指导方针声称是"成员国的一项重要政治承诺"。❺ 但与 WTO 不同，OECD 缺乏执行机制。此外，专利权通常不由政府持有。因此，无论 OECD 成员如何通过非独占性许可改善获取途径，专利许可都会阻碍其公民的商业决策。专利权人有不同的动机、

---

❹ Ass'n of Univ. Tech. Managers（2007），Nine Points to Consider in Licensing University Technology，available at：http：//www. autm. net/Nine_Points_to_Consider. htm.

❹ 参见 Recommendations two and three of the Sec'y's Advisory Comm. On Genetics，Health，and Soc'y（2010），Report on Gene Patents and Licensing Practices and Their Impact on Patient Access to Genetic Tests，p. 99，available at：http：//oba. od. nih. gov/oba/sacghs/reports/SACGHS_patents_report_2010. pdf。

❹ 一般参见 Van Overwalle，G.（2009），Of thickets，blocks and gaps，in G. Van Overwalle（ed.），Gene Patents and Collaborative Licensing Models，Cambridge Univ. Press，pp. 383 – 463；Van Overwalle，G.（2010），Designing models to clear patent thickets in genetics，in R. Dreyfuss et al.（eds.），Working Within the Boundaries of Intellectual Property，Oxford Univ. Press，pp. 305 – 23。

❺ Chandrasekharan，S. et al.（2010），Impact of gene patents and licensing on access to genetic testing for cystic fibrosis，Genetics in Medicine，12，S194 – S211，at S203（认为非独占性许可允许竞争，并指出美国 64 个实验室现在提供 CF 基因检测）。

❺ 例如，参见 Feldman，M. P. et al.（2007），Chapter No. 17. 22，Lesson from the Commercialization of the Cohen – Boyer Patents：The Stanford Licensing Program，in IP Handbook of Best Practices，available at：http：//www. iphandbook. org/handbook/ch17/p22/。非独占被许可人在价格上相互竞争，这也导致市场扩大——专利持有者获得更多收入。

❺ 一般参见 Lee，P.（2009），Toward a distributive commons in patent law，Wis. L. Rev. ，917。

❺ OECD（2006），Guidelines for Licensing of Genetic Inventions，No. 3，p. 5，available at：http：//www. oecd. org/dataoecd/39/38/36198812. pdf。

收入预期和制约因素。此外，他们容易受到许多不同类型的认知错误的影响。[154] 如果现有的指导方针旨在规定公众相关规范，而不是向权利人提供关于非独占性许可的优点的具体信息，那么他们可能不会以有意义的方式改变行为。[155]

政府资助的研究情况有些不同。资助者可以要求对任何由公众支持所做出发明的非独占性许可，他们可以拒绝向独占性许可的发明者给予新的资助，甚至可以"介入"并且对禁止获取的专利主张权利。在某种程度上，这些专利的开发与 NIH 的资助有关，这些拨款资助了美国的大部分诊断工作。[156] 然而，NIH 避免采取更积极的行动，[157] 部分原因在于：NIH 对大学的资助受到拜杜法案（Bayh – Dole Act）的约束，该法案剥夺资助者对许可决定的权利。因此，SACGHS 的另一项建议是澄清政府的权力。[158] 更重要的是，因为接受者确实有不同的需求和目标，所以资助者不应该尝试建立规范。即使像 NIH 这样的出资者采取了更为强硬的措施，其他权利人也不会受到约束。因此，虽然资助者可能能够将问题最小化，但他们无法消除问题。

专利池和信息交流中心

Van Overwalle 在鲁汶大学的研究小组提出了不同的解决方案。假设专利权对于激励基因研究和商业化是必要的，他们认为真正的问题是交易成本——为患者提供优质治疗所需的大量权利的困难，特别是在多重检测可提供更有效的诊断选择和全基因组测序可实现更好的临床评估的时代。为了解决这个问题，

---

[154] 例如，参见 Eisenberg, R. S., Bargaining Over the Transfer of Proprietary Research Tools: Is This Market Failing or Emerging? in R. Dreyfuss et al., Expanding the Boundaries of Intellectual Property, Oxford Univ. Press, pp. 223 – 49。

[155] 一个例子是，尽管大学技术管理人员协会试图推广 9 个观点（Ass'n of Univ. Tech. Managers (2007), Nine Points to Consider in Licensing University Technology, available at: http://www.autm.net/Nine_Points_to_Consider.htm), 约翰霍普金斯大学独家授权给 Myriad Genetics（BRCA）的专利，涉及与胰腺癌相关的 PALB2 基因突变；参见 Myriad Genetics (2009), Myriad Genetics Acquires Exclusive Rights to Pancreatic Cancer Gene Patents From Johns Hopkins, 15 October, available at: 191. http://investor.myriad.com/releasedetail.cfm? releaseid =416024。

[156] 例如，参见 Rai, A. K. and R. S. Eisenberg (2002), Bayh – Dole reform and the progress of biomedicine, Law & Contemp. Probs., 66, 289 –314, 292（指出大多数生物医学研究都是由公共资助的，包括 NIH）。

[157] 例如，参见 Bar – Shalom, A. and R. Cook – Deegan (2002), Patents and innovation in cancer therapeutics: Lessons from CellPro, Milbank Q., 80, 637 – 676, 651 –653（讨论 NIH 关于约翰霍普金斯大学涉及 My –10 抗体的专利不被"推进"的决定）。

[158] 参见 Recommendation tw2 of the Sec'y's Advisory Comm. on Genetics, Health, and Soc'y (2010), Report on Gene Patents and Licensing Practices and Their Impact on Patient Access to Genetic Tests, pp. 98 –99, available at: http://oba.od.nih.gov/oba/sacghs/reports/SACGHS_patents_report_2010.pdf。

该小组建议组建专利池和信息交流中心。⑮

Van Overwalle 的观点至少部分是正确的。信息交流中心——包括开放的科学数据库——可以缓解可及性问题。⑯ 特别是，信息交流中心将如 SACGHS 建议的提高透明度。正如 Robert merges 在十多年前证明的那样，专利池和许可集中管理可以削弱专利丛林。⑯ 它们能够提供一站式服务，并且无须单独协商权利。⑯ 评估由专家而不是法院来决定，因此争议解决费用较低。⑯ 专利池甚至可以提供附加价值，因为它们还可以作为交换专有技术的平台。⑯

同样，这种分析的缺陷也是动机。如果专利权人愿意透露有关其许可的信息并且非独占性许可，那么建立这些机构将非常有帮助。但是，如果专利权人发现采用保密许可信息和没有竞争对手的商业模式是有利的，那么很难确信他们会向信息交流中心提供信息或进入专利池。⑯ 不可否认，他们有这么做的动机，Van Overwalle 提供了很多这样的例子。然而，遗传学的情况与她所提到的例子都不相同。

因此，Van Overwalle 提到了黄金大米（Golden Rice）专利池、严重急性呼吸系统综合征（SARS）冠状病毒专利池以及 Unitaid 创始建立的可负担的医学专利池。⑯ 这些项目旨在为贫困人群提供服务，商业利益则降至最低（正如我们所见，权利人有时会放弃的市场）。只要一旦出现有赚钱的可能性，专利池交易的意愿很容易就会消失。

---

⑮　参见同上。

⑯　例如，参见 Reichman, J. H. and P. F. Uhlir (2003), A contractually reconstructed research commons for scientific data in a highly protectionist intellectual property environment, Law & Contemp. Probs. , 66, 315 – 462。

⑯　一般参见 Merges, R. P. (1996), Contracting into liability rules: Intellectual property rights and collective rights organizations, Cal. L. Rev. , 84, p. 1293; Merges, R. P. , Institutions for Intellectual Property Transactions: The Case of Patent Pools, in R. Dreyfuss et al. (eds.), Expanding the Boundaries of Intellectual Property, Oxford Univ. Press, pp. 3 – 21, pp. 123 – 165。

⑯　Merges, R. P. (1996), Contracting into liability rules: Intellectual property rights and collective rights organizations, Cal. L. Rev. , 84, 1298.

⑯　参见同上，p. 1361（由知识产权交易机构专家提供争议解决办法）。

⑯　例如，参见同上，p. 1362（提及非正式的技术交易 IPS 系统）。

⑯　澳大利亚对合作许可策略的一项调查支持了这种怀疑态度；参见 Nicol, D. (2010), Patent licensing in medical biotechnology in Australia: A Role for collaborative licensing strategies, Univ. of Tasmania Centre for Law and Genetics, Occasional Paper, 7, 59 – 60, available at: http://www. lawgenecentre. org/summary. php? id = 1853&category = All。

⑯　Van Overwalle, G. (2010), Designing models to clear patent thickets in genetics, in R. Dreyfuss et al. (eds.), Working Within the Boundaries of Intellectual Property, Oxford Univ. Press, pp. 305 – 323, pp. 310 – 312.

当然，正如 Van Overwalle 所指出的，也有许多商业上成功的专利池，例如她特别指出 ICE（信息、通信和电子）行业。⑯ 但对遗传学的类比是不准确的。以 MPEG 专利池为例，许多公司拥有涉及视频压缩的一些电子产品的专利权，但没有一家公司拥有足够的专利将成品推向市场。由于只能在最终产品上赚钱，所以有很大的理由进行联盟。⑱ 相比之下，基因专利权人往往可以利用自己的技术开拓市场。⑲ 但是，那些拥有罕见突变的专利权人最好是进行联盟。例如，在听力损失方面，基因检测目前是从最常见的突变开始按顺序进行的。⑰ 由于对这些突变检测为阴性（并有资金持续进行检测）的患者需支付小突变的检测费用，如果进行所有突变都同时检测的多重测试，则小突变的专利权人的收益会增加。⑱ 然而，Cook‐Deegan 的研究表明，权利人更愿意独自行事。

ICE 行业还包括标准制定组织，这些组织通常要求以合理和非歧视性（RAND）条款进行许可。⑰ 由于医疗机构也制定了标准，Van Overwalle 认为，即使专利池本身并不具有吸引力，设置标准也会促使权利人构建它们。⑱ 同样，由于人类遗传学的独特性，这种标准并不适用。虽然医学上的最佳实践也可能被称为"标准"，但它们与电子行业的标准不同，而且这些差异也改变了交易的动态过程。在电子产品中，通常有很多替代技术，每种技术都能够符合标准。因为只有符合标准的发明才能获得回报，标准的设定是专利交易的温床。⑰ 为了使其专利进入专利池，权利人通常会被要求限制其要求（例如，通

---

⑯ 同上，pp. 309‐310。

⑱ 一般参见 Merges, R. P., Institutions for Intellectual Property Transactions: The Case of Patent Pools, in R. Dreyfuss et al. (eds.), Expanding the Boundaries of Intellectual Property, Oxford Univ. Press, pp. 3‐21, p. 142（注：专利池汇集了制造业所需的"专利投入"）。

⑲ Sec'y's Advisory Comm. on Genetics, Health, and Soc'y (2010), Report on Gene Patents and Licensing Practices and Their Impact on Patient Access to Genetic Tests, p. 56, available at: http://oba. od. nih. gov/oba/sacghs/reports/SACGHS_patents_report_2010. pdf.

⑰ 参见 Chandrasekharan, S. and M. Fiffer (2010), Impact of gene patents and licensing practices on access to genetic testing for hearing loss, Genetics in Med., 12, S171‐S193 (Supp.), at S178（讨论基因检测的临床指南）。

⑰ 参见同上，p. 180（当许多不同的基因必须被测试时，讨论基于微阵列的基因测试的成本收益）。

⑫ 参见 Baird, S. (2007), The Government at the Standards Bazaar, Stan. L. & Pol'y Rev., 18, 35‐99, 45。

⑬ Van Overwalle, G. (2010), Designing models to clear patent thickets in genetics, in R. Dreyfuss et al. (eds.), Working Within the Boundaries of Intellectual Property, Oxford Univ. Press, pp. 305‐323, pp. 319‐320.

⑰ 例如，参见 Crane, D. A. (2009), Intellectual liability, Tex. L. Rev., 88, 253‐300, 278（虽然（标准制定）过程有时会导致以更低的价格选择优质技术，但有时会变成讨价还价，或者甚至可能更糟糕——知识产权所有者之间的竞争会更激烈）。

过同意合理的和非歧视性的（RAND）许可）。❿ 然而，正如我们所看到的，在基因专利的背景下，几乎没有什么规避式发明。比如，听力损失的"标准"要求对整个相关基因的组合进行检测。由于无法绕过强势的许可人，因此掌握重要突变专利的权利人将会坚持并获得高比例的报酬。

在某些领域，专利池也很有价值，因为它们解决了双重边际效应问题——当制造产品需要大量专利，以及每个专利权人最大化其个人收益时产生的成本膨胀。❿ 高价格通常会降低需求，专利权人可以通过参与集体行动来提高回报，比如把专利放在专利池中。遗传学的问题有两面性。首先，如果有很多专利权人，而且这些专利的价值不同，那么协商进入专利池就很困难。❿ 其次，只有当需求具有弹性时，双重边际效应才会成为生产者的问题；❿ 在医疗行业，情况并非如此。医疗成本很高，因为消费者重视他们的健康，导致他们（或他们的保险公司）在价格上涨时仍在继续支付。❿ 因此，权利人有明显的动机减少双重边际效应。事实上，如果对一组特定基因的检测成为医学"标准"的一部分，这种需求之间的相互作用可能会特别缺乏弹性。

鲁汶大学的研究小组认识到了这些问题。因此，Van Overwalle 建议，如果专利权人拒绝许可，可以使用强制许可来强制他们进入专利池。❿ 值得注意的是，许多国家的专利法涉及在专利妨碍将产品推向市场时授予强制许可的可能性。❿ 这些许可是与 TRIPS 兼容的，特别是当健康利益受到威胁时。❿ 虽然这

---

❿　参见同上，p. 268（注：许多标准制定组织都有强制性的合理和非歧视性（RAND）许可要求）。

❿　The theory is accredited to Cournot, A. (1838), Researches into the Mathematical Principles of the Theory of Wealth, N. T. Bacon trans., Augustus M. Kelley Publishers 1971, pp. 99 – 116; see Lemley, M. A. and C. Shapiro (2007), Patent holdup and royalty stacking, Tex. L. Rev., 85, 1991 – 2049, 2010 – 15（讨论双重边缘化和古诺互补效应，这些效应会导致增加价格和压制多专利产品的生产，如半导体产业）。

❿　同上，p. 2015。

❿　参见 Gilbert, R., The essential test for patent pools, in R. Dreyfuss et al. (eds.), Working Within the Boundaries of Intellectual Property, Oxford Univ. Press, pp. 325 – 346。

❿　例如，参见 Kratzke, W. P. (2009), Tax subsidies, third – partypayments, and cross – subsidization: America's distorted health care markets, U. Mem. L. Rev., 40, 279 – 422, 311（讨论医疗服务需求缺乏弹性，使医疗服务提供商有能力提高价格）。

❿　Van Overwalle, G. (2010), Designing models to clear patent thickets in genetics, in R. Dreyfuss et al. (eds.), Working Within the Boundaries of Intellectual Property, Oxford Univ. Press, pp. 305 – 23, p. 321.

❿　例如，参见专利法，1977，c. 37，§ 48A（1）（b）（i）（Eng.）［简称"英国专利法"］; Baxter, J. W. (2001), World Patent Law and Practice, Matthew Bender, § 8.02; Van Zimmeren, E. and G. Van Overwalle (2011), Compulsory license regimes for public health in Europe, Int'l Rev. Intellectual Prop'y & Competition L., 42, 4。

❿　Agreement on Trade – Related Aspects of Intellectual Property Rights, Article 31, 15 Apr, 1994, ILM, 33, 81 (1994).

些条款很少被援引，但是它们确实具有明显的警告效应：由于知道可能颁发强制许可，专利权人更有可能许可（或者在这种情况下，进入专利池）。[183] 然而，不幸的是，这种方法在美国行不通。虽然美国政府过去曾将专利权人"推入"专利池，但通常情况下该专利涉及国家安全。[184] 而其他情况下，这是国会一直不愿接受的一种方式。[185]

当然，随着全基因组测序成为普遍的检测形式，权利人可能会发现越来越难以抗拒进入专利池。医疗建议通常是保密的，随着诊断医生获得更多信息，权利人可能会以难以监测的方式将其提供给患者。正如音乐界的做法，建立像 ASCAP 和 BMI 这样的集体权利组织来监测表演，专利权人可能会决定他们需要一种新的制度安排来克服维权成本。[186] 然而，在此期间，很难将指导方针、专利池和信息交流中心视为确保社会将从遗传信息中受益或者促进研究或个性化医疗出现的方法。

1.3.4 修订专利法：为侵权责任提供新的抗辩措施

由于重新解释现有专利法不太可能显著改善可及性，体制机制也不完善（至少目前如此），唯一的可能性就是修改专利法。新的研究和诊断免责条款将促进开发新的疗法，同时它们将消除患者治疗和实验的障碍。例如，SACGHS 以这种方式分析了这个问题。因此，它的第一个建议是：

卫生和公共服务部部长应支持并与商务部长合作推动下列法条的修订：

A. 对制造、使用、订购、许诺销售或销售根据专利开发的用于患者治疗目的的检测任何人免除基因专利的侵权责任。

---

[183] Lee, K. W. (2003), Permitted use of patented inventions in the United States: Why prescription drugs do not merit compulsory licensing, Ind. L. Rev., 36, 175 – 96, 184.

[184] 例如，参见 Merges, R. P. and R. P. Nelson (1990), On the complex economics of patent scope, Colum. L. Rev., 90, 839, 891（注：在第一次世界大战期间，海军部长帮助协调了制造飞机所需专利的许可）。"推动"一词来自 Thaler, R. H. and C. R. Sunstein (2008), Nudge: Improving Decisions About Health, Wealth, and Happiness, Yale Univ. Press。

[185] 参见 Wolrad Prinz zu Waldeck und Pyrmont (2008), Research tool patents after Integra v. Merck – have they reached a safe harbor?, Mich. Telecomm. & Tech. L. Rev., 14, 369 – 70（描述德国法律），（引用 Dawson Chem. Co. v. Rohm & Haas Co., 448 US 176, 215 (1980)）。

[186] 例如，参见 Lincoff, B. M., A plan for the future of music performance rights organizations in the digital age, in R. Dreyfuss et al. (eds.), Expanding the Boundaries of Intellectual Property, Oxford Univ. Press, pp. 167 – 189。

B. 对那些在研究中使用专利保护的基因的任何人免除专利侵权责任。❶⓼⓻
通过一些修改，这个建议有很多值得推荐的地方。

研究豁免

研究豁免旨在恢复对生物科学基础研究的竞争，同时保留专利激励机制，以将在此类工作过程中发现的新改进推向市场。如前所述，自从联邦巡回上诉法院在 *Madey* 案作出判决以来，研究抗辩权一直在美国存在疑问。❶⓼⓼ 欧洲的情况并非如此，但即便如此，SACGHS 提出的建议也可能会有所帮助。一方面，尽管一些欧洲国家豁免了所有的研究，即使它具有商业意义，❶⓼⓽ 或所有的研究（包括商业工作）具有科学目的，❶⓽⓪ 但这并非普遍情况。在 *Madey* 案之前，美国并不是这样，当时抗辩被理解为只是为了"满足哲学品位，好奇心或仅仅为了娱乐的唯一目的"。❶⓽⓵ 然而，正如我们所看到的，许多关于基因与人类疾病之间的关联性研究是在患者治疗过程中进行的，可以认为这一过程是商业化的。❶⓽⓶ 现有豁免的另一个问题是，在对专利发明的研究——例如，探索该发明是如何工作的并验证其实用性——和利用专利发明进行研究——用它来研究其他问题——之间划出界限。❶⓽⓷ 由于基因研究的特点是可以研究基因的作用或研究基因如何影响生物体，然而这给法院提出了难题，并导致科学家之间的疑惑。SACGHS 推荐的条款正好避免了两者的区别。

然而，正如所起草的，这项豁免确实存在违反 TRIPS 的问题，因为它创建了仅适用于生物技术领域的抗辩方式。因此，它可能违反了技术领域反对歧视

⓭⓻ Sec'y's Advisory Comm. on Genetics, Health, and Soc'y (2010), Report on Gene Patents and Licensing Practices and Their Impact on Patient Access to Genetic Tests, p. 95, available at: http://oba. od. nih. gov/oba/sacghs/reports/SACGHS_patents_report_2010. pdf.

⓭⓼ 参见 supra n. 64, 307 F. 3d 1351 (Fed. Cir. 2002) and accompanying text。

⓭⓽ 例如，参见 Buydens, M. (2002), Belgian Group, Report 202: The Impact of Public Health on Exclusive Patent Rights, p. 1 (回答第一个问题), available at: https://www. aippi. org/download/comitees/202/GR202belgium. pdf。

⓾⓪ 例如，参见 Nørgaard, T. et al. (2002), Danish Group, Report 202: Impact of Public Health on Exclusive Patent Rights, p. 1 (回答第一个问题), available at: https://www. aippi. org/download/comitees/202/GR202denmark. pdf。

⓾⓵ 例如，参见 Roche Products, Inc. v. Bolar Pharmaceutical Co., Inc., 733 F. 2d 858, 862 (Fed. Cir. 1994) (引用 Peppenhausen v. Falke, 19 F. Cas. 1048, 1049 (CCSDNY1861))。

⓾⓶ 见脚注 67。

⓾⓷ 例如，参见 UK Patents Act § 60 (5) (b) (排除"与发明主题相关的实验行为"); Strandburg, K. J. (2004), What does the public get? Experimental use and the patent bargain, Wis. L. Rev., 81。

的规则。⑭ 然而，提议的范围并不是基于概念的，而是 SACGHS 的一项职责。由于 SACGHS 仅负责就卫生与公共服部门的遗传学和健康问题提供咨询意见，⑮ 因此其建议的抗辩措施仅针对遗传学。从规范的角度来看，更宽泛的豁免会更好。核心问题是如何实现知识的基本组成部分的市场化：研究豁免将同样适用于发生这种情况的任何领域。因此，像比利时豁免所有"为科学目的而做的行为"的法规将是更可取的，并且与 TRIPS 保持一致。⑯

诊断豁免

SACGHS 的建议应用于产品（涉及提取基因的专利）相当不错。它是专门为豁免诊断所需的用途而提出的；当专利保护的基因用于治疗目的时，会附加侵权责任。⑰ 因此，这些专利将继续激励对新疗法的投资。此外，由于豁免仅适用于与基因相关的专利，而不适用于诊断平台和试剂盒相关专利，因此专利法也将保持其激励研究新检测技术的能力。

然而，如果其建议应用于方法专利（与诊断相关），则存在问题。基因突变与疾病关联的专利会继续公布，但该建议似乎豁免了所有可能的用途，从而使这些专利毫无价值。也许 SACGHS 意在达到这一结果——毕竟，其研究结果表明，关于基因突变与疾病关联的专利是不必要的，甚至可能适得其反。⑱ 此外，委员会敦促卫生和公共服务部部长阻止授权"简单关联"的专利申请。⑲ 因此，没有把这一建议转化为正式的提议是令人费解的。也许 SACGHS 认为更复杂的关联应该具有可专利性（因为它们可能需要更多资金），但是缺乏必要的数据来进行适当的区分。也许 SACGHS 准备把问题留

---

⑭ 参见 Agreement on Trade – Related Aspects of Intellectual Property Rights, ILM, 33, Article 27.1, p. 81, 15 April（1994）。

⑮ 参见 Sec'y's Advisory Comm. on Genetics, Health, and Soc'y（2010）, Report on Gene Patents and Licensing Practices and Their Impact on Patient Access to Genetic Tests, at ix, available at: http: // oba. od. nih. gov/oba/sacghs/reports/SACGHS_patents_report_2010. pdf。

⑯ 参见脚注 132。一般参见 Van Overwalle, G.（2006）, The implementation of the Biotechnology Directive in Belgium and its after effects. The introduction of a new research exemption and a compulsory license for public health, Int'l Rev. Intell. Prop. & Competition L. , 37, 889 – 1008。

⑰ 参见 Sec'y's Advisory Comm. on Genetics, Health, and Soc'y（2010）, Report on Gene Patents and Licensing Practices and Their Impact on Patient Access to Genetic Tests, pp. 98 – 99, available at: http: // oba. od. nih. gov/oba/sacghs/reports/SACGHS_patents_report_2010. pdf。

⑱ 参见脚注 84~89 及其内容。

⑲ Sec'y's Advisory Comm. on Genetics, Health, and Soc'y（2010）, Report on Gene Patents and Licensing Practices and Their Impact on Patient Access to Genetic Tests, p. 97, available at: http: // oba. od. nih. gov/oba/sacghs/reports/SACGHS_patents_report_2010. pdf.

给 *Bilski* 等（在建议提出时该案正在联邦最高法院等待审理），以清楚地阐明 Breyer 法官对于 *Metabolite* 案中存在的简单关联问题的担忧。如果 SACGHS 想要保留一些专利激励来发现新的关联，那么最好建议提出一个更窄范围的豁免。

还有一种想法是仅豁免制造和使用专利诊断方法的侵权责任，同时保留订购、销售和许诺销售诊断方法的侵权责任。这样，医生就可以"自制"自己的诊断方法——使用他们自己的材料对基因进行测序，然后根据他们发现的信息对疾病进行关联和诊断患者；同时他们不能订购商业服务或商业试剂盒而不承担侵权责任。或者，可以采用类似于美国用于医疗和手术方法的策略。该条款豁免了医生在所有治疗措施中使用专利方法，但保留了从业者的侵权责任。❷⓿⓿ 在这种情况下，被剥夺从侵权医生那里得到补偿费的专利权人对任何侵权人都有追索权——例如，通过提供唯一适合于实施该方法的材料——或者诱导侵权——例如通过指导医生如何实施该方法。❷⓿❶

无论哪种方式，该方法都会保持激励投资以发现关联基因和开发测试试剂盒和服务。如果试剂盒和服务受到更广泛的监管审查，那么这些专利就显得尤为重要。❷⓿❷ 当然，与此同时，应该有足够的专利侵权豁免来阻止任何人垄断市场，成为唯一的资源提供者，阻止每位临床医生和学者继续创新并提供熟练的检测、第二医疗意见以及为贫穷和被忽视的人群提供测试。同样重要的是，存在患者治疗的合理替代方案可能会促使专利权人做出更好的选择。如果他们知道自己无法独占市场，那么他们就不太可能进行独占性许可或更有可能加入专利池。简而言之，"自制"诊断方法的有效性具有类似于强制许可条款的类似效果。❷⓿❸

与研究豁免一样，TRIPS 的兼容性取决于具体的豁免措施。TRIPS 允许免责条款。事实上，WTO 的一个小组批准了一项试验，为监管审查提供了必要

---

❷⓿⓿ 35 USC § 287（c）（2006）.

❷⓿❶ 35 USC § 271（b）-（c）；例如，参见 C. W. Bard, Inc. v. Advanced Cardiovascular Systems, 911 F. 2d 670（美国联邦巡回上诉法院，1990）。

❷⓿❷ 参见脚注 86。SACGHS 承认，如果监管程序大幅提高成本，就需要重新审查这个问题。参见 Sec'y's Advisory Comm. on Genetics, Health, and Soc'y（2010），Report on Gene Patents and Licensing Practices and Their Impact on Patient Access to Genetic Tests, p. 95, available at：http：//oba. od. nih. gov/oba/ sacghs/reports/SACGHS_patents_report_2010. pdf。

❷⓿❸ 参见脚注 179~184 及其内容。

的数据。[204] 此外，与其他问题相比，TRIPS 在治疗问题方面要宽松得多。[205] 最后，该豁免条款可以适用于任何未被发明创造的技术，其主要影响可能是生物信息，但中立条款更有可能被接受。[206]

1.4 结　论

这些想法最初是由马－普研究所知识产权和竞争法研究中心提出的，因此，适合以该研究所前任主任 Joseph Straus 教授的一段引语结束。他在美国 *AMP* 案中声明如下：

基因具有双重性质：一方面它们是化学物质或分子。另一方面，它们是信息的物理载体，即这个信息的实际生物学功能是编码蛋白质。[207]

由于 Straus 教授代表了 Myriad 公司，该声明大概意在表明，就专利法而言，化学因素超过了生物学/信息的功能，使得基因成为具有可专利性的主题，完全享有与其他所有发明专利相同的权利和救济方式。

然而，这并不是知识产权通常处理"双重性质"问题的方式。例如，商标可以具有"混合用途"：它们用作标志（因为它们为消费者提供关于商品和服务的来源和起源的信息），并且它们也具有表达功能（因为它们用于比喻、明喻、转喻和模仿，以及提及商标持有人）。[208] 而标志功能受到保护——未经授权的使用被视为侵权行为——其他使用方式则通过一系列抗辩条款对公众豁

---

[204] Agreement on Trade – Related Aspects of Intellectual Property Rights, Article 30, 15 Apr, 1994, ILM, 33, 81 (1994); 参见 Panel Report, Canada – Patent Protection of Pharmaceutical Products, 3.1, WT/DS114/R, (20000317)（对违反协议的保护期限进行限制）。

[205] 例如，参见 Agreement on Trade – Related Aspects of Intellectual Property Rights, Article 44.2, 15 April, 1994, ILM, 33, 81 (1994); Panel Report (2009), China – Measures Affecting the Protection and Enforcement of Intellectual Property Rights, WT/DS362/R, 26 January, available at: http://www.wto.org/english/tratop_e/dispu_e/cases_e/ds362_e.htm。

[206] 参见 Dinwoodie, G. B. and R. C. Dreyfuss (2007), Diversifying without discriminating: Complying with the mandates of the TRIPS agreement, Mich. Telecomm'n & Tech. L. Rev., 13, 445 – 56, 453。

[207] Ass'n for Molecular Pathology v. US Patent & Trademark Office, 2010 WL 1233416, 41 (SDNY 29 March 2010).

[208] 参见 Dreyfuss, R. C. (1990), Expressive genericity: Trademarks as language in the pepsi generation, Notre Dame L. Rev., 65, 397 – 424, 411. On the internet, they are also used navigationally, see Dreyfuss, R. C. (2008), Reconciling trademark rights and expressive values: How to stop worrying and learn to love ambiguity, in G. B. Dinwoodie and M. D. Janis (eds.), Trademark Law and Theory: A Handbook of Contemporary Research, Edward Elgar Publishing, pp. 261 – 293, p. 265。

免。因此，合理使用是被豁免的，比较使用、指示性使用和模仿也是如此。[209]
如果表达方面占主导地位，那么商标可能完全失去保护。[410]换句话说，公众利
益胜过个人利益，而不是相反。著作权的处理方式类似。因此，著作权涵盖表
达，但不延及表达的事实或想法。[411]与商标一样，它们的合理使用是被豁免
的。[412]此外，公众利益再次胜过个人利益：当事实或想法只能以一种方式表达
时，合并原则甚至认为表达内容不可保护。[413]

有趣的是，专利法并没有太多的机会来处理"双重性质"的问题。因为
大多数产品最终用途都可以通过其他方式实现——通过规避专利——在公众利
益至上的情况下，不需要担心无法获得受保护的物质。当然，遗传信息并不是
新的困境。类似的问题也出现在与计算机接口有关的问题上，在这些接口中需
要专利技术来实现重要的社会目标，如互操作性和向后兼容性。[414]与基因一
样，问题出现在主题（软件）是否应该具有可专利性。尽管这种观点在欧洲
很流行，但在欧洲的经验表明，在面对创造性的技术时，对主题的限制往往会
动摇。[415]美国和欧洲的经验表明，较小的措施——新的侵权抗辩措施——可能

---

[209] 例如，参见 15 USC § 1115（b）（4）（2006）（确认合理使用抗辩）；Council Directive 97/55/
EC, 1997 OJ（L 290）18（EC）（允许比较广告）；New Kids on the Block v. News America Pub. , Inc. ,
971 F. 2d 302（9th Cir. 1992）（主观合理使用）；Jordache Enters. v. Hogg Wyld, Ltd. , 828 F. 2d 1482
（10th Cir. 1987）（仿效）；也参见 L. Postkarte, 3 Feb. 2005, I ZR 159/02（F. G. R.）（发布公众使用
"艺术自由"基本原理的信息）。这些抗辩措施是 TRIPS 兼容的。参见 Agreement on Trade – Related As-
pects of Intellectual Property Rights, Article 17, 15 Apr, 1994, ILM, 33, 81（1994）；专家组报告，Euro-
pean Communities – Protection of Trademarks and Geographical Indication for Agricultural Products and Food-
stuffs, WT/DS174/R（15 March 2005）。

[410] 例如，参见 15 USC § 1064（3）；King – Seeley Thermos Co. v. Aladdin Indus. , 321 F. 2d 577
（2d Cir. 1963）。

[411] 例如，参见 Feist Publications, Inc. v. Rural Telephone Service Company, Inc. 499 US 340, 349
（1991）；Denicola, R. C.（1981），Copyright in collections of facts：A theory for the protection of nonfiction lit-
erary works, Colum. L. Rev. , 81, 516–42, 525。

[412] 17 USC § 107；Campbell v. Acuff – Rose Music, Inc. , 510 US 569（1994）；参见 Berne Convention
for the Protection of Literary and Artistic Works, Article 10（1），Sept. 9, 1886, S. Treaty Doc. No. 99 – 27,
1161 UNTS 3；Agreement on Trade – Related Aspects of Intellectual Property Rights, Article 13, 15 Apr, 1994,
ILM, 33, 81（1994）。

[413] 例如，参见 Baker v. Selden, 101 US 99（1879）；17 USC § 101（"图案、图形和雕塑作品"的
定义包括可分离性要求）。

[414] 例如，参见 Samuelson, P.（2009），Are patents on interfaces impeding interoperability？
Minn. L. Rev. , 93, 1943–2019, 1964（注：可能需要专利来保护互操作性所需的功能需求）。

[415] Convention on the Grant of European Patents, Article 52, Oct. 5, 1973, 13 I. L. M. 268；see, for
example, Edlund, F.（2010），Software related inventions at the Enlarged Board of Appeals, Pat. & Trademark
Off. Soc'y, 92, 131。

药物创新、竞争与专利法

同样有效。㊿

　　尽管专利池等个性化解决方案和制度指导方针等公共政策展现出一些前景，但类似于著作权法和商标法中的长期成功条款，开发出新的抗辩措施似乎是最具吸引力的直接选择。如果精心制定，研究和诊断免责条款将不会妨碍专利法激励投资新的疗法、开发新的检测平台和范式，或检测材料和设备的商业化。无论如何，这些抗辩措施将允许进行基础和转化研究。此外，他们将确保患者可以获得第二医疗意见、熟练的检测，并获得良好医疗所需的高质量诊断服务。此外，这些豁免还将有助于实现个性化医疗。

　　㊿　参见 Samuelson P. (2009), Are patents on interfaces impeding inter operability? Minn. L. Rev. , 93, 1943–2019, 1983–87（提出接口专利的责任规则）；Council Directive 91/250, Article 6, 1991 OJ（L 122）42（EC）（阐明实现互操作性的权利）。

2

欧洲关于药物创新的可专利性

Rainer Moufang[1]

2.1 引　　言

药物发明领域无疑是专利法的核心领域之一。鉴于所涉发明的经济利益很高，创新企业极力争夺强有力和深远的工业产权保护，并利用专利作为必要工具，以产生市场的独占性。由于人类健康和公共福利受到威胁，社会对待这些企图的情绪会很复杂。[2] 一方面，人们普遍认为，有充足的立法政策理由要求专利法应追求其内在的促进创新的目标，就像在其他领域一样，以促进开发新的医药产品。另一方面，争取利润最大化，这可能与社会要求向患者提供负担得起的药品和医生从事其职业的自由相冲突。

当然，专利法在监管药物创新方面并不孤立。法律制度通常将这一任务分配给不同的法律领域，尽管其中一些是为了鼓励创新，但另一些则旨在提供必要的保障和控制，例如竞争法[3]和市场营销条例。不过，专利法承担了其应有的工作，其中许多条款要么专门针对药物发明的某些方面，要么对该方面特别重要。

本文旨在从欧洲专利法的角度分析药物发明所带来的挑战。众所周知，这

❶　法学博士，欧洲专利局上诉委员会法定成员，慕尼黑。

❷　See, for example, The Hon. Kirby, M. (2011), Intellectual property law, human rights and the HIV/AIDS pandemic – The urgent need for a Luther of jurisprudence, IIC, 42, 251; Oddi, S. (2011), Plagues, pandemics, and patents: Legality and morality, IDEA, 51, 1; Tetteh, E. K. (2011), Pharmaceu-ticalinnovation, fair following and the constrained value of TRIPS flexibilities, JWIP, 14, 202.

❸　See England (2009), Recent developments in pharmaceutical secondary patents in the light of the Commission's inquiry into the pharmaceutical sector, EIPR, 614.

一法律框架是相当复杂的，因为其统一和协调程度并不完善。专利实体法受《欧洲专利公约》（EPC）的管辖，而对于 EPC 成员国的国内专利，则由行文基本相同的国家法律管辖。尽管鉴于立法者基于本身并未生效的 1975 年共同体系专利条例的规定作出的调整，已经取得了一定的共识，欧洲专利的权利范围、侵权和执法的问题仍主要受 EPC 成员国的不同国家法律管辖。此外，特别是在欧盟立法发挥作用的特定领域，最著名的例子是生物技术指令❹和补充保护证书条例。❺ 在侵权和无效诉讼中最终裁定专利案件的中央权威机构的缺失突显了欧洲专利法的多面性。希望目前在欧盟六国（EU）❻ 内部加强合作的框架内提出的立法举措将很快改变这种情况。

在药物创新领域，上述立法框架所描绘的情况是一个复杂的问题。有趣的是，既存在有利于药物发明者的法律规定，也有其他的不利的法律规定。可专利性的主题的界定包括某些医疗方法的排除（见第 2.2.1 节），但可通过对这些方法中使用的物质和组合物的特定应用进行补偿（见第 2.2.2 节）。此外，将违反公共秩序和道德的发明即胚胎干细胞技术排除在外，会影响到某一特定领域的药物创新（见第 2.3 节）。由于现代药物发展与生物技术和基因组学密切相关，涉及基因和人体其他部分可专利性的具体规定也需要在一定程度上加以考虑（见第 2.4 节）。最后，本章还将说明在 EPO 上诉委员会目前的实践中，一般可专利性要件（新颖性、创造性、工业实用性和充分公开）如何应用于药物发明。

然而，除上述内容之外，还有影响已授权药品专利范围和效力的规定，例

---

❹ Directive 98/44/EC of the European Parliament and the Council of 6 July 1998 on the legal protection of biotechnological Inventions, OJ EC L 213 of 30 July 1998, 13 = OJ EPO 1999, 101. The Biotech Directive was implemented in European patent law by decision of 16 June 1999 of the Administrative Council of the European Patent Organisation; see OJ EPO 1999, pp. 437 and 573. When the EPC 2000 came into force, the enactment of a new version of the Implementing Regulations led to a renumbering of the introduced rules.

❺ Regulation (EC) No. 469/2009 of the European Parliament and the Council of 6 May 2009 concerning the supplementary certificate for medicinal products; Regulation (EC) No. 1610/96 of the European Parliament and the Council of 23 July 1996 concerning the creation of a supplementary certificate for plant protection products.

❻ See Draft Agreement on a Unified Patent Court (Document 16222/12 of the Council of the European Union of 14 November 2012); for details see Brandi – Dohrn, M. (2012), Some Critical Observations on Competence and Procedure of the Unified Patent Court, IIC, 43, 372. Earlier attempts to fundamentally overhaul current system received a major blow in 2011 by a negative opinion given by the European Court of Justice; see Gaster, J. (2011), Das Gutachten des EuGH zum Entwurf einesü übereinkommens zur Schaffung eines Europäischen Patentgerichts – Ein weiterer Stolperstein auf dem Wege zu einem einheitlichen Patentsystem in Europa? EuZW, 394.

如，通过限制以实验为目的而做出的与专利发明主体有关的行为的权利，❼ 以及为取得医药产品的上市许可而进行的研究和试验，❽ 或药剂师的某些行为，❾ 或制造强制许可的可能性❿和类似限制。⓫

2.2 医疗方法排除（EPC 第 53（C）条）和已知物质的医药用途的可专利性

2.2.1 概　　况

首先，EPC 关于可专利性主题的规定，可能会导致一种错误的假设，即药物发明有难以克服的障碍。EPC 第 53（c）条规定，3 种医疗方法，即手术、治疗和诊断方法，不具有可专利性。然而，正如立法中明确指出的，这种排除只涉及方法专利，并不适用于任何这些方法中所使用的产品。其次，这一类重要产品（即物质和成分）的新颖性的具体规定对这种排除给予了很大的补偿：EPC 第 54（4）~（5）条给出了在已知物质或成分的第一或任何进一步的医疗适应证中，以用途限定产品进行保护的规定。

2.2.2 3 类被排除的医疗方法

概　　述

在许多国家和地区的专利法中，医疗方法被明确排除在可专利主题之外。专利法的历史进一步表明，即使在立法机构提出明确的禁令之前，法院的判决和主流意见也对这种方法持否定态度。⓬ 因此，TRIPS 没有试图就这一领域的可专利性达成共识，而是允许成员将用于人类或动物的诊断、治疗及外科手术方法排除在可专利性范围之外。⓭ 有关 TRIPS 的相关条款，与 EPC 的排除条款非常相似。

---

❼　See, for example, Section 11, No. 2, German Patent Act.

❽　See Article 10（6）of the revised Directive 2001/83/EC on the Community Code relating to medicinal products for human use（European Bolar rule）and Section 11, No. 2b, German Patent Act.

❾　See, for example, Section 11, No. 3, German Patent Act.

❿　See, for example, Section 24, German Patent Act.

⓫　Section 13 of the German Patent Act provides for the possibility of an order for use of the invention in the interest of public welfare（Benutzungsanordnung）.

⓬　For details, see Moufang, R.（1993）, Methods of medical treatment under patent law, IIC, 24, 18, at 21 et seq.

⓭　See, Article 27（3）（a）TRIPS Agreement.

根据 1973 年 EPC 的规定，医疗方法的排除与工业实用性的可专利性要求呈负相关。通过法律拟制规定的方式，1973 年版 EPC 第 52（4）条指出，某些医疗方法不应被视为适宜工业适用的发明。然而，2000 年版 EPC 的起草者认识到，这种排除实际上是基于社会道德和公共卫生的考虑，[14] 据此医生应该可以自由采取他们认为适合预防或治疗疾病的一切行动，并在这个过程中，他们应该保持不受专利约束的限制。[15] 因此，立法者决定将这些发明列入可专利性的例外情况，并将其与 2000 年版 EPC 第 53（a）~（b）条所列的例外情况合并为一组。德国联邦最高法院认为，鉴于这一背景，现今不宜将 EPC 第 57 条 的工业实用性要求解释为 EPC 第 53（c）条所明确界定的排除医疗方法以外的全面性条款。[16]

与较早的欧洲专利局（EPO）判例法不同，扩大上诉委员会最近驳回了关于狭义解释的一般原则适用于解释此类排除的提议。[17] 尽管所述条款是对一般原则排除的这一事实对其解释并非没有任何影响，也只是确定合适的解释因素之一。如果不是更重要的，至少同样重要的是，除了对条款的措辞赋予通常的含义之外，对条款的解释应使其充分发挥作用，并达到其设计的目的。[18]

只有将活的人或动物作为整体考量的医疗方法才被排除。对从身体上分离出或在尸体上的元素，实施的步骤尤其是诊断步骤，不视为被排除。但是，如果这个步骤除了涉及活体外，还涉及体外循环，则适用例外条款。[19]

当所涉及的医疗方法性质复杂时，就会出现棘手的问题。在某些案例中，所述方法既可以应用于医疗领域，也可应用于非医疗领域（例如，美容），该方法既具有医疗效果，也有非医疗效果，或也可能由医疗和非医疗步骤组成。如果可以在非医疗领域应用该医疗方法，原则上允许通过免责声明或以任何其

---

[14] For details see Sims, A. (2007), The case against patenting methods of medical treatment, EIPR, 43.

[15] According to decision G 1/07 of 15 February 2010, OJ EPO 2011, 134 – Treatment by surgery/MEDI – PHYSICS, point 3.2.3.2, this socio – ethical consideration is of relevance for the interpretation of Article 53 (c) EPC although hampering of the medical practitioner's freedom is not a prerequisite for the exclusion to apply in an individual case.

[16] Decision of the German Federal Supreme Court of 31 August 2010, GRUR 2010, 1081 = GRUR Int. 2011, 336 – Bildunterstützung bei Katheternavigation = 42 IIC 606 (2011) – Imaging Support of Catheter Navigation.

[17] See G 1/07, OJ EPO 2011, 134 – Treatment by surgery/MEDI – PHYSICS.

[18] Ibid. point 3.1.

[19] See Panchen, K. E. (1991), Die Patentierbarkeit auf dem Gebiet der Therapie und Diagnose, GRUR Int., 420, 421, Patentability in the field of therapy and diagnosis, IIC, 22, 879. A more differentiated view is expressed by Straus/Herrlinger (2005), Zur Patentierbarkeit von Verfahren zur Herstellung individuumspezifischer Arzneimittel, GRUR Int., 869.

他方式相应地限制请求保护的主题。但是，如果非医疗申请不能与医疗申请分开，则整个方法属于可专利性排除的范围。[20] 由不同步骤组成的医疗方法，如果其中一个步骤定义了构成治疗或外科手术的方法步骤的身体活动或行为，则该方法在开始时就被排除。[21]

外科手术方法的排除

EPC 第 53（c）条中第一类排除的医疗方法涉及通过外科手术治疗人体或动物体的方法。[22] EPO 扩大上诉委员会在最近的一项决定中澄清了这类排除的范围。在之前的判例法中[23]出现的一个重要问题是，排除是否应仅限于为治疗目的而实施的外科手术方法，还是应该将外科手术方法扩展到与手术目的无关的方法。扩大上诉委员会广泛讨论了 EPC 的有关准备工作，并对该条款进行了术语和系统分析之后，认为外科手术方法的排除是该条款的一个单独和独立的部分，因此不能仅限于治疗性外科手术。这样的后果是，例如，整容手术、器官移植、胚胎移植、变性手术、绝育和阉割都属于排除范围。

然而，在另一方面，扩大上诉委员会缩小了排除的适用范围。早期的决定所涵盖的观点和先前 EPO 的实践认为，任何在生物体结构上进行的物理干预都必须被排除，这在当今的技术现实中被认为是过于宽泛的。根据扩大上诉委员会的意见，安全性的进步和某些现在属于常规的操作，尽管是侵入性的技术，至少在身体的不重要部位上进行的，许多这样的技术现在通常是在非医疗的、商业的环境中实施的，比如化妆室和美容院。因此，如纹身、刺穿、光辐射脱毛或皮肤微磨损等处理不应被排除。

尽管扩大上诉委员会没有给出可一劳永逸地划定新概念在所有可能的技术情况下的确切界限的定义，[24] 但可以从该决定中得出以下结论：一种医疗方法通常应被视为是一种排除的外科手术方法，如果在实施该方法时，维持对象的生命和健康是重要的，并且如果该方法包括或包含侵入性步骤，意味着对身体进行大量的物理干预，需要专业的医疗知识才能实施，即使是在具备所需的专

[20] See T 780/89 of 12 August 1991, OJ EPO 1993, 440 – Immunostimulant/BAYER, point 6 of the reasons; G 1/07, OJ EPO 2011, 134 – Treatment by surgery/MEDI – PHYSICS, point 3.3.8.3 of the reasons.

[21] See G 1/04 of 16 December 2005, OJ EPO 2006, 334 – Diagnostic methods, point 6.2.1 of the reasons, and G 1/07, OJ EPO 2011, 134 – Treatment by surgery/MEDI – PHYSICS, point 3.2 of the reasons. The situation with respect to diagnostic methods is different; see infra, (d).

[22] For details see Odell – West, A. (2008), Protecting Surgeons and their Art? Methods for treatment of the human body by surgery under Article 52 (4) EPC, EIPR, 102; Ventose E., Patent protection for surgical methods under the EPC, IIC, 39, 51.

[23] Decision G 1/07 of 15 February 2010, OJ EPO 2011, 134 – Treatment by surgery/MEDI – PHYSICS.

[24] Ibid, point 3.4.2.4 of the reasons.

业护理和专业技术的情况下，这也会带来很大的健康风险。[25] 一个说明性的例子是将医疗器械植入人体或动物体内。[26]

如果一项权利要求包括含有外科手术方法作为具体实施的步骤，则该权利要求就不能保留该具体实施例。权利要求是否可以通过放弃这样一个实施例，或者在不违反 EPC 的情况下通过省略外科手术步骤而进行修改，这将取决于所审议的个别案例的整体情况。[27]

治疗方法的排除

EPC 第 53（c）条中第二类排除的医疗方法涉及人体或动物体的治疗方法。这种排除不能狭义地解释，因为根据既定的判例法，"治疗"不被认为是仅局限于治愈疾病和消除疾病的原因。相反，这一术语涵盖了任何旨在治愈、减轻、消除或减轻症状，或预防或减少人类或动物身体出现任何紊乱或功能障碍的可能性的治疗。[28] 因此，为了缓解疼痛，不适或无行为能力被认为是治疗性的，不管这些疾病是否是由自然情况（例如，月经、怀孕或年龄）引起的。[29] 此外，不应区分对因治疗和对症治疗，例如，康复或治愈和单纯的缓解之间的区别。同样，"治疗"一词涵盖了预防和治疗疾病的方法，因为两者都是为了维持或恢复健康。[30] 这意味着，特别是疫苗接种，将被视为治疗。[31]

但是，这种排除不能适用于对人体或动物体的本质上是非治疗性的方法。此类治疗方法的一个重要例子是美容方法领域，这些美容方法一般是可以获得专利的。[32] 尽管如此，如果美容效果与治疗效果必然相关，那么对这一领域也

[25]　Ibid, point 3. 4. 2. 7 of the reasons.

[26]　See decision T 1314/05 of 15 April 2008 – Swiss claim format for apparatus for medical use/RETINA IMPLANT.

[27]　G 1/07, OJ EPO 2011, 134 – Treatment by surgery/MEDI – PHYSICS, point 4 of the reasons. 在提交至扩大上诉委员会的案件中，专利申请人最终成功地以克服了有关反对意见的方式修改了权利要求（see decision T 992/03 of 4 November 2010）.

[28]　T 24/91 of 5 May 1994, OJ EPO 1995, 512 – Cornea/THOMPSON. For further definitions see T 144/83 of 27 March 1986, OJ EPO 1986, 301 – Appetite suppressant/DU PONT, point 3 of the reasons；T 81/84 of 15 May 1987, OJ EPO 1988, 207 – Dysmenorrhea/RORER, points 3 – 4 of the reasons.

[29]　T 81/84, OJ EPO 1988, 207 – Dysmenorrhea/RORER.

[30]　T 19/86 of 15 October 1987, OJ EPO 1989, 24 – Pigs II/DUPHAR；T 290/86 of 13 November 1990, OJ EPO 1992, 414 – Cleaning plaque/ICI；T 438/91 of 17 October 1994, ［1999］EPOR 333 – Feeds/MEIJI.

[31]　T 19/86, OJ EPO 1989, 24 – Pigs II/DUPHAR.

[32]　See G 1/07, OJ EPO 2011, 134 – Treatment by surgery/MEDI – PHYSICS, point 3. 3. 8. 6 of the reasons；T 36/83 of 14 May 1985, OJ EPO 1986, 295 – Thenoyl peroxide/ROUSSEL – UCLAF；T 144/83, OJ EPO 1986, 301 – Appetite suppressant/DU PONT.

会出现质疑。❸ 避孕方法通常不是治疗性的，因为怀孕不是一种疾病。❸ 然而，如果在避孕药中添加另外的物质以预防或减轻其副作用，❸ 或者以低剂量界定所要求保护的方法，以避免或减少病理性副作用，❸ 则在判例法中，这些已被认为是一种治疗手段。

诊断方法的排除

第三类被排除的医疗方法，即对人体或动物体实施的诊断方法，是由扩大上诉委员会在其 G1/04 意见中以极为狭义的方式解释的，❸ 该意见是针对 EPO 主席提交的法律决议要点而做出的。❸ 这一观点并不完全容易理解，而且在文献中受到了批评性的评论。❸ 扩大上诉委员会必须处理的主要问题是，所述排除适用于那些包含所有医疗诊断时程序步骤的方法还是只包含一个可用于诊断目的或与诊断有关的程序步骤的方法就可以适用。❹ 在这个问题上，先前的判例法存在分歧，因此 EPO 主席认为有必要根据 EPC 第 112（1）（b）条的规定提交决议：虽然早期上诉委员会的决定❹选择了前述狭义解释，但最近的判例❹则采取了相反的观点，从而使人们对狭义解释的正确性产生严重怀疑。

---

❸ See ibid at （a）, final paragraph. Illustrative examples can be found in the decisions T 1077/93 of 30 May 1996 – Protection contre le rayonnement UV/L'OREAL and T 1649/06 of 10 May 2007 – Grifola frondosa/ COGNIS.

❸ See T 820/92 of 11 January 1994, OJ EPO 1995, 113 – Contraceptive method/THE GENERAL HOS-PITAL；T 74/93 of 9 November 1994, OJ EPO 1995, 712 – Contraceptive method/THE BRITISH TECHNOL-OGY GROUP；T 1635/09 of 27 October 2010, Zusammensetzung für Empfängnisverhütung/BAYER SCHER-ING PHARMA AG.

❸ T 820/92, OJ EPO 1995, 113 – Contraceptive method/THE GENERAL HOSPITAL.

❸ T 1635/09, OJ EPO 2011, 542 – Composition for contraception/BAYER SCHERING PHARMA AG. 在该决定中委员会发现，免责声明不足以恢复专利性，因为避孕方法与治疗方法有着不可分割的联系。

❸ G 1/04 of 15 December 2005, OJ EPO 2006, 334 – Diagnostic methods.

❸ Published in OJ EPO 2004, 229.

❸ See Bostyn, S.（2007）, No contact with the human body, please! Patentability of diagnostic method inventions after G01/04, EIPR, 238；Bublak, W. and M. Coehn（2006）, Diagnostizierverfahren in der europäischen Rechtsprechung：Die Stellungnahme G 1/04, GRUR Int., 640；Macchetta, F.（2006）, Il "Methodo diagnostico" secondo l'Enlarged Board of Appeal, Dir. Ind., 505；Ventose, E.（2008）, Making sense of the decision of the Enlarged Board of Appeal in Cygnus/Diagnostic Method, EIPR, 145.

❹ See Case Law of the Boards of Appeal of the EPO, 6th ed., Munich 2010, p. 60.

❹ In decision T 385/86 of 25 September 1987, OJ EPO 1988, 308 = 20 IIC 75（1989） – Non - inva-sive measurement/BRUKER, 上诉委员会强调，就 1973 年版 EPO 第 52（4）条而言，诊断方法不仅必须包括作为诊断基础的检查方法，而且还必须包括诊断结果。因此，仅提供临时结果的方法不被视为诊断方法，即使其可以用于诊断。这导致委员会得出结论，使用局部磁共振确定体温的特定值是可专利性的主题。

❹ In particular, decision T 964/99 of 29 June 2001, OJ EPO 2002, 4 – Device and method for sampling of substances using alternate polarity/CYGNUS, INC.

　　扩大上诉委员会首先对"诊断"一词的定义进行分析，认为诊断是确定某一（人体）医学或动物医学状况属性，目的是查明或揭示病理，包括否定的结论，即可以将某一特定情况排除在外。因此，不以识别疾病为目的方法例如用于确定人类机体在特殊条件下（例如在太空或运动期间）的最大压力极限，或确定某项具体活动的适应性，原则上是可申请专利的。❸

　　更重要的是，根据扩大上诉委员会的说法，如果请求保护的方法不包含进行诊断所需的所有方法步骤，包括收集数据，将这些数据与标准值进行比较，发现任何显著的偏差（＝症状）以及将偏差归因于特定临床图片（＝严格意义上的诊断），则这种排除不适用。这意味着，仅限于严格意义上的诊断的智力活动之前的那些步骤，是可专利性的主题。❹ 此外，即使所请求保护的方法包含诊断方法的所有步骤，也只有在严格意义上的诊断之前的技术步骤中，发生与人体或动物的特定相互作用时，该方法才被排除。根据 EPC 第 53（c）条的要求，在人体上使用的方法不涉及在实验室中进行体外测试的方法步骤（例如，使用如 DNA 微阵列的诊断装置）。❺ 因此，对从人体分离的物质，例如血液样本进行的诊断方法，不包括在 EPC 第 53（c）条中。❻

　　由于扩大上诉委员会因此重新制定并改变了早期上诉判例法中所采用的狭隘方式，专利申请人一般可以轻易克服诊断方法排除所造成的障碍。❼

---

❸　See for an early decision of the German Federal Patent Court of 19 January 1984, BPatGE 26, 110 – Diagnostizierverfahren; Kraer, Patentrecht, 6th edition, Munich 2009, § 14 II d) bb) 2.

❹　德国法院也采用了类似的观点；see decision of the German Federal Supreme Court of 31 August 2010, GRUR 2010, 1081 = GRUR Int. 2011, 336 – Bildunterstützung bei Katheternavigation = 42 IIC 606 (2011) – Imaging Support of Catheter Navigation, and the decisions of the German Federal Patent Court of 11 July 2006, GRUR 2007, 133 – Auswertung diskreter Messwerte, and of 6 March 2008, GRUR 2008, 981 – Verfahren zur gesundheitlichen Orientierung.

❺　G 1/04, OJ EPO 2006, 334 – Diagnostic methods, point 6. 4. 3 of the reasons.

❻　See below, point (a).

❼　See, for example, the decisions T 330/03 of 7 February 2006 – Multiplex sensor/ABBOTT (which concerned a multiplex sensor and a method of use directed specifically to the determination of glucose in blood); T 504/03 of 25 January 2006 – Determining of dimension/PHILIPS; T 990/03 of 19 October 2006 – MRI detection/MEDI – PHYSICS; T 9/04 of 8 September 2006 – Medical diagnostic imaging/KONINKLIJKE PHILIPS E-LECTRONICS NV; T 1255/06 of 23 September 2008 – Radiation detector/EXERGEN. Exceptions are the decisions T 125/02 of 23 May 2006 – Evaluation of respiratory function/AEROCRINE (ascertaining impaired lung function); T 1197/02 of 12 July 2006, [2007] EPOR 85 – Detection of glaucoma/THE AUSTRALIAN NATIONAL UNIVERSITY; and T 143/04 of 12 September 2006 – Alzheimer's disease/BETH ISRAEL HOSPITAL. An interesting discussion of the issue whether steps falling under Article 53 (c) EPC can be taken into account when assessing the requirement of inventive activity can be found in decision T 1814/07 of 2 September 2008 – Index disorder/CARDIAC INTELLIGENCE CORP.

2.2.3 医疗和药物产品

概　论

正如 EPC 第 53（c）条后半句明确指出的，医疗方法的专利排除不适用于产品，特别是用于任何这些方法的物质或组合物。因此，药物和疫苗以及其他医疗中使用的产品，都是可申请专利的主题。此外，EPC 第 54（4）~（5）条的规定修改了新颖性和创造性的一般要求以支持在任何排除的医疗方法中使用的物质和组合物。

欧洲专利法中的一项既定原则是，在产品权利要求中，"用于……的"表述通常不认为限定权利要求的产品用于特定的用途，或实际以特定的方式使用。它们只限于适合于指定目的或用途的产品权利要求。[48]在产品权利要求中添加用途或目标适应证通常不足以使请求保护的产品相对于现有技术中公开的不具备该用途或适应证的产品具备新颖性。EPC 第 54（4）~（5）条的规定构成对某些产品（如物质和成分）的例外，只要物质和成分被主张用于某特定用途（如在排除的医疗方法中使用）。上诉委员会的判例法始终拒绝将这些例外情况扩大到其他技术领域或其他产品。

与第 53（c）条后半句相反，EPC 第 54（4）~（5）条总体上与产品无关，而只涉及物质和成分。这意味着，特殊器械权利要求不享受这些条款的特权，必须按照新颖性的一般规则进行评估。[49]

第一医疗用途

EPC 第 54（4）条涉及被称为第一医疗用途的情况。在排除医疗方法中使用的产品，如果该产品在任何被排除的方法中的用途不属于现有技术，则该产品被认为是新颖的。

对于第一医疗用途中的用途相关产品权利要求的宽度是一个重要问题。这个问题在上诉委员会的判例法中很早就已经明确了。在 T 128/82 决定[50]中，审

---

[48]　See Moufang, R. (2011), Use and purpose indications in patent claims, OJ EPO, Special edition, 1, 116.

[49]　最重要的案例是决定 T 227/91 of 15 December 1992, OJ EPO 1994, 491 – Second surgical use/ CODMAN，其中认为，外科手术使用一种仪器并不类似于治疗用途，因为该仪器在应用中没有被消耗，可以被重复用于同样的用途，甚至可以用于进一步的目的。详情见 Ventose, E. (2008), No European patents for second medical uses of devices or instruments, EIPR, 11 et seq. ; Hffe/Weigelt (2010), Patentier-barkeit neuer und erfinderischer Verwendungen von medizinischen Vorrichtungen nach dem Europäischen Patentübereinkommen, Mitt. , p. 515.

[50]　Decision of 12 January 1984, OJ EPO 1984, 164 – Pyrrolidine – Derivatives/HOFFMANN – LA ROCHE.

查部门以其未能满足法律要件为由驳回了申请，因为该权利要求并未限定已知化合物首次发现的具体治疗用途。上诉委员会必须考虑权利要求的广义解释（吡咯烷衍生物……作为一种活性治疗物质使用）是否被允许。上诉委员会发现，（仅）在说明书中披露了特定用途这一事实本身，并未使得目的限定的产品权利要求限于该用途。因此，上诉委员会提出了与化学产品绝对保护原则相似的概念。如果发明人就一种用于治疗的新化合物获得绝对保护，基于同等待遇的原则还要求将已知化合物首次用于治疗的发明人，相应地得到一项涵盖整个治疗领域的以目的限定的物质权利要求。[51]

这一决定成为 EPO 为第一医疗用途的产品给予广泛保护的既定做法的出发点。[52] 这种做法最近得到了扩大上诉委员会的批准。虽然 G 2/08 决定[53]的重点是与第二（和进一步）医疗用途可专利性有关的具体问题，[54] 但该决定也涉及了第一医疗用途保护的宽度。该决定反复指出，一种已知物质或成分的第一医疗用途允许一般性的广泛保护。[55] 从第 54（4）~（5）条款的规定，以及在 2000 年 EPC 准备文件中的不同措辞，都支持这一观点，笔者特别援引了瑞士代表团对其提案的解释。[56]

虽然这一问题现在已经在 EPO 上诉判例法中得到明确解决，但人们仍怀疑，是否有令人信服的立法政策理由来给予已知物质的第一医疗用途的发明人比提供该物质的第二特定医药用途的发明人更好的待遇。至少从专利理论的角度来看，过度保护问题似乎并没有完全解决。

第二医疗用途

1973 年版 EPC 的立法框架提出了一个有争议的问题，即在何种形式或情况下，发明了第二种或进一步的医疗应用的发明人可以获得专利保护。问题产生的原因在于，一方面，权利要求"Y 物质对 X 疾病的药物治疗"或"使用 Y 物质用于治疗 X 疾病"的权利要求被认为是根据 EPC 第 52（4）条（对应

---

[51] 因此，委员会认为，1973 年版 EPO 第 54（5）条（相当于 2000 年版 EPO 第 54（4）条）中使用的"a"（einem）一词不应被视为具有数字意义。

[52] 对 1973 年版 EPC 第 54（5）条（对应于 2000 年版 EPC 第 54（4）条）的解释得到了证实，inter alia, in decision T 36/83, OJ EPO 1986, 295 – Thenoyl peroxide/ROUSSEL – UCLAF.

[53] G 2/08 of 19 February 2010, OJ EPO 2010, 456 – Dosage regime/ABBOTT RESPIRATORY.

[54] 见下文（B）点。

[55] G 2/08, OJ EPO 2010, 456 – Dosage regime/ABBOTT RESPIRATORY, points 5.8, 5.9.1 and 5.10.3 of the reasons.

[56] 瑞士代表团唯一的关心是，为了明确法律上的确定性，确保关于第一和第二医疗指示的现有判例以及每一种进一步的医疗用途都建立在 EPC 的基础上，为第一种医疗用途提供广泛的保护，并为第二种和更多的用途提供"特定用途"的保护，如果它们不属于现有技术。需要明确措辞的立法，以防止法院对第一医疗用途给予狭义的保护（重点）。

于 2000 年版 EPC 第 53（c）条）排除的一种治疗方法的权利要求，❺ 另一方面，1973 年版 EPC 第 54（5）条只规定了对申请人发现的首次医疗用途的物质和成分的一般性的新颖性要求的例外。

在 3 个早期的决定中，❺ EPO 的扩大上诉委员会同意了第二医疗用途，或者任何进一步的医疗用途可以通过起草所谓的瑞士型权利要求来保护（"使用 X 物质用于制造治疗应用 Y 的药物"）。虽然瑞士型权利要求原则上涉及制造方法，但扩大上诉委员会准备从其唯一的新特性，例如，已知药物的新制药用途中，获得这类权利要求的新颖性，从而使法官对一般的新颖性要求作出例外判定。

2000 年版 EPC 的起草者决定消除这方面的任何法律不确定性，明确承认已知药物的进一步医疗用途的可专利性。新引入的 EPC 第 54（5）条规定，一般新颖性条款不排除任何物质或成分在 EPC 第 53（c）条所述方法中的任何特定用途的可专利性，但前提是这种用途不属于现有技术。根据经修订的立法框架，不再需要采用先前通过的特殊新颖性方法来证明瑞士型权利要求是合理的。❺ 因此，在其 G 2/08 决定（见下文）中，扩大上诉委员会不再采用这种做法，但为过渡设定了时间限制。❻

第二医疗用途不限于发明人教导使用已知药物治疗进一步疾病的典型情况。相反，它们也可能发生在其他情况下，例如，当待治疗的受试者群体的生

---

❺　这至少是扩大上诉委员会在 1984 年 12 月 5 日第 5/03 号（OJ EPO 1985, 64 = 16 IIC 83 (1985) – Second medical indication/EISAI）案件中，和几个国家法院的意见。相比之下，德国联邦最高法院在其决定 Hydropyridine of 20 September 1983（GRUR Int. 1984, 35 with comment by J. Pagenberg = 15 IIC 115 (1984) = OJ EPO 1984, 26）中，认为这种用途要求是允许的，理由是它们是针对药物的制备（例如，制剂、剂量和包装），通常不是由医生而是在工业中实施的，而且 1973 年 EPC 第 52（4）条的医疗方法的排除与工业实用性的概念相联系，因此消极的法律拟制必须让位。

❺　G 1/83, G 5/83, G 6/83 of 5 December 1984 (OJ EPO 1985, 60, 64, 67) – Second medical indication/BAYER/EISAI/PHARMUKA. For a critical analysis see Cockbain, J. and S. Sterckx (2011), Is the Enlarged Board of Appeal of the European Patent Office Authorized to Extend the Bounds of the Patentable? – The G – 5/83 Second Medical Indication/EISAI and G – 2/08 Dosage Regime/ABBOTT RESPIRATORY Cases, IIC, 42, 257.

❺　For details on the difference between the two claim formats see Jaenichen, H. R, J. Meier and N. Hölder (2009), Medical use claims: EPC 2000 and its impact on prosecution and enforcement, in Patents and Technological Progress in a Globalized World, Liber Amicorum Joseph Straus, Berlin/Heidelberg, p. 255; Schrell, A. (2010), Zur Anspruchsformulierung bei zweckgebundenem Patentschutz, GRUR Int., 363.

❻　根据扩大上诉委员会第 G2/08 号决定之后，EPO 于 2010 年 9 月 20 日关于不接受第二或更多医疗用途瑞士型权利要求的通知，OJ EPO 2010, 514，截止日期是 2011 年 1 月 29 日；对于有提交日期的申请，或如果要求优先权，最早优先权日期在该日期或之后的，将不授予包含瑞士类型权利要求的欧洲专利。

理或病理状态与根据现有技术治疗的组不同时,[61] 当施用药物的方法不同于现有技术的方法[62]或当教导新剂量方案[63]时。特别是就最后提到的情况而言,EPO 上诉委员会的判例法中尚未达成共识,[64] 因此在 2008 年向扩大上诉委员会提交了相应的法律问题,以澄清这一重要观点。[65]

最近在 G 2/08 决定[66]中,以下列方式回答了这些问题:

EPC 第 54(5)条不排除针对已经用于治疗疾病的药物,用于以不同治疗方式治疗同一疾病的情况下,可申请专利。

当剂量方案是唯一主张的特征且不属于现有技术时,这种专利也不被排除。

虽然扩大上诉委员会认为,这一结果可能导致对医师处方或使用仿制药的自由的限制,但其认为,鉴于 EPC 第 54(5)条(方法中任何具体用途)的措辞和 2000 年版 EPC 起草者明显的意图,也无法给出其他的答案。[67]

然而,正如上述决定所强调的那样,涉及评估新颖性和创造性步骤的整个法理学体系仍然适用,因为进一步的医疗用途不仅必须在字面上不同于现有技术中所描述的内容,还必须反映出不同的技术启示。在上述背景下,扩大上诉委员会的两项较早的决定,提出了一些棘手的问题,[68] 根据这两项决定,在用

[61] T 19/86 of 15 October 1987, OJ EPO 1989, 24 – Pigs II/DUPHAR (seropositive pigs vs. seronegative pigs); T 893/90 of 22 July 1993 – Controlling bleeding/QUEEN'S UNIVERSITY KINGSTON.

[62] See, for example, T 51/93 of 8 June 1994 – HCG/SERONO (subcutaneous vs. intravenous); T 143/94 of 6 October 1994, OJ EPO 1996, 430 – Trigonelline/MAI (peroral administration vs. topical treatment by means of a lotion).

[63] Illustrative is the relevant feature in decision T 1319/04 of 22 April 2008, OJ EPO 2009, 36 – Dosage regimen/KOS LIFE SCIENCES, INC.): once per day prior to sleep.

[64] See decision T 1020/03 of 29 October 2004 – Methods of administration of IGF – I/GENENTECH, which critically comments on diverging case law. In the UK, in Actavis UK Ltd. v. Merck & Co. Inc., (2008) R. P. C. 26, the Court of Appeal overruled its prior decision in Bristol Myers Squibb Co. v. Baker Norton Pharmaceuticals Inc, (2001) RPC 1, which had denied patentability in this situation. Similarly, the German Federal Patent Court abandoned its prior restrictive case law (see decision of 16 March 1982, GRUR 1982, 554 – Therapieplan) in a later decision (of 22 March 1996, GRUR 1996, 868 – Knochenzellenprparat). Also the Swiss Supreme Court followed suit, see BG GRUR Int. 2012, 183 – Merck & Co. /Mepha Pharma [Dosierschema].

[65] T 1319/04 of 22 April 2008, OJ EPO 2009, 36 – Dosage regimen/KOS LIFE SCIENCES, INC.

[66] G 2/08 of 19 February 2010, OJ EPO 2010, 456 – Dosage regime/ABBOTT RESPIRATORY.

[67] 尽管如此,法国法院最近拒绝遵循扩大上诉委员会的做法 (see decision of the Tribunal de grande instance de Paris of 28 September 2010, PIBD No. 930 III 815).

[68] G 2/88 of 11 December 1989, OJ EPO 1990, 93 – Friction reducing additive/MOBIL OIL III, and G 6/88 of 11 December 1989, OJ EPO 1990, 114 – Plant growth regulating agent/BAYER. These decisions, however, remain rather controversial even in recent literature; see for example Cockbain, J. and S. Sterckx (2011), Is the Enlarged Board of Appeal of the European Patent Office Authorized to Extend the Bounds of the Patentable? – The G – 5/83 Second Medical Indication/EISAI and G – 2/08 Dosage Regime/ABBOTT RESPIRATORY Cases, IIC, 42, 269 et seq.

途权利要求中的目的用途不一定构成纯粹的主观特征，而通常应被解释为一种功能性技术特征，因为所使用的物质会产生与新目的相关的特殊效果。

在医疗用途案例中，最关键的问题经常是要明确地确定一个可专利性的新用途与一个不具备可专利性的仅发现已知用途的作用机理之间的界限究竟在哪里。从广泛的判例法中可以看出，在确定边界时，似乎与新确定的作用机制是否涉及新一组患者的治疗或新的临床情况有关。T 486/01、[69] T 1229/03、[70] T 406/06、[71]T 1642/06[72] 和 T 1652/06[73] 决定具有说明意义。

2.3 基于公共秩序和道德的可专利性排除

EPC 第 53 （a） 条中包含欧洲专利法的进一步排除，根据该条款，如果发明的商业开发违背公共秩序或道德标准，则不授予欧洲发明专利。尽管这项规

---

[69] Decision of 3 September 2002 – IGF–1/GENENTECH：IGF–1 对中枢神经系统损伤的治疗已为人们所知。委员会认为，新的发现，即该制剂促进特定类型神经细胞的存活，并没有产生新的用途。见第 11 点的理由：出于同样的原因，上诉人强调的不同的生理效应不允许识别一个新的分组的患者接受治疗。的确，一种药物的两种不同的作用机制可能最终导致将接受治疗的患者分成两个不同的分组，如在所审议的案件中（上文）和 1993 年 7 月 22 日的 T 893/90。然而，这里显然不是这样，因为该诉讼中的专利没有这样的教导。不能将接受治疗的新的亚组患者，例如"胶质细胞依赖性帕金森病"或"非胆碱能神经细胞依赖性帕金森病"，与文献（C17）中提到的对象区分开来。

[70] Decision of 23 November 2006 – Estrogen compounds for treating neurodegenerative disorders/UNIVERSITY OF FLORIDA. 原因见第 2.2.3 点："文件（5）"标题"性激素在受损神经系统中的使用"提供的信息涉及促进神经可塑性，这与类似生长效应（除其他外，突触增加、细胞密度增加）有关的修复机制有关，但不能被视为通过保护一群神经细胞来治疗神经退行性疾病的预期。

[71] Decision of 16 January 2008 – Stimulation of beta cell proliferation/NOVO NORDISK. 这一决定涉及使用 GLP–1 治疗 I 型和 II 型糖尿病瑞士型的权利要求，详述了刺激 β 细胞增殖的技术效果。尽管现有技术中没有公开这一效果，但委员会认为，权利要求的主题不具备新颖性：GLP–1 是已知作为糖尿病患者的药物，专利申请中所述的效果并没有产生新的治疗用途。

[72] In this decision of 23 August 2007 – Sigma receptor/SPRUCE，一项潜在的新的临床应用得到了以下理由的承认（原因见第 2.1.1 点）：由于文件（1）和权利要求 1 都涉及治疗同一疾病的相同成分，因此必须确定现在请求保护的用途和是否代表文件（1）所披露的进一步和不同的治疗用途。文件（1）公开了用于诱导肿瘤细胞分裂周期阻滞和/或凋亡的组合物的使用（例如，请参见权利要求1）。因此，文件（1）教导了对癌细胞的直接影响。这与权利要求 1 所依赖的技术效果形成鲜明对比，即乙状结肠受体配体通过抑制肿瘤新生血管对肿瘤细胞的间接影响。此外，这种影响还确定了一种新的临床情况，即在这种情况下，最好是针对支持肿瘤的血管，而不是癌细胞本身，例如，在这些细胞对化疗药物不耐药的情况下。

[73] Decision of 12 March 2008 – Treatment of portal hypertension/SUCAMPO AG. 第 3.2 点的原因是：门静脉高压是门静脉血压的升高。因此，在文件（1）中披露它的治疗似乎不可避免地需要抑制受影响区域的血压升高，即门静脉……［T］所请求保护的主体，而文件（1）中的披露则依赖同样的技术效果。"抑制门静脉压力增加"的功能没有向本领域技术人员提供相对文件（1）任何新技术信息。

定符合 TRIPS,❼ 并且也可以在许多国家专利法中找到类似的形式,但其适用范围一般很窄,原因如下。

第一,公共秩序或道德的尺度标准是极高的。为了适用排除,EPO 或各国法院的机构必须确信,所涉及的问题违反最高级别的法律或道德规则。EPC 第 53(a)条的后半句清楚地表明了这一点,该条规定,这种利用不会仅仅因为某些或所有缔约国法律或规章的禁止,而被视为违反公共秩序或道德。第二,仅依据所要求保护的发明可能滥用的情形并不足以使用该条款。因此,武器❼和危险技术长期以来一直可申请专利。只要发明可以合法使用,排除将不适用。第三,从实际情况看,专利申请很少涉及需要违反公共秩序和道德才能利用的发明,因为如果法律程序完全阻止专利的利用,就不值得在专利上投入时间和金钱。❼

然而,现代生物技术、基因工程和生殖技术的某些发展可能会在非常特定的情况下与社会基本法律价值观如人类尊严等发生冲突。因此,当欧盟生物技术指令于 1998 年颁布时,立法机构认为有必要澄清生物技术发明的伦理限制,并起草了一份未被详尽列举的清单,列举了被认为是可专利性排除的例子。❼该目录被纳入欧洲专利法,因此 EPC 第 28 条现在禁止以下专利:

+ 克隆人类的过程;

+ 修改人类生殖系遗传特性的过程;

+ 用于工业或商业用途的人类胚胎;和

+ 改变动物的遗传特性的过程,这些过程可能会使动物遭受痛苦,而对人类或动物,以及由这些过程产生的动物,却没有实质性的医疗益处。

其中最重要也是最有争议的排除条款是清单上的第三项,因为根据其解释,它可能会完全关闭胚胎干细胞技术领域中许多发明的专利制度的大门,尽管它们有可能有利于发展有关重大疾病的新型医疗方法和药物物质。❼

---

❼ Article 27(2)TRIPS Agreement.

❼ An exception is weapons banned by international conventions such as the Ottawa Anti-Personnel Mine Ban Convention of 1997.

❼ 专利权的授予只赋予排除他人的权利,但并不允许专利权人在不尊重法律秩序的所有其他规则的情况下使用发明,这是专利法公认的原则。

❼ Article 6(2)Biotech Directive.

❼ For details see Crespi, R. S. (2006), The Human Embryo and Patent Law: A major challenge ahead?, EIPR, 569; Galloux, J. (2007), Cellules souches humaines et brevetabilité, PROP. INTELL., 300; Schuster, M. (2012), The Court of Justice of the European Union's Ruling on the Patentability of Human Embryonic Stem-Cell-Related Inventions, IIC, 43, 626; Straus, J. (2010), Zur Patentierung humaner embryonaler Stammzellen in Europa, GRUR Int., 911; Straus, J., Y. Shin and P. Ganea (2009), Patentschutz und Stammzellforschung-Internationale und rechtsvergleichende Aspekte, Berlin/Heidelberg; van Overwalle, G. (2003), Study on the Patenting of Inventions Related to Human Stem Cell Research, European Commission.

在 G/0679 决定❼中，扩大上诉委员会试图澄清与可专利性的排除有关的一些法律问题。其认为 EPC 第 28（c）条禁止针对在提交之日使用一种在申请中描述的必然涉及破坏人类胚胎的方法制备的产品申请专利，即使该方法不是权利要求的一部分。这与在申请日之后，无需重新使用必然涉及破坏人类胚胎的方法即可获得相同的产品的情况并无关联。

类似的法律问题在欧洲法院（ECJ）❽判例之前出现，因为德国联邦最高法院提到了与生物技术指令❾第 6（2）（c）条解释有关的几个问题。❿2011 年 3 月，欧洲法院院长就此案提出了他的意见。据此，人类胚胎的概念适用于受精阶段，因此囊胚属于人类胚胎的概念，而多能胚胎干细胞则不能适用。如果申请专利的技术方法需要事先破坏人类胚胎或将其用作基础材料，则该发明应被排除在可专利性之外。这也应适用于对该方法的描述中没有任何提及使用人类胚胎的情况。

法院大法官在其 2011 年 10 月 18 日的决定❽中作出答复，包含了类似的限制性意见。具体如下：

受精后的任何人类卵子，已经移植成熟人类细胞的细胞核的任何未受精的人类卵子，以及由单性生殖刺激其分裂和进一步发育的任何非受精的人类卵子构成"人类胚胎"；鉴于科学发展，提请法院确定在胚泡阶段从人类胚胎获得的干细胞是否在生物技术指令第 6（2）（c）条的意义范围内构成"人类胚胎"。

---

❼ Decision of 25 November 2008，OJ EPO 2009，306 – Use of embryos/WARF.

❽ Case C – 34/10，Oliver Brüstle v. Greenpeace e. v.，Official Journal Unpublished. Reported in IIC，43，711（2012）.

❾ 这些问题如下：

1. 生物技术指令第 6（2）（c）条中术语"人类胚胎"的意思是什么？

（a）这一术语是否涵盖了人类生命从受精卵的所有发展阶段，或者是否还有必须满足的额外要求，例如，达到某一阶段的发展？

（b）该术语是否也包括下列有机体：

（1）未受精的人卵巢细胞已被移植入从成熟的人体细胞中移植的细胞核？

（2）未受精的人卵巢细胞被刺激以通过孤雌生殖进一步分裂和发展？

2. 术语"用于工业或商业目的的人类胚胎的使用"应理解为什么？这是否包括根据指令第 6（1）条所规定的商业使用，特别是用于科学研究的目的？

3. 根据指令第 6（2）（c）条规定，即使使用人胚胎不是专利教学的一部分，但也是该教学的必要要求，技术教学是否被排除在可专利性之外。

（a）由于该专利涉及其制造需要破坏胚胎的产品，或

（b）由于该专利涉及一种需要上述产品作为原料的方法？

❿ Decision of 17 December 2009，GRUR Int. 2009，236 – Neurale Vorläuferzellen = 41 IIC 853（2010）– Neural precursor cells/Brüstle's patent（Greenpeace v. Oliver Brüstle）.

❽ Case C – 34/10，Oliver Brüstle v. Greenpeace e. v.，Official Journal Unpublished. Reported in IIC，43，711（2012）.

禁止使用人类胚胎用于工业或商业目的，也包括用于科学研究目的的人类胚胎的使用，但仅用于治疗或诊断目的的人类胚胎的应用是具备可专利性的。

生物技术指令第 6（2）（c）条将要求事先破坏人类胚胎或将其作为基础材料的专利申请主题排除在可专利性发明之外，且无论其发生在何种阶段，即使所要求保护的技术教导的描述不涉及使用人类胚胎。

2.4 基因的可专利性

现代生物技术已经导致许多医药发明是基于基因和蛋白质的鉴定。因此，专利制度是否限制天然物质的可专利性可能对保护这些发明具有决定性的作用。在欧洲议会深入讨论之后，生物技术指令原则上采用了一种折中方案，该方案打开了基因和其他 DNA 序列的可专利性主题领域，但试图阻止"基因探索"，即试图保护功能未知的 DNA 序列的专利权利。

根据生物技术指令第 5（1）条，人体和其元素的简单发现，包括基因序列，不能构成可专利性的发明。然而，从人体中分离出来的元素，或通过技术过程（包括基因序列解析）产生的元素，可能是可专利的，即便该元素的结构与自然元素的结构相同（生物技术指令第 5（2）条）。[84] 在这方面，进一步的要求是，必须在专利申请中披露基因序列的工业实用性（生物技术指令第 5（3）条）。[85]

虽然这些条款已通过 EPC（见 EPC 第 29 条）和 EPC 成员国的大多数国家专利法得到执行，但如德国、法国和瑞士等一些国家立法机构，选择通过附加条款对其进行补充。因此，根据德国专利法第 1a（4）条的规定，如果一项发明的主题是与人类基因序列相对应的基因序列，[86] 则在申请中描述其工业适用性的用途必须写入权利要求中。[87] 这意味着，根据传统的绝对产品保护原则，

---

[84] 这反映了生物技术指令第 3（2）条（和 EPC 第 27（a）条）对"自然产品"学说的普遍反对，根据上述规定，从自然环境中分离出来或通过技术过程生产的生物材料可能作为发明的主体。

[85] 生物技术指令第 22～24 段详细阐述了如下这一要求：

（22）……某一序列或部分序列的工业应用必须在所提交的申请中披露；（23）然而，一个没有功能的 DNA 序列并不包含任何技术信息，因此并不是一项可专利的发明；（24）然而，为了符合工业实用性标准，在某一基因的序列或部分序列被用来生产一种蛋白质或蛋白质的一部分的情况下，有必要具体说明生产哪种蛋白质或蛋白质的一部分或其发挥什么功能。

[86] 当"该序列或部分序列在结构上与人类基因的序列或部分序列相对应"时，该规定即适用。该措辞不完全清楚，因此难以划定精确的分界线；for details see Uhrich, R.（2010），Stoffschutz, Tübingen, pp. 330 et seq.

[87] For details see Lutz, D.（2007），Purpose – or function – related product protection, with particular regard to biotechnological inventions, OJ EPO, Special Edition 2, 170.

产品权利要求能获得不受任何用途影响的保护的特点，[88] 在某一特定技术领域受到了限制。[89] 因此，有人认为这种限定违反了 TRIPS 第 27（1）条规定的不歧视禁令。[90] 无论如何，必须记住，这种国家规定的适用范围仅限于国家专利：鉴于 EPC 第 138（1）条，不允许德国法院因专利不符合德国专利法第 1a（4）条，而宣布根据 EPC 授权的欧洲专利无效。

2.5 可专利性要件和药物发明

2.5.1 新颖性

由药物发明引发的最重要的新颖性问题是已知物质的第一医疗用途和进一步医疗用途的可专利性有关的问题。在这方面，欧洲专利法中包含的具体新颖性条款的内容，如 EPC 第 54（4）~（5）条，以及它们在判例法中的解释，已经在上文中作了详细描述（见上文第 2.2.3 节）。同样的道理也适用于一些时候很难区分，对于能够确立新颖性的真正技术特征与仅是一种作用机理的发现，该机理并不足以满足新颖性的目的（上文第 2.2.3 节）。

显然，有许多更具普遍性的新颖性问题可能在特定的药物发明的可专利性中起决定性作用。特别是，不能过分强调权利要求形式和权利要求结构在这方面发挥的关键作用。一个说明性的例子是方法限定的产品权利要求的解释，根据欧洲实践，它被认为与正常的产品权利要求非常相似，因为所要求保护的产

---

[88] The Enlarged Board of Appeal recognized this principle in its decision G 2/88, OJ EPO 1990, 93 – Friction reducing additive/MOBIL OIL III, point 5 of the reasons：It is generally accepted as a principle underlying the EPC that a patent which claims a physical entity per se, confers absolute protection upon such physical entity；that is, wherever it exists and whatever its context（and therefore for all uses of such physical entity, whether known or unknown）. With respect to the current debate on absolute product protection see, generally, Haedicke, M. (2010), Absoluter Stoffschutz – Zukunftskonzept oder Auslaufmodell?, GRUR, 94；Moufang, R. (2010), Stoffschutz im Patentrecht, GRUR, 89 – 93；Uhrich (2010), Stoffschutz, Tübingen, pp. 135 et seq.

[89] See Feldges, J. (2005), Ende des absoluten Stoffschutzes? Zur Umsetzung der Biotechnologie – Richtlinie, GRUR, 977；Kilger, C. and H. R Jaenichen (2005), Ende des absoluten Stoffschutzes? Zur Umsetzung der Biotechnologie – Richtlinie, GRUR, 984；Schneider, D. and D. Walter (2007), Ist der absolute Stoffschutz noch zu retten?, GRUR, 831.

[90] For details see Sommer, T. (2007), The scope of gene patent protection and the TRIPS Agreement – An exclusively nondiscriminatory approach?, IIC, 38, 30 – 51；W. Prinz zu Waldeck und Pyrmont (2009), Special legislation for genetic inventions – A violation of Article 27 (1) TRIPS?, in Patents and Technological Progress in a Globalized World, Liber Amicorum Joseph Straus, Berlin/Heidelberg, p. 289.

品通常不被认为受到权利要求中提到的方法的生产的限制。[91] 显然，这种方法预先确定了所引用的现有技术与所要求保护的产品的相关性。

2.5.2 创造性

在国际上，确定非显而易见性或创造性活动标准的方法在一定程度上有所不同，尽管在许多情况下达到的具体结果是相同的。EPO 的上诉委员会通常采用所谓的"问题和解决办法"方法，主要包括以下步骤：

　　+确定最接近的现有技术

　　+与最接近的现有技术相比，评估请求保护的发明所取得的技术成果（或效果）；

　　+定义请求保护的发明解决的技术问题；和

　　+考察一个本领域技术人员考虑到最接近的现有技术，是否会提出请求保护的技术特征，以获得所请求保护的发明所取得的结果。[92]

生物技术发明的具体性质可能会影响提出问题—给出解决方案模式的运用。特别是，合理的成功预期的概念在这一领域已经取得了一定的重要意义。[93] 一方面，缺乏创造性活动不仅归因于可能的行动过程的结果是明确可预测的，而且存在有对成功的合理预期。[94] 另一方面，其他人同时在同一个项目上工作这一事实表明这是"显而易见的尝试"，或者这是一个值得探索的有趣领域，但这并不一定意味着有一个"成功的合理预期"，不应该与"希望成功"混为一谈。[95]

但是，上述标准必须在针对本领域技术人员所处的"一试即知"的情况下加以修改，例如，他或她已经明确设想了一组化合物或一个化合物，然后通过例行测试确定这类化合物是否具有预期的效果。[96] "成功的合理预期"方法背后的合理性是，人们在开始项目时，基于已知的困难或经验，认识到可能出

---

[91]　For details see Young, R. J. (2003), The construction of product – by process claims – A study in enlightened compromise, OJ EPO, Special Edition 2, 20; House of Lords decision of 21 October 2004 – Kirin – Amgen Inc. v. Hoechst Marion Roussel Ltd., (2005) RPC 169. The contrary view has been taken by the US CAFC in its en banc decision of 18 May 2009, Abbott Laboratories v. Sandoz Inc., 90 USPQ2d 1869 (2009).

[92]　See Case Law of the Boards of Appeal of the European Patent Office, 6th edition, Munich 2010, 162 et seq.

[93]　See, for example, decision T 60/89 of 31 August 1990, OJ EPO 1992, 268 – Fusionproteins/HARVARD.

[94]　See, for example, T 149/93 of 23 March 1995 – Retinoids/KLIGMAN II.

[95]　See, for example, T 296/93 of 28 July 1994 – HBV antigen production/BIOGEN INC.

[96]　See Case Law of the Boards of Appeal of the European Patent Office, 6th ed., Munich 2010, 178.

现的问题，仍能够容易地设计基因工程技术的发明。而在足以进行公认的常规试验时无需考量预期其成功的合理性。[97]

2.5.3　工业实用性

多年来，可专利性的第三个条件，即要求保护的发明在工业上可以适用，并不被认为是专利申请的主要障碍。EPC 第 57 条给出了非常广泛的定义，根据该定义，可以在包括农业在内的任何类型的工业中制造或使用该发明就足够了，[98] 缺乏工业实用性的意见很少被专利审查员提出并且很少被上诉委员会支持。[99] 尽管有人认为"工业"这一概念意味着，一项活动是持续地、独立地、为获得经济利益而进行的，但这种使用的可能性几乎总是可以在专利实践中找到可保护的主题从而得到肯定。因此，人们接受了这样的观点，例如，一项发明在美容院中的专业使用属于在 EPC 第 57 条的含义范围内的工业应用。[100]

然而，近年来工业实用性的要求已经成为一种用来对付投机发明的工具，特别是在生物技术领域。这一发展在生物技术指令[101]原则的规定和引述中得到了支持，并在一定程度上与美国判例法一致，其中实用性[102]和书面描述的要求也被用于类似的目的。

具有重要意义的 T 870/04 决定[103]涉及一种脑源性磷酸酶，它被描述为参与细胞信号转导通路，并可能在细胞管家和某些类型的癌症中发挥作用。委员会认为，仅仅是发现一种物质——在这个案例的问题中是一种多肽——可以以某些方式被生产并不能满足 EPC 第 57 条的规定。相反，必须有一些可以使用该物质的有益的用途。为专利权人保留未开发的研究领域并不是专利保护的目的。尽管研究结果可能是一项相当有价值的科学成果，但它们未必是一项可以

---

[97] See T 91/98 of 29 May 2001 – Antiviral nucleoside/WELLCOME. 委员会采用了"尝试和观察"的方法，因为为了查明叠氮嘧啶衍生物是否具有抗人逆转录病毒的活性，只需进行常规的病毒传染性体外测试。

[98]《保护工业产权巴黎公约》第 1（3）条也有类似的措辞。

[99] See T 74/93, OJ EPO 1995, 712 – Contraceptive method/THE BRITISH TECHNOLOGY GROUP (application of contraceptive composition to cervix held to be in essence private and personal and thus lacking industrial applicability)；T 541/96 of 7 March 2001 – Element and energy production device/ZACHARIAH（发明不符合物理定律，因此不符合 EPC 第 57 条和第 83 条的要求）。

[100] See the early decisions T 36/83 of 14 May 1985, OJ EPO 1986, 295 – Thenoyl peroxide/ROUSSEL – UCLAF, and T 144/83 of 27 March 1986, OJ EPO 1986, 301 – Appetite suppressant/DU PONT.

[101] Article 5（3）and Recitals 22 to 24 of the Biotech Directive（see supra, IV）.

[102] See In re Fisher, CAFC decision of 7 September 2005（76 USPQ2d 1225）with dissent by Judge Rader, where it was found that expressed sequence tags（ESTs）lacked utility and enablement.

[103] T 870/04 of 11 May 2005 – BDP1 Phosphatase/MAX – PLANCK.

在工业上应用的发明。通过对所要求保护的物质进行进一步研究以达到某种可能的目标的模糊的、推测性的指示不足以满足 EPC 第 57 条：当人体中自然存在的物质被确定并可获得时，若其功能尚不完全清楚，尚未确定可归因于该物质的过量或缺乏的疾病或病症，并且没有提出其他实际用途，则必须否认其工业实用性。委员会的结论是，专利申请人提供了特定磷酸酶基因的克隆和测序，这是科学探索的进一步工具，但不是工业应用。

这一方法在若干进一步的决定中得到了认可和完善，这些决定视具体情况而定，既可能接受也可能否定工业实用性。在 T 604/04 决定中，[104] 请求保护的多肽被描述为 PF4A 超家族的受体。虽然它们的功能不完全被发明人了解，多肽的配体也并未被进一步表征，但委员会认为，必须考虑本领域技术人员的一般常识：PF4 相关蛋白被认为不仅在基础研究中是有意义的，而且是开发新型治疗药物的有吸引力的靶标。抑制它们的活性与抗炎策略相一致，而促进它们的活性可以促进伤口愈合和组织修复。在这种情况下，工业实用性应被接受。

同样的结果也出现在涉及造血受体的 T 898/05 决定中。[105] 根据委员会的意见，一项发明必须具有坚实的、具体的技术基础，以使本领域技术人员能够认识到其对现有技术的贡献，并可导致工业上的实际开发。因此，有必要以明确的技术术语来披露本发明的目的，以及如何将其用于工业实践中以解决给定的技术问题。关于阐明蛋白质或基因的功能的必要性，委员会解释说，这种功能可以从不同的水平上（分子功能、细胞功能或广义上的生物功能）看出。就 EPC 第 57 条、第 29（3）条和第 42（1）（f）条的目的而言，这些不同水平并没有被认为比其他水平更为基础。因此，即使其他水平仍然完全或部分不明，对其中一个水平的解释也可带来一个直接的工业应用。委员会还注意到，那些越来越多地取代传统生物学技术的、由计算机辅助的方法的证明力，应当基于发明的性质和与之有关的现有技术根据具体情况对其进行审查。

T 641/05 决定[106]裁定了一项申请，该申请鉴定了秀丽隐杆线虫中几种假定的 GPCR 样[107]受体。尽管 GPCR 作为神经肽受体被认为是许多疾病的重要靶标，并且线虫 GPCRs 可能是用于害虫控制目的的靶向受体，但请求保护的假定的 GPCR 样受体具有非常规特征，而高度保守基序中的非典型氨基酸对于 GPCR 样受体的功能至关重要。由于计算机辅助序列同源性方法的证明力完全不足，

---

[104]　T 604/04 of 16 March 2006 – PF4A receptors/GENENTECH.

[105]　T 898/05 of 7 July 2006 – Hematopoietic receptor/ZYMOGENETICS.

[106]　T 641/05 of 9 November 2006 – GPCR – like receptor/PHARMACIA.

[107]　GPCR = G protein – coupled receptor.

委员会得出结论认为，在该案例中，功能性信息的缺乏意味着纯粹的猜测，因此其工业实用性必须被否定。

在 T1452/06 决定[108]中得出了类似的结论，其中，在权利要求中列举的氨基酸序列被描述为人类鞘磷脂样丝氨酸蛋白酶的部分序列，并预期可用于与先前鉴定的丝氨酸蛋白酶相同的目的，特别是用于治疗癌症。然而，没有任何实验证据支持丝氨酸蛋白酶活性，并且存在非活性前体酶的可能性，需要翻译后进行加工。因此，该发明被认为充其量是表征全长基因和确定可能的翻译激活加工的第一步。

然而，工业实用性在后来的两项决定中被接受。在 T 1165/06[109] 决定中，委员会认为鉴于已经在申请文件中被表明并经在后发表的证据确认的半胱氨酸间隔的特征是合理的，请求保护的蛋白质属于白细胞介素 - 17 细胞因子家族，并具有类似的生物活性。T 18/09 决定[110]涉及作为 TNF 配体和超家族成员的 neutrokine - alpha 蛋白的鉴定。该家族的所有成员都是多效性细胞因子，表现出广泛的活性。委员会认为，尽管本领域技术人员意识到，对请求保护的物质的所有性质的充分说明需要进一步的调查，但是，neutrokine - alpha 蛋白能够刺激 T 细胞增殖的说法是可信的，而不是纯粹的推测。

最有趣的是，英国最高法院在其最近关于 *Human Genome Sciences, Inc. v. Eli Lilly&Co.*[111] 案的判决中，认可了 EPO 判例法，推翻了上诉法院以工业实用性为由撤销上诉委员会[112]就欧洲专利完全相同的英文部分作出的专利权维持的决定。

2.6 充分公开

根据 EPC 第 83 条，申请必须以足够清楚和完整的方式公开本发明，以使本领域技术人员能够实施本发明。充分公开的要求是世界上所有主要专利制度的共同特征，因为它构成了授予专利权作为独占权的交换条件。

在解释这一规定时产生的两项基本原则对药物和生物技术发明具有特别重要的意义。一方面，如果至少有一种方式可以明确地指示本领域技术人员实施该发明，则一项发明基本上被充分地公开。该发明的功能性限定的技术特征的

[108] T 1452/06 of 10 May 2007 – Serine protease/BAYER.
[109] T 1165/06 of 19 July 2007 – IL – 17 related polypeptide/SCHERING.
[110] T 18/09 of 21 October 2009 – Neutrokine/HUMAN GENOME SCIENCES.
[111] Human Genome Sciences, Inc. v. Eli Lilly & Co. (2012) RPC 102.
[112] Eli Lilly and Company v. Human Genome Sciences Inc. , (2010) EWCA Civ 33.

某些具体变体的不可用对充分性是不重要的，只要本领域技术人员通过公开的内容或公知常识可得知存在对发明提供同样效果的适当变体。⑬ 另一方面，公开本发明的实施一种方式只有在其使本发明在所要求保护的整个范围内实施而非仅在要获得保护的所述方案的某些特例中实施时，才是充分的。⑭

只有在严重怀疑的情况下，如果有确凿的事实证明，一个申请才可能因缺乏充分公开而受到反对。⑮ 被驳回仅仅一项权利要求宽泛的事实本身并不能作为理由认为申请不符合 EPC 第 83 条的要求。然而，当要求保护医疗用途时，专利申请通常应当提供一些信息表明，要求保护的化合物对具体涉及疾病的新陈代谢机制有直接的影响。一旦这一证据可以从说明书中获得，后发表的证据就可以被考虑支持专利申请中的披露。⑯ 在异议程序中，举证责任是在反对方需要证明专利缺乏对"能够实现"的证据的披露。

---

⑬ T 292/85 of 27 January 1988, OJ EPO 1989, 275 – Polypeptide expression/GENENTECH I.

⑭ See, for example, T 409/91 of 18 March 1993, OJ EPO 1994, 653 – Fuel oils/EXXON.

⑮ See T 19/90 of 3 October 1990, OJ EPO 1990, 476 – Onco – mouse/HARVARD.

⑯ See T 433/05 of 14 June 2007 – Fusion peptide inhibitors/CONJUCHEM.

3

日本医疗方法的可专利性

Nari Lee[1]

3.1 引　言

专利法是激励创新制度的一部分。它是由客观上作为提供中立法律规则的法律制度和实施创新政策的主观需求之间相互作用而形成的。然而现代专利法的历史表明，专利法常常被用作推动特定技术领域工业发展的政策工具，当代的专利法似乎被牢固确立为基于中立适用规则及工业领域非歧视原则的无形财产制度。在大多数国家，专利授权程序是基于采用一套客观的可专利性规则，对专利申请人主张的权利要求进行客观行政审查。实质上，不论技术领域如何，也不论发明人的身份和发明所在地如何，专利规则已变得更加技术中立，可专利性标准正以非歧视的方式适用。[2]

专利法实质方面的中立性，现在延伸到了保护主题和非歧视原则，即专利保护的有效性不应与发明的技术领域联系在一起。[3] 这种技术中立性体现在如TPIPS 等国际公约中，对其成员施加多边义务，从而使其不得基于技术领域歧视发明。总之，国际知识产权规则原则上禁止在专利法中使用所谓的宏观例外

---

[1] 芬兰汉坎经济学院知识产权教授，德国慕尼黑马克斯 – 普朗克知识产权与竞争法研究所兼职研究员。

[2] See Lemley, M. A. and D. L. Burk（2003），Policy levers in patent law, Virginia Law Review, 89, 1575；compare, Polk Wagner, R.（2003），（Mostly）against exceptionalism, in F. Scott Kieff（ed.），Perspectives on Properties of the Human Genome Project, pp. 367 – 382.

[3] WTO, TRIPs Agreement, Article 27（1）.

主义。❹

然而，技术中立原则确实存在例外情况，这或者是由技术领域的性质，或者是由于公共政策的原因而造成的。❺ 在许多国家，医疗方法包括人体诊断、治疗以及手术方法（以下简称"医疗方法"）通常会被排除在专利保护的范围之外。❻ 尽管有义务为任何技术领域的发明提供专利保护，TRIPS 也允许成员排除特定类型的技术，即用于人和动物的治疗、诊断、手术方法。❼ 这种分类排除的可能性也存在例外，因为该协议中的前一段明确禁止基于发明技术领域的歧视。此外，第 27 条第 2 款还允许各成员排除"为保护公共秩序或道德，包括保护人类、动物或植物生命或健康，或避免对环境造成严重损害，有必要在其领土内禁止商业开发的发明"。❽

明确排除某些类型的医疗方法以及基于公共秩序、公共卫生和道德的排除，是公共政策利益高于私人利益的最好例子。特别是，将医疗方法排除在专利保护之外的理由往往是必须确保医护人员的专业自由。诊断、治疗和外科手术方法主要是医疗专业人员用来在他们的行业中诊断疾病和治疗患者。确保医疗专业人员自由从事其行业的利益可能超过这一特定领域基于专利的激励措施而产生的利益。❾

可以说，在医疗实践和患者治疗中使用的创新医疗方法的激励措施，可能是通过提高患者护理质量和通过出版物获得同行认可而产生的专业成就感所提供的。❿ 此外，无论这些观点是否合理，如果专利被授权并由医疗专业人员实施，在没有例外的情况下，医疗实践将需要缴纳许可费，这将增加医疗费用甚

❹　Lemley, M. A. and D. L Burk（2003），Policy levers in patent law, Virginia Law Review, 89, 1575.

❺　For example, WTO, TRIPs Agreement, Article 27（2）and（3）.

❻　See for example a survey of national law exclusions in, a study prepared by Bently, L., B. Sherman, D. Borges Barbosa（with K. Grau – Kuntz），S. Basheer（with S. Purohit and P. Reddy），C. Visser and R. Gold（with Y. Joly）（2010），Exclusions from patentability and exceptions and limitations to patentees' rights,［hereinafter WIPO study］WIPO SPC, 15/3, available at: http://www.wipo. int/edocs/mdocs/scp/en/scp_15/scp_15_3 – annex1. pdf,（last accessed on 1 March 2012）.

❼　TRIPs Agreement, Article 27（3）（a）.

❽　TRIPs Agreement, Article 27（2）.

❾　See Kesselheim, A. S and M. M. Mello（2006），Medical – process patents – monopolizing the delivery of healthcare, New England Journal of Medicine, 355（19），2036 – 41; compare, Mitnovetski, O. and D. Nicol（2004），Are patents for methods of medical treatment contrary to ordre public and morality or "generally inconvenient"? Journal of Medical Ethics, 30, 470, at 470 – 475.

❿　See however, two contrasting opinions, supra n. 9.

至更糟，也可能被禁止实施医疗实践，即使该专利可能提高患者治疗的效率。[11]

正如本书前两章所述，无论是在美国还是在欧洲，将医疗方法，特别是治疗人类疾病的诊断方法排除在可专利性之外是有争议的。这在一定程度上是由于不断变化的医疗实践和制药领域不断变化的创新实践需要对排除作狭义的解释。[12] 本章以美国和欧洲的观察为基础，探讨了日本在专利保护方面排除医疗方法的做法，并探讨了不断变化的专利实践对日本公共卫生政策的潜在影响。最后，本章认为，对医疗方法排除的狭义解释需要辅以更多的法定许可或豁免，以便更广泛的参与者参与医疗方法创新的过程，并探索现行日本专利法下解释的可能性。

3.2　医疗方法专利申请——监管完整性或政策

如前两章所述，医疗方法的可专利性引起了两方面的特别关注。第一，医疗方法的本质和产生医疗方法创新的背景提出了一个关于体制完整性或监管效力的问题。换句话说，医疗方法创新如何与专利制度的目标和详细的理论工具相适应。第二，对医疗方法专利申请的反对可能出于政策考虑。有人认为，医疗方法的使用通常会使医疗方法的专利保护因政策原因而变得特别不合适。[13]

3.2.1　监管完整性

专利法中的主题规则被认为是调控效率的必要立法工具之一。从监管效率和完整性的角度来看，当一套规则应用于本质相似的主题时，行为者表现出类似的行为模式，那么该规则可能是有效的。否则，规则的例外将否定规则。因此，可专利性主题的规则可以维护专利法制度的完整性，[14] 以确保"法律保护的程度足够相似，使一套单一的规则能够合理地、更好地促进整个领域的进步"。[15]在对智力作品和创作的激励规定中，当保护的主题属于根本不同的领

---

[11]　For this point, see Dreyfuss, R. C. , The patentability of genetic diagnostics in US law and policy, Chapter 1 in this book, arguing the solution has to be based on crafting a limited exception for the healthcare professionals and medical researchers.

[12]　Ibid.

[13]　See the summary of these arguments in Mitnovetski, O. and D. Nicol（2004）, supra n. 9. See also Piper, T.（2004）, Law, ethics and medicine – commentary, J Med Ethics, 30（5）, 475 – 7.

[14]　Eisenberg, R. S.（2000）, Analyze this: A law and economics agenda for the patent system, Vand. L. Rev. , 53, 2081 at 2084 – 2085.

[15]　Ibid.

域，如艺术表现和技术发明时，不适用同一规则是合乎逻辑的；尽管发明和创造性的表达都是人类智力活动的结果。如果医疗方法的创新过程以及如何使用和实践这些创新与大多数专利主题的发明过程有根本的不同，那么就有理由制定一项将医疗方法排除在专利保护之外的规则。

从根本上讲，诊断和治疗过程涉及由主治医生进行的各种认知测试、不同的治疗方法和排除方法。例如，医生可以对患者的血液进行特定氨基酸水平的检测，并且判断是否存在与该水平相关的特定医学症状，最终做出如患者缺乏维生素的诊断。[16] 这种诊断过程包括基于医生判断的思维步骤。类似的，手术和治疗方法可能需要医疗专业人员亲自运用个人技能做出适当的切口，或者根据患者的特殊情况和反应，确定联合用药或给药方案的变化。

在排除医疗方法的规定中还存在另外两项挑战。第一，将方法排除在保护范围之外的情况是可以避免的。方法可以与产品联系在一起。此外，产品权利要求的保护范围可以包括生产受保护产品的方法。因此，只要可以获得产品保护，就可以在一定程度上规避对方法的法定排除。[17] 事实上，在大多数国家，用于医疗方法实践的医药产品，包括药品、医疗装置和设备，都不是被排除的主题。[18] 此外，医疗方法，特别是使用认知步骤的诊断和治疗方法可以被计算机化并编程到设备中，可以被要求保护为产品。[19] 自动化手术方法也可以被描述为一种设备，一种治疗方法也可以被描述为一种已知材料的新用途，例如给药方案，其权利要求可以指向产品。[20]

当方法是纯医疗方法和由工具——装置和设备辅助的方法的混合时，情况就会比较复杂。在某种程度上，这一过程可以复制和自动化，医疗专业人员可以使用一组测试，有时可以使用计算机化的工具或其他设备来处理患者的数据。当诊断涉及自动化医疗测试或辅助诊断过程的设备时，这些自动化医疗测试、设备或工具可能客观地形成财产关系的基础，并产生市场价值。也可能在

---

[16] Fact pattern of the case, Lab. Corp. of Am. Holdings v. Metabolite Labs, Inc. , 126 S. Ct. 2921, where the US Supreme Court dismissed the petition on the ground of improvidently granted certiorari.

[17] See Japanese Patent Act, Article 2 (3) (i) definition of a working of an invention of a product includes computer program; JPO Examination Guideline for Patent and Utility Model (2012) (hereinafter JPO Guideline), at Part VII, Ch. 3, unofficial English text available at：http：//www. jpo. go. jp/tetuzuki_e/t_ tokkyo_e/1312 –002_e. htm) and accompanying texts.

[18] See Shamnad, B. et al. (2010), Patent exclusions that promotes public health, in L. Bently et al. , WIPO Study, Annex 4; WTO, TRIPs Agreement, Article 27 (2) and (3).

[19] See infra nn. 81 and 87 and accompanying texts.

[20] See JPO Examination Guideline for Patent and Utility Model (2012), supra n. 17 at Part II, Ch. 1, para. 2. 1. 1; Japanese Patent Act, Article 69 (2).

不同的治疗方法中使用类似的诊断方法。在专利法中，即使存在可能被明确排除专利资格的情况下，当权利要求不是针对被排除的主题时，在该过程中使用的工具和方法也可以被认为是不被排除的。[21] 因此，重要的是，要考虑什么时候诊断方法被认为是排除的主题，什么时候被认为是非排除的主题。

第二，在这些专利授权的情况下，如何跟踪受保护方法的使用是一个问题。一种医学方法通常涉及从生命体收集和处理数据和信息的各种思想和认知步骤，从而在追踪这些方法的使用过程中产生了独特的道德和伦理复杂性。实践方法的最终结果也可能存在于患者的体内。相反，制造过程是可专利性方法的典型例子，它涉及客观上可观察和可验证的步骤，生产有限和有形的产品。如果有限的产品是通过专利方法生产的，当使用该过程时，可以通过检查生产过程中使用的或生产的产品、原材料以及中间产品来跟踪是否使用了该过程中的步骤。相反，使用一种医学方法往往会导致患者病情的改变，这可能需要临床检查。因此，追踪受保护方法的使用会引起对患者隐私的关注。使用外科手术方法的结果未必能证明使用某一特定方法。使用一种方法和诸如改善患者状况的总体效果之间的因果关系可能很难确定。此外，即使患者病历可能记录了正在使用的方法的某些方面，但通常医疗记录也是保密文件。使用保密的患者医疗数据来追踪专利方法的使用可能会引起伦理问题。

由于专利权排除了其他人使用所要求保护的发明，如果在医疗方法上授予专利权，其在医疗实践中的影响也可能比其他方法更大。[22] 为避免过于宽泛的保护，可提出一种基于政策考虑的豁免。例如，一种普遍存在的个人最终用户免于侵权责任的豁免。通过专利方法生产的产品的最终用户可以通过各种原则（如用尽原则或个人使用原则）得到豁免。[23] 然而，医疗方法在医疗实践中被使用，作为最终用户的是医疗专业人员在其行业中直接对患者使用这种方法。相反，其他可获得专利的方法，如制造过程，则直接面向最终用户，或者直接针对可能在商业规模上使用这些方法的商业用户。如果医疗实践被视为专利法

---

[21] See EPC Article 53 (c); and discussions in Moufang, R., Patentability of pharmaceutical innovations: The European perspective, Chapter 2 in this book.

[22] See, for example, in the US, Pallin v. Singer, 36 USPQ 2d 1050 (D. Vt. 1995). Pallin's patent on the method of surgery and the following attempt to assert the patent has led to a legislative change in the law, limitedly, safeguarding doctors in the US Statutes, as 35 USC §287 (c).

[23] See for doctrine of exhaustion, Japanese Supreme Court, Decision on 1 July 1997, Case No. Heisei 7 (wo) 1988, [BBS Kraftfahrzeug – Technik AG v. Racimex Japan K. K.]. See for private use exemption, Japanese Patent Act, Article 68.

意义上的"行业",那么所有使用医疗方法的医疗专业人员都是在"行业"的背景下使用它。例如,在日本,专利权仅延伸到作为商业或贸易的发明的运用。因此,最终用户只要不使用专利方法和产品作为其商业业务,就可以免除专利侵权责任。然而,正如上文提到的在商业或贸易领域,严格字面上的理解也不能视为对医疗保健专业人士的豁免,因为医疗保健也可视为他们的业务或贸易领域。[24]

3.2.2　基于政策的反对

上述使用医疗方法的背景构成了基于政策反对医疗方法专利保护的依据。在大多数大陆法系国家,一种专利化的医疗方法被赋予排除和禁止他人使用该方法的权利。专利不仅会增加患者治疗的费用,而且侵权诉讼的威胁可能使得医务人员使用效率较低的治疗方法,并可能禁止医生为患者提供尽可能好的治疗。

除了专利权主张所引起的实际问题外,将医疗方法排除在专利保护之外的政策也有助于保持一种规范。一种基于医学专业人士之间的职业团结感的规范,可能在伦理上和道德上使他们对自己的行为作出承诺。专利以及强制许可威胁下的商业许可的利益对这一规范产生了挑战。此外,对创新医疗方法的激励可以通过发表论文获得同行认可的形式实现。由于专利权要求专利方法具备新颖性,引入专利保护可能改变医疗行业知识共享的行为模式。医学专业人员可能选择不公开信息,更糟糕的是,他们可能选择不使用该方法来保持新颖性,而不是为了获得同行认可而公布他们使用的方法,从而传播知识。另外,如果从患者那里获取特定数据或信息是用于开发一种创新的方法,例如使用遗传物质进行基因检测,就会产生更复杂的问题,其涉及从患者那里获取信息的权利归属问题。[25]

3.3　日本医疗方法的排除

日本专利法对医疗方法的可专利性作了较为灵活的规定。首先,日本专利法并没有在法规中明确地排除医疗方法。日本专利法确实包括一项一般性条

---

[24]　See similar points raised in the context of the US law by Dreyfuss, R. C. , The patentability of genetic diagnostics in US law and policy, Chapter 1 in this book.

[25]　Ibid.

款，其中排除了违反公共秩序、道德或公共卫生的发明的专利申请。㉖ 其通常被解释为，明显不道德的发明或使用那些可能不道德或危害社会道德健全的发明，都会根据这项法规被排除在外。在这种情况下，如果商业化可能违反道德，这一部分涉及较高生命形式的发明申请专利也可能被禁止。

历史记载表明，日本专利法第 32 条曾规定了其他排除的主题，包括食品、药品（产品）或其组合方法，化学物质和涉及改变原子核的产品。㉗ 食品、药品和化学物质的排除一直存在，直到 1975 年的修正案，1994 年的修正案也取消了对涉及改变原子核的产品发明的排除。㉘

尽管日本专利法没有明确排除医疗产品或方法，但法院和日本特许厅（JPO）解释了关于可专利性的一般条款，即在专利保护中排除医疗方法（如人类的手术、治疗和诊断方法）。特别是，定义发明的第 2（1）条，定义工业实用性的第 29（1）条被用来排除医疗方法。㉙ 由于排除不是基于明确的法规，医疗方法被排除在可专利性之外的方式允许法院具有灵活性，并适应于技术变化发展的实际状况展开实践。㉚ 医生的行为可以根据有限的法定例外情况予以豁免，如根据医生或牙医的处方准备药品的行为。除此之外，法规中没有医生特有的例外，但至少有一名评论员认为，基于第 68 条的个人使用豁免可适用于医生的行为。㉛

3.3.1 医疗方法作为非法定发明

日本专利法第 2（1）条概括地定义了在日本被视为可获得专利权的发明。即发明的定义是"利用自然规律的具有高水平的技术思想的创造"。㉜ 这有时也被称为固有的专利性（tokkyo nouryoku），而不是一般的专利性（tokkyosei）。符合专利资格的发明的一般要求是（1）高水平的创造；（2）一种技术思想；

㉖ Article 32 of the Japanese Patent Act，（Act no 121 of 1959），as revised，unofficial translation is available at：http：//www. cas. go. jp/jp/seisaku/hourei/data/PA. pdf，last accessed on 1 May 2011. Translation is based on the revised law of 2006.

㉗ Article 32 of the Patent Act before 1975 revision，cited in Tamura，Y.（2010），Chitekizaisanhou［Intellectual Property］，5th edition，Yuhikaku，p. 202.

㉘ Tamura，supra n. 27.

㉙ JPO Guideline，supra n. 17 at Part II，Ch. 1.

㉚ Patent Act，Article 69（2）.

㉛ Tamura，supra n. 27.

㉜ Japanese Patent Act，Article 2（1）.

（3）应利用自然规律。这一概念既没有以美国法律的方式区分方法与产品，❸
法规也没有列出如 EPC 中被排除主题的清单。❸

第 2（1）条的核心概念没有法定的定义，因此其通过判例法和 JPO 行政
指南加以解释。在实践中，"高水平"的要求被理解为该技术应满足有效性要
求，❸ JPO 在确定发明时，除了将专利保护与较低门槛要求的实用新型的保护
区分开来之外，并没有实质性地考虑这一点。❸ 相反，作为"技术思想的创
造"的发明的概念影响着是否有符合专利资格的发明。这一概念被认为是受
到了德国对发明的理解的影响，尤其是 19 世纪德国学者约瑟夫·科勒（Josef
Kohler）。❸ 科勒对发明的定义是基于这样的理解：发明只能是由人类创造的东
西，而不是自然创造的东西。因此，已经发现的如化合物或微生物，不能满足
科勒式发明的定义，而只是一种生产这种化合物或合成它们的新方法。

虽然科勒的发明概念是否仍然适用于解释当代日本专利法尚存疑问，❸ 但
法院已经用类似的概念来解释法规中"创造"一词，从而隐然地排除发现或
描述自然规律的权利要求受到专利保护。❸ 同样，作为发明的标准，客观重复
或复制的可能性要求本领域技术人员能够复制发明或实施这种创造。❹

日本的评论人士解释说，技术思想需要发明具有"可以实践和可重复的
实现特定目的的具体手段"。❹ 1999 年，东京高等法院裁定，法律要求发明

---

❸ See Japanese Patent Act as revised, Article 36. See Hidetaka, A. (2000), Tokkyohouno hogono-taishou toshiteno conpyuta sofutowea [Computer software as a subject matter of patent protection], in Institute of Intellectual Property (ed.) nijyuu – itsekini okeru chiteki zaisanno tenbou [Prospect of Intellectual Property of 21st Century], Kato Ichiro, pp. 18 – 19.

❸ 35 USC § 101, European Patent Convention Article 52 (2).

❸ See Tamura, supra n. 27 at 187 – 190.

❸ See also JPO Guideline, supra n. 17 at Part II, Ch. 1.

❸ Kohler, J. (1908), Lehrbuch des Patentrechts, J. Bensheimer: Mannheim, Berlin Leipzig, pp. 13 – 15. See also Yoshifuji, K. (1998), appended by Kumagai, K., Tokkyo Hou Gaisetsu [Lectures on Patent Law], Yuhikaku, p. 51; and Tamura, supra n. 27 at 187 – 190.

❸ See Tamura, supra n. 27 at 188.

❸ Tokyo High Court, Decision of 13 Feb., 1990, Hanreijiho, No. 1348, p. 139 [Method of farming carp or gold fish].

❹ Supreme Court of Japan, Decision of 29 Feb., 2000, Minshu 54 (2) p. 709 [New Peach Variety I], holding that replicability is an important element in finding the patentable invention in the Article 2 (1), low rate of successful replication does not bar patentability.

❹ See, for example, Nakayama, N. (2000), Kougyoushoyuukenhou (jou) Tokkyohou [Industrial Property Law. Vol. 1. Patent Law], 2nd edition, Tokyo: Kobuntou, pp. 94 – 108, an English translation is a-vailable at: http://www.iip.or.jp/e/e_publication/nakayama/part 2. pdf, last accessed on 1 May 2011.

"具有足够的具体手段来实现某一目的，并且可以实际使用……所以它是客观的"。❹ 然而，可重复的并不一定意味着成功重复的频率应该很高。只要本领域技术人员能看到科学的可重复性，那就足够了。❸ 考虑到专利发明形成了一种财产关系的基础，基于权利要求的披露，要求发明的技术思想客观地可重复和具体的实例化似乎是合乎逻辑的。

虽然与"技术思想"一词有关，但"利用自然规律"一词被认为是一项单独的要求。由于硬件和机器很容易满足这一要求，所以对于传统的主题来说，利用自然规律的门槛是很低的。在日本，这一要求是否旨在排除自然规律，其本身不具有可专利性，还是将利用自然规律的技术与使用其他类型逻辑规则（游戏规则、商业原则、任意安排、经济法、数学算法）的技术区分开来，仍存在争议。❹ 在与计算机程序有关的发明和商业方法专利领域，这种对自然规律利用的要求似乎表现为在其主张的发明中使用了多少技术手段（如硬件资源）。❺

在实践中，技术思想和自然规律的要求是结合使用的。JPO 的审查指南包括了一些被 JPO 认为是非法定主题的例子。❻ 这些主题包括自然规律，仅仅是发现而不是创造，违背自然规律的，不使用自然规律的，非技术的思想，或不能通过权利要求中提出的方法来解决的。❼ 因此，计算机编程语言，与经济法则、任意安排、数学方法或智力活动、游戏方法本身有关的，都被认为是非法定的主题，因为它们没有利用自然规律。相比之下，个人技能（如扔球的方法），仅仅展示信息（如机器的操作手册），以及审美创造不被认为是法定的主题，因为它们不是技术思想的创造。❽

医疗方法验证了可专利发明的概念如何应用。值得注意的是，在 JPO 的审查指南中，医疗方法并没有作为非法定主题的例子。❾ 如前所述，医疗方法是基于医生对特定疾病与患者数据之间相关性的观察而开展的。❺ 考虑到医疗方

---

❹   Tokyo High Court decision of May 26, 19999, Case. No. Hei 9 (Gyo Ke) 206, See also Japanese Supreme Court (1977) Showa 52, 13 October, Hanrei Times 335, p. 265.

❸   See supra n. 40.

❹   See Tokyo High Court, Decision of 25 Dec. 1956, Case No. Showa 31 (Gyo Na) 12, Gyoshu 7 (12), p. 3157 [Billboard Advertising Method]. See also Tamura, supra n. 27 at 188 – 190, 192 – 193.

❺   JPO Guideline, supra n. 17 at Part VII, Ch. 1.

❻   Ibid.

❼   Ibid, Patent disclosure is subject to Article 36 (4) of Japanese Patent Law.

❽   JPO Guideline, supra n. 17 at Part II, Ch. 1.

❾   Ibid.

❺   See reference in supra n. 11.

法的性质，可以认为，描述将症状与疾病联系起来的诊断和治疗方法很可能被认为是对自然规律的发现，因此根据第 2（1）条是不可申请专利的。或者，也有可能认为医疗方法是个人技能，而不是客观可复制的技术方法。然而，目前的 JPO 实践并没有采用这种理论。相反，在下一节中，JPO 基于工业技术的概念拒绝了医疗方法的专利申请。❺

使用工业技术的概念而不是使用自然规律或发现理论的动机可能是基于这样一个事实：医疗方法并不局限于描述自然规律的方法。医生使用的复杂的医疗方法可能依赖于辅助医生的技术手段或电脑设备。随着信息、数据和图像处理技术的进步，设备在医疗中广泛应用于识别、确定和分析患者数据以及设计治疗方案。计算机程序和机器人被集成到外科手术和患者的治疗中。❺ 可以说，这些提高技术创新的准确性或效率的动机，可能不同于医生基于患者状况和症状的心理过程而人工地和直接地在患者身上使用和实践的那些医疗方法。与此同时，在日本，医疗方法也可以以符合可复制技术的发明定义的方式，被符合逻辑地描述和主张。

排除医疗方法除了应用发明定义背后的固有逻辑之外，使用工业上适用的发明甚至可以排除那些本来符合发明定义的方法。在这种情况下，对排除或列入可专利性的主题的方法必须加以谨慎的区分，而工业技术的概念似乎是为此目的而使用的。

总之，虽然日本的法律不再包含医疗方法作为主题的具体排除，但似乎仍存在一种理论上的可能性，即在法规中发明的定义可用于拒绝请求保护如纯粹认知，抽象的或心理步骤的医疗方法专利，其被视为是自然规律的发现。利用发明的法定定义，作为利用自然规律具有高水平的技术思想的创造，理论上有可能排除那些可被视为要求自然规律或被视为主观或不可复制的技能的医疗方法。然而，正如下文详细探讨的那样，这一理由目前尚未在 JPO 的实践中采用。

3.3.2 医疗方法作为非工业应用的发明

在日本，除非该技术是被法定禁止的，或有可能与公共秩序、道德或公共卫生相抵触，只要发明是新的、有创造性和工业上适用的，就应被授予发明专

---

❺ Tokyo High Court, Decision of 11 April 2002, Surgical Navigation Technologies Inc. v. JPO, 1828 Hanreijiho 99.

❺ See, for example, Jolesz, F. A., A. Nabavi and R. Kikinis（2001）, Integration of interventional MRI with computer－assisted surgery, J. Magn. Reson. Imaging, 13, 69－77.

利。[53] 正如上文所述，根据发明的定义，对医疗方法没有明确的法定限制，而且一般来说，医疗方法不被明确地判定为违反公共秩序或道德。尽管如此，JPO 在审查专利申请时考虑到第 2 条第（1）款和第 29 条第（1）款的要求，即根据对"工业上适用的发明"的评估，排除医疗方法。[54] 因此，在日本专利法中，工业实用性被用作技术上的特定排除，而不是在法规中明确区分医疗方法和其他过程。[55]

一般而言，工业实用性并不被认为是对可专利性发明的重大限制。因此，它被认为是排除美学或学术作品的依据，并形成一个低门槛。[56] 日本对工业实用性的要求与美国法律对实用性的要求是相当的，[57] 但该要求的重点与美国现行法律对实用性的强调略有不同。如果美国法律的实用性要求侧重于发明的"真实的"价值上，[58] 并通过审查具体实质性效用来检验发明实际上是否如所声称的那样运作，[59] 那么日本的工业实用性的要求则侧重于商业和工业上。作为专利法中旨在促进工业发展的客观条款的实施，[60] 标准不仅检验发明的有用性，而且还检验其有用性的应用领域。如果发明的有用性与工业无关，则不得授予专利。工业在这里被广泛地解释为包括农业、林业以及服务业。[61] 值得注意的是，这为拒绝那些可能只具有学术或个人用途的发明，以及可能不会被用于贸易的发明，开创了可能性。

对工业的广义定义的一个例外是医疗实践和医疗保健，但包括制药工业。[62] 这种对工业的理解逻辑上允许药品，包括药品、设备和器械获得专利，因为它是"工业"的一部分，而将在提供医疗服务期间直接用于患者的有限方法排除在产业范围之外。同时，至少有一位评论员认为，这种灵活的解释可以作为医生使用医疗方法的借口，因为医疗方法可能不适用于工业，医疗行业

---

[53] Japanese Patent Act, Article 29.

[54] JPO Guideline, supra n. 17 at Part II, Ch. 1.

[55] Ibid.

[56] Nakayama (2000), supra n. 41 at 224 – 229.

[57] 25 USC §101.

[58] Nelson v Bowler, 626 F. 2d 853 at 856 (CCPA 1980).

[59] Chisum, D., C. A. Nard, H. F. Schwartz, P. Newman and F. S. Kieff (2004), Principles of Patent Law, 3rd edition, Foundation Press at 735; Brenner v. Manson, 383 US 519 (1966), In re Brana, 51 F3d 1560 (Fed. Cir. 1995). See also USPTO, Manual of Patent Examining Procedure (MPEP) as revised 2010, at §2107, available at: http://www.uspto.gov/web/offices/pac/mpep/index.htm, last accessed on 1 May 2011.

[60] Japanese Patent Act, Article 1.

[61] Nakayama, supra n. 41 at 94 – 108.

[62] See Tamura, supra n. 27 at 201.

也不被认为是"工业"。[63]

JPO 目前的做法反映了医疗行业与制药工业的区别。在最新版本的审查指南中，JPO 将下列主题列为工业上不适用的发明：（1）人类的外科手术、治疗或诊断的方法；（2）商业上不适用的发明；（3）实际不适用的发明。[64]

其中，第二个和第三个例子强调了一个事实，即工业实用性可能受到商业和实际使用环境的影响。JPO 进一步阐述了第二项要求，包括"（i）仅用于个人使用的发明，如吸烟方法（ii）仅用于学术或实验目的发明"。[65] 然而，在对这两种类型的解释中，审查指南将仅针对个人和学术及实验使用的发明与可向最终用户销售的发明区分开。因此，个人使用的发明，如一种可供美容师销售的卷发方法，即服务工业，或一种为教育服务业销售的实验用具，将被视为具有必要的工业实用性。[66]

考虑日本专利法禁止在贸易中使用专利保护的发明，但豁免个人使用或研究和试验使用保护专利的情况，以这种方式排除商业上不适用的发明是合乎逻辑的。日本专利法将专利权的效力延及以营利为目的实施专利发明，并且排除了个人使用。[67] 此外，日本专利法第 69（1）条规定了研究和试验使用的例外情况。[68] 可以说，这种限制是非常有限的。对 JPO 商业适用性的解释说明，如果发明可以在贸易中进行销售，发明的目的在禁止发明的可专利性方面并不起重要作用。

第三个要求强调，能用于产业的发明应该有在实践中实施的能力，而不仅仅是理论上的。这等同于美国法律中实用性的要件，并经常结合发明的具体披露要求加以审查。[69] 这可以进一步解释为，理论作为对自然规律的描述，超出了日本发明的定义。

首先是关于排除医疗方法的一般性表述。然而，这种排除在某种程度上是有限的。JPO 审查指南中列出了以下三类被排除的医疗方法：

通常由医生实施"医疗活动"的医疗方法，包括由医生指导的医疗方法，

[63] Ibid, and Japanese Patent Act Article 68, which defines the scope of patent right to working of invention as a business.

[64] JPO Guideline, supra n. 17 at Part II, Ch. 1.

[65] JPO Guideline, supra n. 17 at Part II, Ch. 1.

[66] Ibid.

[67] Japanese Patent Act, Article 68.

[68] Japanese Patent Act, Article 69 (1). See also, Supreme Court Decision of 16 Apr. , 1999, Minshu 53 (4) p. 627 [Guanidino benzoic acid derivative] affirming that the exception applies to the use by generic firms for regulatory approval, after patent term expiry.

[69] Japanese Patent Act, Article 36 (6) (i) and (ii).

避孕或分娩的方法，通常在动物身上进行的没有明确排除人类实践的医疗方法。[70]

因此，避孕和分娩方法被排除在外，而且，治疗方法还包括给药方法以及预防、准备治疗和提高治疗效果的补充方法，或护理方法。[71] 特别注意，手术方法不包括整容手术，而口腔、外鼻孔和外耳道等外部腔内使用的方法也不包括在内。[72] 牙科方法可从这一表述中受益。

这些排除有几个例外。上述例子表明，排除可能仅限于那些专门由医生使用的方法，因此，如果一种方法既可由患者治疗的医生使用，也可由没有医生指导的其他人（如医学研究人员）使用，则不属于排除范围。

更普遍的例外是，排除仅限于方法，如果一项发明可以针对某一产品，则排除将不适用。事实上，根据日本现行法律，如以计算机程序产品为例，可作为产品在市场上出售的程序，则可作为产品被请求保护，并可作为产品享有保护范围。[73] 同样，一种已知物质的新医疗用途，如在以不同剂量和给药（剂量方案）治疗特定疾病的新应用中，则被认为是一种产品的医疗发明。[74] 此外，产品联用也不属于排除范围。[75] 因此，即使给药方法被认为排除在外，但如果权利要求是针对某一活性成分的用途，或其联合应用，它将不被排除。[76]

JPO 审查指南中给出的进一步阐述，例外还包括控制医疗设备操作的方法，包括为医疗设备提供的功能性和/或系统性的操作，除非所主张的发明中包括由医生采取的行动。[77] 因此，使用可编程设备的大多数医疗方法将不会被排除在医疗方法之外，而且被认为是可专利的，除非这些权利要求撰写中医生对设备的干预或操作是必要的。

医疗方法排除也不包括从患者那里收集信息的方法（例如提取和分析样本和数据，预处理方法），除非这些方法涉及基于这些信息的判断或处方或治疗/手术计划的步骤，或者权利要求涉及这种医疗方法（例如，抽血方法）。[78]

---

[70] JPO Guideline, supra n. 17 at Part II, Ch. 1, para. 2.1.1.

[71] Ibid.

[72] Ibid.

[73] Japanese Patent Act, Article 2 (3) (i) definition of a working of an invention of a product includes computer program.

[74] JPO Guideline, supra n. 17 at Part VII, Ch. 3.

[75] JPO Guideline, supra n. 17 at Part II, Ch. 1, para. 2.1.1.

[76] 然而，由于排除了配制组合药物的例外，医生和医疗保健专业人员将被免除专利责任。Japanese Patent Act, Article 69 (2).

[77] JPO Guideline, supra n. 17 at Part II, Ch. 1, para. 2.1.1.2.

[78] Ibid.

因此，如果权利要求涉及方法或与其相关的装置的技术，则该方法是可专利的。

类似的，处理样本的方法也是排除规则的例外，除非提取的样品要返回人体（例如血液透析），但要符合进一步的特定条件。特别地，JPO审查指南规定了以下方法，即使是在将样品返还给人体的情况下，也具有专利资格：

1. 一种利用从人体收集的原料生产医药产品（如血液制剂、疫苗、转基因制剂和细胞医学）的方法。

2. 一种通过利用从人体收集的原材料来制造医疗材料的方法（例如，人体某部分的人工替代物或可供选择的替换物，如人造骨、人工培养的皮肤等）。

3. 一种利用从人体收集的原料制造医药产品或医药材料的中间产品的方法（例如细胞的分化和诱导方法，细胞的分离和纯化方法）。

4. 一种分析利用从人体收集的原料生产的医药产品或医药材料或中间产品的方法。[79]

2003年日本专利法修订本加入了对从人体采集的样本进行处理的例外情况，这为再生医学领域的产品和使用基因疗法的产品提供了可专利的可能性，这是由东京高等法院关于一种断层成像方法发明的裁决引发的，下文将对此进行探讨。[80]

3.3.3 判例法

日本的判例法表现出，难以区分哪些医疗方法可能受到保护，哪些可能得不到保护。在判例法中，最重要的标志似乎是人为干预。[81] 如果由人（如主治医师）参与的步骤作为可申请专利的主题中排除的标准，则可能产生问题，因为与医学实践有关的所有步骤最终都将涉及医疗专业人员参与的步骤。

1970年，一个早期案件表明东京高等法院对法定发明要件的解释是，如果人的存在是实施一项与医疗有关的发明的必要因素，那么它将被视为不属于法定的主题。[82] 在2008年，知识产权高等法院裁定了一个案件，涉案发明是牙

---

[79] Ibid, at para. 2.1.1.3.

[80] Tokyo High Court, Decision of 11 Apr., 2002, Hanreijihou, No. 1828, at 99. 〔Process and Device for Optical Representation of Surgery〕; see also JPO, Application of Methods related to Medical Activity to the Patent Law（2003）, available at：http：//www.jpo.go.jp/shiryou_e/toushin_e/shingikai_e/pdf/iryou－wg_re.pdf（last accessed 3 May 2011）.

[81] Tokyo High Court, Decision of 22 Dec, 1970, Hanrei Times No. 260 at 334（Method of using ionized tooth brush）.

[82] Ibid.

科的一种治疗方法，尽管没有提出医疗方法可专利性问题，但提出了计算机程序辅助牙科治疗规划师中有关自然规律要件的问题。在基于美国专利提出的PCT申请的专利申请案中，[83] 请求保护的发明是一种牙科治疗网络系统，牙医和拥有患者数据的数据库的牙科实验室，通过通信网络进行沟通，以互动方式为患者制订牙科治疗计划。日本专利申请的权利要求 1 涉及，"一种基于计算机的网络服务器牙科修复系统，该系统拥有数据库、通信网络和多台计算机"以及各种识别和确定方法。JPO 以修改超出了修改所允许的范围，以及缺乏法定主题为由，最初拒绝了这一申请。在上诉中，知识产权高等法院裁定，一项包括智力活动和方法的发明，如果是针对智力活动本身的，或从权利要求中获得的发明的实质是与智力活动有关的，则该发明是非法定的。[84] 然而，当发明的实质是支持精神活动的，而权利要求涉及支持或替代智力活动步骤的技术手段时，发明不被排除。[85] 因此，法院认为这项发明是可专利性的，并且广泛地解释了利用自然规律的概念。

在裁决中使用的宽泛的语言似乎表明，日本专利法第 2（1）条所规定的发明的定义，针对智力活动的发明本身与支持智力活动的技术手段是不同的。这为计算机化医疗方法的可专利性提供了可能性，这些方法被视为是支持性技术手段，例如为日本患者设计治疗方案。

与计算机辅助方法作为牙科医学辅助手段的积极前景相反，涉及外科手术方法和使用从患者身上收集的材料的可专利性的日本判例，并不是积极的。在2002 年，东京高等法院裁定，根据现行日本专利法的法定语言和实践，一项用于手术再现的方法和装置的发明是不可申请专利的。[86] 这项发明的专利最初在德国申请，并作为 PCT 申请在日本申请。[87] 基于 EPC 请求保护的装置，实质上相同的发明被有效地授予了各个 EPC 国家的专利。该发明是一种计算机辅助手术方法的典型例子，其使用设备和非 X 射线断层扫描来进行图像处理，以协助外科医生，减少患者暴露于放射线。

东京高等法院承认有必要保护这类创新，并承认保护的理由是令人信服的，特别是在医疗器械和药品的专利保护方面，但法院裁定，根据日本现行专

[83] IP High Court, Decision of June 24 2008, Case no. Heisei 19（Gyo ke）No. 10369，［Interactive Dental Restorative Network］. However, the Court treated the subject matter question as the question of industrial applicability and rejectedit under the industrial applicability requirement.

[84] Ibid.

[85] Ibid.

[86] See references in supra n. 80.

[87] PCT Publication n. WO/19888/009151.

利法，请求的发明不可申请专利。法院还指出，医生所实施的医疗方法需要从根本上进行不同的考虑。[88] 法院特别指出，专利保护的一个后果是，由于医生担心专利侵权责任，那么就会妨碍医生实施有用的外科手术、诊断和治疗活动。[89] 该决定引发了有关医疗方法的立法辩论，导致修订了 JPO 审查指南，其中明确规定，控制装置操作的方法是可专利性的。[90] 然而，在辩论之后，并没有任何方向的法律修订。

尽管对 JPO 审查指南进行了修订，使得有可能要求保护再生医疗产品，但法院一致裁定，不允许对医疗方法申请专利。[91] 在 2009 年的一项决定中，知识产权高等法院裁定，将这类产品作为一种普通药物使用的方法，仍然被认为是排除在可专利的医疗产品之外的。[92] 原专利申请涉及一种使用具有弱磁性的抗菌再生产品治疗皮肤病患者的方法。专利申请的权利要求已从一种方法修改为一项产品权利要求。JPO 驳回了修改后的申请，因为该修改不是可允许的形式，认为医生正常医疗活动而实施的医疗方法作为请求保护的主题是可专利的发明。[93] 再生医学是委员会在 2003 年的报告中强调的领域，该报告讨论了一般医疗方法的可专利性的问题。[94] 该报告强调，有必要对这些再生药物授予专利，因为除医生以外的人参与了细胞培养过程，这些人的行为应被视为专利法的意义上的"工业"。该报告导致了 JPO 实践的修订，目前包括用人体细胞制造医疗产品的方法被认为是工业上适用的发明，因此未被法律排除在外。[95]

知识产权高等法院的决定并没有质疑再生医学是否可获得专利。[96] 该决定质疑专利权利要求是否请求保护对患者应用再生医学的方法，而不是生产产品的方法。法院维持了 JPO 的审判决定并裁定，尽管专利申请人作出了修改，但发明实质上描述了一种通常在患者身上进行的医疗活动方法，因此被排除在专利保护之外。

---

[88] See supra n. 80.

[89] Ibid.

[90] See JPO, Draft Examination Guideline on the Industrially Applicable Invention of 2004 for public comments, available at: http://www.jpo.go.jp/iken_e/pdf/iken_e20050224_1/01.pdf.

[91] IP High Court, Decision of 21 Jan, 2009, Case no. Heisei 20 (Gyo - ke) No. 10299, [Method of Regenerating Cells].

[92] Ibid.

[93] JPO Trial Decision of 26 June, (2009) Decision No. 2006 - 9327 (P2006 - 9327/J1).

[94] Report of the Patent System Subcommittee of the Industrial Structure Council Intellectual Property Committee, the Medical Activity Working Group (WG), 2003, available at: http://www.jpo.go.jp/shiryou_e/toushin_e/shingikai_e/pdf/iryou - wg_re.pdf.

[95] JPO Guideline, supra n. 17 at Part II, Ch. 1, para. 2.1.1.3.

[96] See supra n. 91.

3.4   结   论

在日本，专利法没有明确将医疗方法排除在可专利性的主题之外，排除是由 JPO 通过解释专利法的实践而实现，❿ 这使得对医药领域新出现的方法的排除变得灵活，并使医疗方法的可专利性特别依赖于 JPO 的实践。为了应对不断变化的实践，2009 年 JPO 修改了审查指南，其中包括改变有关医疗方法可专利性的实践。这在很大程度上被认为是反映医疗行业变化的修订，也是扩大医疗方法专利资格范围的变化，反映了制药行业和医疗行业不断变化的创新环境。❿

正如本章和本书其他章节所探讨的，医学上使用的诊断、治疗方法的性质，以及追踪的困难，可能使这些医疗方法特别不适合遵守专利财产权规则。虽然在考虑其他医疗器械和药品的专利保护情况下，医疗方法的排除是没有道理的论点听起来是合理的，❿ 但专利法包含了对固有监管逻辑的各种例外。医疗方法排除中一个重要的考虑因素是患者治疗政策。正如马克拉伯（Machlup）早些时候所观察到的，当专利保护的好处尚不明确时，最好的办法是谨慎行事。❿

从这一点出发，日本专利法通过对工业适用发明的解释来规范患者医疗保健创新的方式提供了灵活性，允许对创新产品的保护，同时将那些直接用于患者的医疗方法排除在医学实践之外。从提供更多灵活性的意义上来说，这可能是从可专利的主题中明确法定排除的一种替代办法。然而，这种灵活性可能通过对方法起草产品权利要求而导致法律条文的规避。但是，如判例法所示，当通过修改权利要求作出这种尝试时，法院根据其对涉及方法的原始权利要求的可专利性进行评估。

监管的灵活性还有另一个警告——这种方法将很容易被解释，如果法院和 JPO 选择以允许所有医疗方法获得专利的方式来解释法律，那么就没有明确的

---

❿ Japanese Patent Act, Article 29.

❿ See for example Yokota, N. (2009), Patent Eligibility Expanded, Managing Intellectual Property, 25 - 27.

❿ See supra n. 9 and accompanying texts.

❿ Machlup, F. (1958), An Economic Review Of The Patent System (Subcommittee on Pat. Trademarks & Copyrights of the Senate Comm. on the Judiciary), 85th Cong., Study No. 15, 1958, 79 - 80. See also Machlup, F. and E. Penrose (1950), The patent controversy in the nineteenth century, The Journal of Economic History, vol. 10, 1 - 29.

法令来阻止这种解释。如果不希望使用明确的法定语言，扩大排除的适用范围以及扩展性解释可能是一种选择。正如本章所探讨的，目前存在的例外情况，如在贸易、研究、实验用途和药物生产方面的应用，有可能被应用于医学创新和研究过程中产生的更广泛的行为和使用。如果采用灵活的解释来扩大专利性，平衡的解释在逻辑上要求关于豁免和排除的解释方面具有类似的灵活性。

4

美国：专利期限补偿与非专利独占权

Margo A. Bagley[1]

美国为从事药物发现和市场销售的公司提供了多种法定工具，使其产品获得最大限度的独占期，延缓仿制药进入市场竞争。这些工具包括专利保护、专利期限补偿，以及销售、数据、儿科试验和孤儿药独占期。

在美国，大多数传统的药物广泛地接受和依赖这些工具。在2006年，在排名前40位畅销药品的1000亿美元总销售收入中，有大约39%的收入是在专利期限补偿和独占期内获得的。[2]然而，使用这些工具来维持药物开发的激励机制与其对药物成本和可及性的负面影响之间一直处于持续的紧张关系中。[3]而且，将这些工具输出到其他国家的工作已经产生了阻力和争议。此外，对于大分子药物即生物制品应该给予何种程度的独占权的问题在美国颇有争议，在撰写本章时仍未解决。

本章综述了美国的各种药品独占权最大化工具，它们的不同之处，以及它们如何单独或联合使用以扩大创新制药公司产品的市场优势。本章还将涉及一些与创新公司成功延长制药产品生命周期所取得的成果相关的争议。

---

[1] 弗吉尼亚大学法学院法学教授。

[2] See Clift, C. (2008), The value of patent term extensions to the pharmaceutical industry in the USA, Journal of Generic Medicines, 5, 201.

[3] See FTC, (2002), Generic drug entry prior to patent expiration: An FTC study, available at: http://www.ftc.gov/os/2002/07/genericdrugstudy.pdf (accessed 23 March 2011). 维持适当的奖励措施以促进新药物产品的发展是至关重要的，因为所需的研究和开发是高风险和高投入的。制药工业的新发展，……继续给美国带来巨大的利益。与此同时，医药产品的支出继续增长并经常超过其他消费产品的支出。药品支出不仅涉及消费者，也与政府支出、个人健康保险和雇主相关。与品牌药相比，仿制药提供了节省大量成本的机会。

4.1 美国药品上市审批程序简史

目前，一家公司如寻求在美国销售药品，则必须向美国食品和药品管理局（FDA）提交如下三种之一❹的申请以获得上市许可。可以选择提交一份新药申请（NDA），❺ 其中包括药品临床研究安全性和有效性的数据；一份 505（b）（2）申请，❻其引用了先前已进行的关于药品安全性和有效性的研究结果，而无须依赖于申请者完成的临床研究数据；❼或一份简化新药申请（ANDA），❽其需要在仿制药和原研药之间显示出生物等效性来替代新的安全性和有效性研究。药品的独占权与这一申请程序密切相关；因此，了解美国如何设立这些申请选项以及它们在控制药品市场准入方面所起的作用是有必要的。

4.1.1 在 Hatch－Waxman 法案之前的解决方式

1938 年的联邦食品、药品和化妆品法案（FD&C 法案）造就了现在的 FDA，并赋予 FDA 审查所有新药安全性的权利。❾ 寻求全新药物化合物上市的企业被要求提交一份 NDA 以证明药品是安全的。FDA 对于随 NDA 提交的未公开的安全性数据作保密处理；因此，仿制药公司不能依靠这些数据获得竞争产品的上市许可。

1962 年，FD&C 法案的修正案补充要求，药品企业必须通过至少两项对人体受试者进行"充分和良好控制的临床研究"的实质性证据从而在安全性基础上显示出有效性。❿这些要求既增加了创新者公司的药物开发成本，也减少了这些创新者从研发投资中获益的时间，因为很大一部分专利可能在 FDA 批准之前到期。

同时，除了那些 1962 年前的 FDA 已经为之建立特殊审评程序的老药以外，一些仿制药正在进入市场。⓫然而，仿制药企业确实在相关专利到期前就

---

❹ 美国专利法第 355（a）条"有效地批准申请的必要性"规定，除非根据本条（b）项或（j）项提交的申请获得批准，这种药物是有效的，否则，任何人不得引入或运输任何新药进入州际贸易。

❺ 21 USC § 355（b）（1）.

❻ 21 USC § 355（b）（2）.

❼ See infra, n. 34, and accompanying text. 21 CFR 314. 126.

❽ 21 USC § 355（j）.

❾ 21 USC § 301 et seq.

❿ 21 CFR 314. 126.

⓫ See FTC,（2002）, Generic drug entry prior to patent expiration：An FTC study, available at：http：//www.ftc.gov/os/2002/07/genericdrugstudy. pdf（accessed 23 March 2011）, at 20. 申请人也可以依赖已发表的药物数据提交申请。

启动了 FDA 的上市审批程序，以便在专利到期后即刻或不久后将获批产品引入市场。[12]这一策略在联邦巡回上诉法院关于 *Roche Products，Inc. vs Bolar Pharmaceutical Co.，Inc* 案的判决中遭受抨击，上诉法院认为，竞争生产者不能在专利到期之前开展对于获得 FDA 审批的专利药品的仿制形式的上市许可所必需的制造和试验活动。[13]在 Roche 公司的原研药品 Dalmane ® 的专利期满前，Bolar 公司获得了其活性成分氟西泮（florazepam），并开展生物等效性试验以寻求 FDA 批准 Dalmane ® 的仿制药上市。Roche 公司起诉 Bolar 公司专利侵权，初审法院法官裁定 Bolar 公司的行为落入了普通法的"试验使用"，属于专利侵权例外，Roche 公司败诉。在上诉中，联邦巡回上诉法院逆转这一裁定，将"试验使用"例外的解释限缩至适用于不具有商业目的试验。根据法院的说法：

> 非常明确的是，特别是，即使没有任何制造或销售的行为，对于发明专利的使用也是可被起诉的……因此，专利权人不必有任何损失或滞销的证据以提起侵权诉讼……我们裁定试验使用的例外是非常狭窄的，且在目前的情况下我们不会将其扩大……Bolar 意图的"试验"使用完全是为了商业原因而不是娱乐、满足好奇心，或纯粹的哲学探索。[14]

因此，*Bolar* 案的判决对于需要向 FDA 申报上市许可的企业而言建立了事实上的专利期限延长，因为仿制药竞争者在专利期满之前甚至不能开始审批程序。毫不奇怪，这一判决引起了相当大的争议，甚至引起了已经关注到市场上仿制药品竞争以及 FDA 对于 NDA 的审评时间延长的国会的注意。[15]

4.1.2 Hatch – Waxman 法案

1984 年的药品价格竞争和专利期限补偿法案（Hatch – Waxman）的一个主要目的就是推翻 *Bolar* 案的判决，但它的意义更为深远。[16]该法案俗称 Hatch – Waxman 法案，实现了在原研药物公司对于补偿在 FDA 上市审批程序中损失的专利期限的需求和公众通过准许仿制药品在原研专利过期后迅速进入市场以获

---

[12] Engelberg, A. (1999), Special patent provisions for pharmaceuticals：Have they outlived their usefulness? IDEA, 39, 395 (describing the pre – Roche v Bolar environment).

[13] 733 F. 2d 858 (Fed. Cir. 1984).

[14] 733 F. 2d 858 (Fed. Cir. 1984), at 861 – 3.

[15] See, for example, Voet, M. (2008), The Generic Challenge：Understanding Patents, FDA & Pharmaceutical Life – Cycle Management, 2nd edition, Brown Walker Press, Boca Raton, 123；Engelberg, A. (1999), Special patent provisions for pharmaceuticals：Have they outlived their usefulness? IDEA, 39, 395.

[16] Pub. L. No 98 – 417, 98 Stat. 1585 (1984) (codified as amended in scattered sections of 21 USC, 35 USC, and 42 USC).

得降价药品的需求之间建立一种微妙的平衡的新突破。❶依据该法令，原研药企业可以因 FDA 审批过程中的延迟获得最高达到 5 年的专利期限补偿。正如下文将要讨论的，该法案还为某些情形的药品提供了销售和数据独占期。此外，仿制药竞争者在专利期限内可以从事 *Bolar* 案形式的监管审批活动，可以引用原研企业的临床数据，并鼓励其去挑战原研专利的有效性——所有这些都可以加快仿制药品进入市场。

该法案还建立了一种 ANDA 审批程序以推动和促进向市场引入低价仿制药的进程。依据该法案，仿制药品企业需要证明它们的药物与原研药物是"药学等效"和"生物等效"的，意味着它们具有相同的活性成分、给药途径、剂量和疗效。❶建立生物等效性反过来消除了针对仿制药进行新的昂贵和费时的安全性和有效性研究的必要性。

通过该法案创建的用于平衡原研和仿制企业之间竞争利益的框架是复杂的、非直观的，而且遗憾的是，易受到影响和控制。❶ 考虑到 *Bolar* 案判决，该法案包含一个"安全港"，俗称 Bolar 例外，其中规定了仅从事与 ANDA 供

❶ See, for example, FTC, (2002), Generic drug entry prior to patent expiration: An FTC study, available at: http://www.ftc.gov/os/2002/07/genericdrugstudy.pdf (accessed 23 March 2011); Kucukarslan, S. and J. Cole (1994), Patent extension under the drug price competition and Patent Term Restoration Act of 1984, Food & Drug L. J., 49, p.511. 2003 年，医疗保险处方药、改进和现代化法案 Pub. L. No 108 – 173, 117 Stat. 2066 (MMA) 对 Hatch – Waxman 制度作了几项重要改变。FDA 仍在审查一些适用于 MMA 之前的规则的药物申请；然而，在讨论 Hatch – Waxman 制度时，本章将重点讨论 MMA 实行后的情况。

❶ 21 USC 355 (j) (2) (A) (iv) (2010); see also FTC, (2002), Generic drug entry prior to patent expiration: An FTC study, available at: http://www.ftc.gov/os/2002/07/genericdrugstudy.pdf (accessed 23 March 2011).

❶ 多年来，无论是创新药还是仿制药公司都试图以多种方式"玩弄制度"：例如，获批的仿制药，推迟开始 180 天独占期，"虚假的"提交第 IV 段声明，延迟支付协议，等等。尽管在 2003 年医疗保险处方药、改进和现代化法案 Pub. L. No 108 – 173, 117 Stat. 2066 (MMA) 中有些策略已经被排除或弱化了，但是还有不少存在。See, for example, Jon Leibowitz, Chairman, Fed. Trade Comm'n, Pay – for – Delay Settlements in the Pharmaceutical Industry: How Congress Can Stop Anticompetitive Conduct, Protect Consumers' Wallets, and Help Pay for Health Care Reform (The $35 Billion Solution), Address at the Center for American Progress (23 June 2009), addressing reverse payment settlements, available at: http://www.ftc.gov/speeches/leibowitz/090623payfordelayspeech.pdf (accessed 20 April 2011); Hemphill, C. S. (2006), Paying for delay: Pharmaceutical patent settlement as a regulatory design problem, NYU L Rev., 81, 1553 (same); Pous, N. (2009), Shifting the balance between branded and generic pharmaceutical companies: Amendments to Hatch – Waxman past, present, and future, Fed. Cir. B. J., 19, 306 – 312 (describing exploited flaws in, and past fixes for, Hatch – Waxman); Chen, T. (2007), Authorized generics: A prescription for Hatch – Waxman reform, Va. L. Rev., 93, 459 (discussing how authorized generics frustrate Hatch – Waxman goals). Pay – for – delay settlements are discussed in more detail in the text accompanying footnotes infra, nn.25 – 31.

FDA 审批"合理相关"的准备过程不构成专利侵权行为。[20]例如，与 ANDA 提交文件相关的生物等效性研究不构成侵权。然而，该法确实造成了一种特殊类型的专利侵权行为：即不需要发生制造、使用、许诺销售、销售或进口受保护的发明，仅仅提交一份 ANDA 申请以寻求 FDA 批准受到有效专利保护的药品的仿制行为被认定为侵犯专利权。[21]

在提交 NDA 后，原研公司必须告知 FDA 涉及"该 NDA 申请人提交申请的药物的全部专利……以及可以在哪些方面合理地主张专利侵权"。[22]FDA 将上述专利列入一份名为"经过治疗等效性评价的已批准药品集"的汇编中，该汇编因使用了橘色的封面而被俗称为橘皮书。仿制药品竞争者在提交 ANDA 申请时必须就橘皮书中列出的产品专利作出以下 4 段之一的声明：

第 I 段：没有专利信息被提交到 FDA；

第 II 段：专利已经过期；

第 III 段：专利将在某一日期届满，在 FDA 批准 ANDA 之前；

第 IV 段（最常见）：未过期专利是不可实施的，或其权利要求是无效的，或制造、使用、许诺销售、销售或进口该 ANDA 涉及的仿制药不会侵犯专利权。[23]

提交第 IV 段声明的 ANDA 的提交人必须在 20 天内向专利权人和 NDA 持有人（如果是不同机构）提交一份详细的陈述，包括专利是不可实施的，和/或它的权利要求是无效的和/或将不会侵权的事实和法律依据。专利权人将有45 天时间以提起侵权诉讼，在这一期间内 ANDA 提交人被禁止进行宣告式审判。如果专利权人未能在 45 天内提起诉讼，FDA 可以批准 ANDA 和/或 ANDA 提交人可以尝试提出专利无效、不可施行和/或不侵权的宣告式审判。如果专利所有人在收到第 IV 段声明通知后 45 天内提出诉讼，那么 FDA 将暂停对于 ANDA 批准，直到以下几种情形的最早日期：（1）专利到期日；（2）法院在专利诉讼中确定不侵权或专利无效；或（3）从收到第 IV 段声明开始的 30 个月的遏制期结束。对于一个新的化学实体，上述暂停可能自 NDA 批准之日起延长 7 年半的时间。

---

[20] 35 USC § 271 (e) (1).

[21] 35 USC § 271 (e) (2). See also Teva Pharm. USA, Inc. v Novartis Pharm. Corp., 482 F. 3d 1330, 1342 (Fed. Cir. 2007).

[22] See US Dept. of Health & Human Servs. et. al. (2010), Electronic orange book: Approved drug products with therapeutic equivalence evaluations, available at: http://www.fda.gov/cder/obwww.fda.gov/cder/ob, accessed 23 March 2011.

[23] 21 USC § 355 (j) (2) (A) (vii) (I) - (IV).

如果仿制药竞争者赢得了专利诉讼，它将获得 180 天的市场独占期，在这一期间 FDA 将不批准其他仿制药产品。[24]180 天的独占权是一种有价值的激励，它与 Bolar 例外共同鼓励企业引入仿制药以及挑战和消除无效的药物专利以降低消费者的药品费用。

然而，这一诉讼/独占计划产生了意想不到的后果：延迟付款（PFD）或"反向支付"和解。这些交易是非常有争议的，因为它们似乎是允许仿制药品挑战者和药品专利持有人之间进行牺牲消费者的合谋行为。[25]在典型的专利侵权案件中，被指控的侵权人需要向专利持有人支付和解费用以避免审判。然而，在 PFD 情况下，专利权人向被指控的侵权人支付款项，通常伴随着这样的协议，即仿制药可以在专利到期前进入市场和/或在 180 天独占期内，原研企业将不会引入授权的仿制药与该仿制药竞争。

联邦贸易委员会在 1999～2004 年在申请强制执行行动中强力地和成功地挑战了上述协议，并受到 2003 年联邦第六巡回上诉法院对于这些协议本身不合法的裁定的协助。[26]然而，自 2005 年以来，联邦第二、第十一巡回上诉法院支持上述协议免受反垄断攻击，因而 PFD 协议的数量呈现增长趋势。[27]2010 年联邦贸易委员会（FTC）的报告指出，在 2005 年仅有 3 个 PFD 协议，而 2009 年达到 19 个，并估算这些协议每年使美国消费者损失 35 亿美元。[28]最近，联邦

[24] 如果多个申请人达到条件则可以分享独占期（1）针对同一项专利，在同一时间提交 ANDA 申请和第Ⅳ段声明或者（2）针对同一种药物的不同剂量或剂型提交 ANDAs 和第Ⅳ段声明。See Korn, D. E., Lietzan, E. and S. W. Scott (2009), A new history and discussion of 180 - day exclusivity, Food & Drug L. J., 64, 343,（讨论了 MMA 发展前后关于 180 天独占权的 FDA 和司法解释）。然而，尽管罕见，180 天的独占权可以通过几种方式被收回：首个申请者未能在如下时间中较早的那个时间节点将药品上市：（AA）最后获批的 75 天内；或者（BB）ANDA 提交的 30 个月后；或者（bb）在截止日期之后的 75 天内，对于每一项具有独占权的专利，至少如下一项已发生：（AA）无效或不侵权的最终决定。（BB）在最后判决之前已经达成和解。（CC）NDA 持有者从橘皮书中删除专利，如果另一个 ANDA 提交者获得专利无效的最终判决，而首个提交者在该判决的 75 天内不开始销售，也会被收回；如果首个提交者撤回了 ANDA 申请或第Ⅳ段声明（或对其进行修改），或者药物列出的所有专利在仿制药上市前过期。21 USC 355 (j) (5) (D)。

[25] Ibid. Such challenges are on the rise, with 230 lawsuits, most brought by generic companies filed in the US in 2010 compared with just 81 in 2005. See Roane, K. R. (2011), Generics new legal attack: Big pharma's aging patents, Fortune, available at: http://money.cnn.com/2011/03/11/news/companies/big_pharma_lawsuits.fortune, accessed 31 March 2011.

[26] See In re Cardizem CD litigation, 332 F. 3d 896 (6th Cir. 2003).

[27] See Schering - Plough Corp. v Fed. Trade Comm'n, 402 F. 3d 1056 (11th Cir. 2005); In re Tamoxifen Citrate Antitrust Litigation, 466 F. 3d 187 (2d. Cir. 2006); In re Ciprofloxacin Hydrochloride Antitrust Litigation, 544 F. 3d 1323 (Fed. Cir. 2008).

[28] Federal Trade Commission Staff Report, Pay - for - delay: How drug company pay - offs cost consumers billions, available at: http://www.ftc.gov/os/2010/01/100112payfordelayrpt.pdf.

第十一巡回上诉法院在 2012 年再次支持了 PFD 交易，指出它的反竞争效果落入专利的独占权潜在范围内，因为该交易并没有意图在专利期限届满后将仿制药排除在市场之外。❷然而，仅仅 3 个月后，联邦第三巡回上诉法院基于对"专利范围"的分析逆转撤销了一项支持两份该类协议的简易判决，❸取而代之的是下列尝试：

　　必须将专利权人向同意推迟进入市场的仿制药专利挑战者支付的任何款项作为不当的贸易限制的初步证据，这可以通过表明该支付（1）并不是以延迟进入为目的或（2）提供了某些利于竞争的利益来进行反驳。❸

　　美国联邦最高法院在联邦第十一巡回上诉法院的 *FTC vs Watson*（现 *Activis*）案中准予签发调解书来解决巡回上诉法院之间的分歧。存在的问题是："是否可认为反向支付本身是合法的，除非其潜在的专利诉讼是虚假的或者专利是以欺骗手段获得的（如以下法院的观点），或者相反的，反向支付被推测是反竞争的和非法的（如联邦第三巡回上诉法院的观点）？"法院在 2013 年 3 月 25 日听取了口头辩论，但是，在本书撰写时，这一重要案件尚未作出判决。

　　如果橘皮书列出的药品没有未过期的产品专利，只有方法专利，且该药品已被 FDA 批准用于不包含在以上列出的方法专利中的某些用途，仿制药可以作出第 VIII 段声明：即他们只将该药品销售用于不包括在橘皮书中列出的任何专利中获批准的用途。❸然而，FDA 并不核对橘皮书中由专利权人列出的信息的准确性，因而有时专利权人将声明他们的方法专利涵盖了所有批准的应用以避免仿制药竞争对手通过第 VIII 段声明提交申请。这就是 *Caraco Pharmaceutical Labs, Ltd. vs Novo Nordisk A/S et. al.*, 132 *S. Ct. 1670*（2012）案的情形，美国联邦最高法院支持仿制药公司提起反诉的权利，以获取专利权人更正或删除橘皮书专利信息的指令，"理由是该专利没有要求保护…一种［至少一种］获批的药物使用的方法"。❸但是，如果医生没有在处方上详细说明药物的预期用途，而且如果药房只是简单地用一种仿制药替代一种品牌药而不管任何规定的用途，*Caraco* 案的实际效果可能只是在没有产品专利保护的情况下，对原研公司的这类使用方法专利的价值的剖析。

　　Hatch – Waxman 法案还建立了一种获得上市许可的第三条路径，即 505（b）（2）申请。考虑到一个完整的 NDA 和一个 ANDA 的混合，505（b）（2）

---

❷　Fed. Trade Comm'n. v Watson Pharmaceuticals, Inc., 2012 WL 1427789（April 25, 2012）.

❸　In re K – Dur Antitrust Litig., No. 10 –2078, slip op.（3d Cir. July 16, 2012）.

❸　Ibid, p. 33.

❸　21 USC § 355（j）（2）（A）（viii）.

❸　Ibid, at p. 1682, citing 21 USC § 355（j）（5）（C）（ii）（I）.

申请允许申请人在不全面补充安全性和有效性研究以及没有获得原研 NDA 申请人"授权参考"的情况下获得 FDA 对于新药的市场销售许可。作为替代，申请发起人可部分依赖于 FDA 先前批准药物（"参考药物"）的安全性和有效性的研究结果，只需提供确保与参比药物相比安全性和有效性不存在任何差异的研究即可。**❸❹**

在 Hatch – Waxman 法案中，对于仿制药企业的 Bolar 例外和市场独占权的激励政策与对于原研企业的名为市场和数据独占期以及专利期限补偿的激励政策达到了平衡。下一节讨论了这些面向原研企业的政策，以及在过去几十年里其他由国会提供的专利和非专利独占权。

4.2 专利期限补偿政策

美国专利允许其持有者在专利权利存续期间在美国禁止他人制造、使用、销售、许诺销售或者进口该发明专利。**❸❺**有意义的专利独占权因为专利可保障企业积累收入而被广泛认为是激励原研公司开发和销售新药的关键因素。药物专利实质上往往比其他行业的专利更有价值：事实上，全球专利价值的一半以上归因于少数大型制药公司持有的专利。**❸❻**相应地，专利权的期限尤为重要，因为它决定了独占期限的长度，从而影响创新动机和药品成本。**❸❼**

世界贸易组织管理的《与贸易有关的知识产权协定》（TRIPS）规定了成员必须提供知识产权保护的最低水平和类型。TRIPS 第 33 条规定，"对于专利权，可获得的保护期限在自申请日起计算的 20 年时间届满前不得终止。"当然，在这一最低期限要求中隐含的解释是各国可以提供超过 20 年的专利期限。自 1984 年以来，美国开始推动通过专利期限延长和期限调整对药品专利保护的期限进行补

---

❸❹ See 21 USC § 355（b）（2）；21 CFR 314. 54. See also The 505（b）（2） new drug application – a rapid approval route，available at：http：//regprofessional. com/resources/505（b）（2）. pdf（accessed 13 April 2011）.

❸❺ 35 USC § 271（a）（2010）.

❸❻ Bessen，J. and M. J. Meurer（2008），Patent Failure：How Judges，Bureaucrats，and Lawyers Put Innovators at Risk，Princeton Univ. Press，Princeton，p. 9.

❸❼ See，for example，Nordhaus，W. D.（1969），Invention，Growth，and Welfare：A Theoretical Treatment of Technological Change，MIT Press，Cambridge，Mass.，p. 76（positing that longer patent terms increase invention but concomitantly increase monopoly associated losses）.

偿，以作为一种鼓励制药行业的药物发现和创新的方法。[38]

4.2.1　专利期限延长

作为允许仿制药企业在专利期内通过 Bolar 监管审查豁免来进行事实上可能侵犯专利权的活动的交换条件，Hatch – Waxman 法案提供了最长不超过 5 年的专利期限补偿以抵消由于 FDA 规定的上市前的安全性和有效性试验以及审批行为的损失。[39]这一期限补偿政策可能是最重要的独占权增强，特别是对于高度成功的药品而言。在 1988～2008 年，超过 500 个产品受益于 Hatch – Waxman 期限延长。[40]

该期限延长仅适用于需要在上市或使用之前经过监管审查期的药品的未过期专利，以及制造或使用这类药品的专利。[41]为了获得期限延长，专利权人需要在 FDA 完成相关药品审评后的 60 天内向 USPTO 提交延长申请。[42]专利期限延长的是在自专利签发日之后的相当于监管审查期的时间，最长可达到 5 年，

---

[38]　See Abrams, D. S. (1999), Did TRIPS spur innovation? An analysis of patent duration and incentives to innovate, U. Pa. L. Rev., 157, 1626 (Under some rough assumptions, we find that magnitude of innovation should increase with increasing duration of patent protection). But see Kapczynski, A. (2009), Commentary: Innovation policy for a new era, J. of Law, Medicine & Ethics, 37, 264, (patent policy must not be mistaken for medical innovation policy. Patents are merely one way to promote innovation ... patents have known problems ... they generate both static and dynamic inefficiencies).

[39]　See 35 USC §156.

[40]　See Clift, C. (2008), The value of patent term extensions to the pharmaceutical industry in the USA, Journal of Generic Medicines, 5, 201.

[41]　35 USC §156 (a) & (f). Calculating the end of the sixty – day period has, in some cases, been more difficult than one might expect, and the USPTO has flip – flopped on the way it measures the period. See Karst, K. R. (2008), Counting to 60 – a task that is perhaps more difficult than one might think; AstraZeneca cries foul over PTE application timeliness calculation method, FDA Law Blog, available at: www. fdalawblog. net/fda _ law _ blog _ hyman _ phelps/2008/07/counting – to – 60. html (accessed 30 March 2011), (discussing AstraZeneca's charge of USPTO calculation inconsistency). See also Pous, N. (2009), Shifting the balance between branded and generic pharmaceutical companies: Amendments to Hatch – Waxman past, present, and future, Fed. Cir. B. J., 19, 306 – 312 (describing the USPTO's changing interpretation). Section 37 of the Leahy – Smith America Invents Act (AIA) (Pub. Law No. 112 – 029), titled Calculation of 60 – day period for application of patent term extension, signed into law 16 September 2011, is designed to fix the calculation problem for companies (one in particular, that missed the filing deadline) but the issue of the constitutionality of the provision, and its applicability is still the subject of litigation at the time of this writing.

[42]　35 USC §156 部分规定：(a) 要求保护产品、使用方法或者制造方法的专利期限可以根据该节规定从原始的失效日开始延长，包含第 154 (b) 节规定的专利期限调整，只要：
(1) 在依据 (d) (1) 分段申请延长之前专利尚未到期；
(2) 专利的期限从未依据 (e) (1) 分段获得过延长；
(3) 由登记专利的专利权人或其代理人提交延长申请，并符合第 (1) 款至第 (4) 款的第 (d) 分段的要求；
(4) 该产品在上市前经过了监管审查期；和
(5) (A) ……产品是在上述监管审查期后获批上市或使用的首个获批的产品……

并减去在监管审查期内任何专利权人"未尽责"的时间。❸

　　USPTO 负责基于 FDA 计算的监管审查期确定延长期的长度。监管审查期由两个部分组成：试验阶段和审批阶段。人用药品的试验阶段是自允许尚待批准的药品跨州运输以在临床试验使用的研究性产品豁免生效日期（研究性新药申请）至 NDA 首次提交的时间段。批准阶段是自提交至批准 NDA 以获得上市许可的时间段。FDA 还负责尽职调查的请愿和听证会。任何人都可以提交一份尽职调查请求书以挑战 FDA 关于监管审查期时间的决定，只要请求书在决定发布后的 180 天内提交。❹如果 FDA 确定 NDA 申请者在一段时间内没有尽责，就会在某一阶段的监管审查期减去申请人在该阶段未尽责的时间。❺然后，在缩减之后剩余的试验阶段的一半时间加上审批阶段的剩余时间即构成 USPTO 可以批准延长的总时间。❻

　　补偿期自专利的初始到期日起延长；但是，自 FDA 上市批准日起，加上补偿期的总专利期限不得超过 14 年。❼例如，如果 FDA 批准的药品可以获得最高 5 年的延长期，但是其在监管审查期结束时还有 11 年的原始专利期限，那么只能申请延长 3 年的专利期限。此外，一项产品的每个监管审查期只有一项专利可以被延长。如果 FDA 批准了一种组合产品，该产品的活性成分中至少要有一项没有获得过在先前被 FDA 批准的涵盖新批准的活性成分专利的期限延长。❽

4.2.2　法定和特设专利期限调整

　　1995 年 6 月 8 日，为了遵循 TRIPS 第 33 条的规定，美国将自专利授权之日起计算的 17 年专利期限的规定修改为自专利申请日起计算的 20 年专利期限。除去其他因素外，这一变化意味着即便专利申请人无过失，USPTO 在专利审查和授权的延迟将显著缩短专利保护期限至远低于原先规定的 17 年的期限。为了补救这种预料之外的后果，国会在 1999 年美国发明人保护法（AIPA）中引入了一

---

❸　35 USC §156（c）（1 & 2）.

❹　See FDA (2009), Small business assistance：Frequently asked questions on the patent term restoration program, available at：http：//www. fda. gov/Drugs/DevelopmentApprovalProcess/SmallBusinessAssistance/ucm069959. htmwww. fda. gov/Drugs/DevelopmentApprovalProcess/SmallBusinessAssistance/ucm069959. htm（accessed 30 March 2011）.

❺　Ibid. However, no due diligence petitions have been filed to date.

❻　Ibid. 35 USC §156（c）（1&2）.

❼　35 USC §156（c）（3）.

❽　See FDA (2009), Small business assistance：Frequently asked questions on the patent term restoration program, available at：http：//www. fda. gov/Drugs/DevelopmentApprovalProcess/SmallBusinessAssistance/ucm069959. htm（accessed 30 March 2011）.

项条款，允许对于美国专利的期限进行调整以弥补 USPTO 的延迟。

根据编入美国专利法第 154（b）条的规定，专利的期限可以因 USPTO 的行政过程中的各种延迟进行调整而延长。例如，对于一项申请，USPTO 预期其审查和授权的期限应不超过 3 年。如果 USPTO 未能在自实际的美国专利提交日起 3 年内完成专利授权，就必须按日延长该专利的超过 3 年的审查直到授权之间的每一天。[49]但是，因申请人造成的延误将从该专利有权享有的专利调整期中扣除。由于 USPTO 的专利申请大量推迟，大约 80% 的授权专利可获得一定的专利期限调整（PTA）。[50]

在 *Wyeth vs Kappos* 案中，[51]联邦巡回上诉法院认为，USPTO 已经低估了专利权人所应享有的 PTA 期限。由此带来的改变相当显著，将平均的 PTA 期限增加了 6 个月，即从 14 个月增加到 20 个月。[52]

一项专利可以同时获得专利期限调整和依 Hatch – Waxman 法案的专利期限延长。然而，期限延长和调整之间的一个重要区别是，在专利申请中提交终止声明的效果。专利期限调整不适用于以终止声明为条件的专利。[53]而终止声明不影响依 Hatch – Waxman 法案的专利申请期限延长的资格，其仅是自终止声明中指定的期限结束时开始计算。[54]

这一期限调整不限于药品，而是适用于所有专利。然而，其对药物专利特别有益，其影响程度与期限延长相当甚至更多，因为药物市场独占权往往在专利期限即将结束时变得更有价值，即 PTA 可以相当有意义。例如，至少有一项专利获得了 8 年的 PTA。[55]

---

[49] 35 USC § 154（b）（1）（B）.

[50] See Crouch, D. (2010), The impact of Wyeth on patent terms, Patently O, available at：http://www.patentlyo.com/patent/2010/04/the – impact – of – wyethon – patent – terms.html（accessed 30 March 2011）. See also USPTO（2011）, Data visualization center, available at：http://www.uspto.gov/dashboards/patents/main.dashxml（accessed 27 July 2012）（showing a June 2012 backlog of 632, 981 patent applications）.

[51] 591 F.3d 1364（Fed. Cir. 2010）.

[52] See Crouch, D. (2010), The impact of Wyeth on patent terms, Patently O, available at：http://www.patentlyo.com/patent/2010/04/the – impact – of – wyethon – patent – terms.html（accessed 30 March 2011）（comparing pre and post – Wyeth PTAs）. See also Luckow, V. A. and S. C. Balsarotti（2010）, Statistical analysis of Federal District Court cases seeking longer patent term adjustments in the wake of Wyeth v Kappos, John Marshall Rev. of Intell. Prop. L., 10, 1.

[53] 35 USC § 154（b）（2）（B）.

[54] Merck v Hi – Tech Pharmacal, 482 F.3d 1317, 1319（Fed. Cir. 2007）.

[55] See Crouch, D. (2010), The impact of Wyeth on patent terms, Patently O, available at：http://www.patentlyo.com/patent/2010/04/the – impact – of – wyethon – patent – terms.html（accessed 30 March 2011）（注：2010 年 4 月的一项专利被调整了超过 8 年，超过 500 项专利获得超过 3 年的期限调整）.

国会也可以通过颁布法令在特定的基础上延长个别专利的期限。例如，在1996 年，由 Monsanto 公司销售的抗炎药奥沙普森（Daypro）的专利依据一项紧急支出法的附加法案给予了延长。[56]以 1999 年尝试通过一项法案来延长氯雷他啶（Claritin）和其他几种药物的活性成分的专利期限为例，这样的努力并不是总能成功。[57]

4.2.3　"通配"专利期限延长

国会已经在尝试着实施另一种类型的专利期限延长，也被称为可转移的专利延长或"通配"延长。这一条款被很贴切地命名因为其理论上允许专利权人延长其选择范围内任意专利的期限，其取决于专利权人是否符合特定的要求，以鼓励特定目标领域的药物研究，例如开发一种新的抗生素或应对恐怖主义活动。[58]

事实是，这种延长不一定必须涉及符合要求的已获得专利，而是可能用于扩大一种不同的重磅炸弹药物的独占期，使得创新药公司非常希望获得这样的延长。[59]反过来，如果一项专利的期限被任意延长超过两年时间，其可能严重威胁竞争对手在专利到期后引入仿制药的计划。[60]"通配"专利期限延长已经

---

[56]　Omnibus Consolidated Rescissions and Appropriations Act of 1996, Pub. Law, 104 – 134, 110 Stat. 1321. The provision intended to benefit Daypro reads：SEC. 2105.（a）总则：在制定本法时，任何持有者都有权上市销售一种非甾体类抗炎药（1）包含一种在前获得专利保护的活性成分；（2）FDA 已经就新药申请审查了超过 120 个月的时间（3）在 1992 年 10 月 29 日获得 FDA 的安全性和有效性批准，并被授予自 1997 年 10 月 29 日之后两年的在美国生产、使用、许诺销售、销售、进口的独占权利，根据美国专利法第 154（a）（1）条。

[57]　See Riordan, T.（1999）, Patents：Claritin and six other drugs hope to get a little congressional help on further patent protection, The New York Times, 10 May 1999, Section C, p. 13, Column 4. Congress did extend exclusivity for Claritin both in the Hatch – Waxman Act and in an obscure addendum to the Uruguay Round Agreements Act. It is estimated that those two extensions, coupled with pediatric exclusivity resulted in over ＄13 billion dollars for Claritin's producer. See Hall, S. S.（2001）, The Claritin effect; Prescription for profit, New York Times, 11 March 2001, at 640.

[58]　See Schulman, J.（2009）, Patents and public health：The problems with using patent law proposals to combat antibiotic resistance, DePaul L. Rev., 59, 232（describing wild card legislative proposals）.

[59]　See Spellberg, B. et al.（2008）, The epidemic of antibiotic – resistant infections：A call to action for the medical community from the Infectious Diseases Society of America, Clinical Infectious Diseases, 46, 155（［O］f all of the potential solutions, transferable patent extensions are generally acknowledged by pharmaceutical companies to be, by far, the incentives most likely to successfully stimulate new antibiotic development）; Spellberg, B. et al.（2007）, Societal costs versus savings from wild – card patent extension legislation to spur critically needed antibiotic development, Infection, 35, 168.

[60]　See New bioterrorism bill would bust health care budgets, GPhA, available at：www. medicalnewstoday. com/articles/23622. php（accessed 31 March 2011）（注：该法案包括"通配"条款，可以应用于公司的投资组合中，为与生物恐怖主义完全无关的产品的品牌制药公司的意外之财）. 该方案也包含了额外的新抗生素和其他反恐重点药物的有效期延长。

被建议列入例如生物盾（Bioseld）Ⅱ反恐法案中，❻上述条款可能被列入未来的法案中，尽管还没有确定颁布日期。

4.3　非专利独占权

除专利权独占所赋予的市场优势外，药物开发者也可以通过一个或多个非专利独占权工具来阻碍竞争对手。事实上，在未获得专利保护或专利保护已经过期的情况下，这些工具可以在某种意义上替代专利保护。

4.3.1　Hatch – Waxman 独占权

如前所述，在鼓励仿制药引入和原研药的创造之间的 Hatch – Waxman 法案平衡的部分涉及了监管审查期豁免/专利期限补偿交易。然而，该法案还创造了新化学实体和新临床研究独占权形式的对企业从事新药开发和销售的其他激励。❻

新化学实体独占权

为了鼓励开发新的（而不是改进的）药物化合物，Hatch – Waxman 法案为新化学实体（NCE）即以前未被 FDA 批准的活性成分（也称为活性部分）的药物提供了 5 年的独占期。❻ 这种独占权是特别珍贵的，因为它甚至不允许仿制药申请人在该阶段提交一个 ANDA 或 505（b）（2）申请，即使该申请涉及不同的用途、存在形式（如酯或盐），或剂量。❻因此，NCE 独占权的有效期是从获得上市许可的 5 年加上新申请所需的审批时间。

5 年的独占期存在一种例外情况。如果仿制药申请人通过在提交 ANDA 或 505（b）（2）申请时附上第Ⅳ段声明以挑战 NCE 在橘皮书中列出的专利，仿制药可以在自 NDA 获批上市之日起 4 年后提交申请。在这种情况下，FDA 在

---

❻　Project Bioshield II Act, S. 975, 109th Cong. § 301 (2005).

❻　Thomas, J. R. (2010), Pharmaceutical Patent Law, 2nd edition, BNA Books Arlington, pp. 432 – 437, and 438. As mentioned in supra, n. 24 and accompanying text, the Act also created a 180 day marketing exclusivity for the first successful generic ANDA paragraph IV filer. See 21 USC § 355 (j) (B) (iv). 然而，正如 Thomas 教授所解释的那样，这种排他性确实创造了一种"双头垄断"，因为市场是由仿制药公司、品牌药公司和任何具有品牌名称的公司共同授权的。

❻　在先获批药物的盐或酯没有获得 NCE 独占期的资格。See 21 USC § 355 (c) (3) (E).

❻　21 USC § 355 (c) (3) (E) (ii) (for 505 (b) (2) applications); 21 USC § 355 (j) (5) (F) (ii) (for ANDAs). 然而，在理论上，申请人可以使用自己的临床数据提交完整的 NDA，FDA 可以在 5 年内接受并批准。

NDA 获批日之后的 7 年半时间内将不会批准该仿制药申请。⑥因此，NCE 独占期是仿制药竞争进入原研药市场时机的一个关键因素。

新临床研究独占权

除了 5 年独占期激励 NCE 开发，Hatch – Waxman 法案也通过对于新临床研究（NCS）给予 3 年的独占期以激励对现有药物的改进。⑥与 NCE 独占权不同，NCS 独占权并不排斥 FDA 接受 ANDA 或 505（b）（2）申请，仅仅是在NDA 的批准之日起 3 年后才能批准它们。

NCS 独占权仅适用于披露对于 FDA 批准其申请所必要的新临床研究的申请，例如药物的新适应证、剂型或处方药/非处方药转换。此外，该研究还必须满足以下几个方面的要求。它必须是：①新的（未在之前的审批中使用）；②由申请人实施/发起；和③实施于人体而不是生物利用度/生物等效性研究。⑥

NCS 独占权的一个重要限制是它只适用于该项研究支持的特定产品用途。因此，仿制药竞争者可以在 3 年内获批不同适应证或剂型。⑥

上述 Hatch – Waxman 独占权都是有价值的，但它们并不是唯一的选择。儿科试验、孤儿药和生物制品独占权是国会创建的其他 3 种激励药物开发和试验的工具。

4.3.2 儿科试验独占权

近日，百时美施贵宝和赛诺菲 – 安万特宣布，美国 FDA 对它们取得了巨大成功的血液稀释剂 Plavix 批准给予额外 6 个月的市场独占权。⑥2009 年，波立维（Plavix）在全球的销售额仅次于辉瑞公司的立普妥（Lipitor），达到 91亿美元，其中 56 亿美元来自美国，这使得额外的 6 个月独占期具有特别重要的经济价值。该公司通过评估波立维是否降低 900 名出生时患有一种罕见的心脏疾病婴儿的血液凝块风险的研究获得了额外的 6 个月独占期。⑩

---

⑥ 21 USC §355（c）（3）（E）（ii）（for 505（b）（2）applications）；21 USC §355（j）（5）（F）（ii）（for ANDAs）.

⑥ 21 USC §355（c）（3）（E）（ii）（for 505（b）（2）applications）；21 USC §355（j）（5）（F）（ii）（for ANDAs）. 与 NCEs 类似，在理论上，申请人可以使用自己的临床数据提交完整的 NDA，FDA 可以在 3 年内接受并批准。

⑥ See 21 USC §355（c）（3）（E）（iii）.

⑥ See Thomas, J. R. (2010), Pharmaceutical Patent Law, 2nd edition, BNA Books Arlington, p. 436.

⑥ Perrone, M. (2011), FDA Extends Plavix Patent by 6 Months, available at：http：// www. wwlp. com/dpp/health/healthy_living/fda – extends – plavix – patent – by – 6 – months（accessed 31 March 2011）（注：制药公司通常会进行这样的测试，即使没有预期的成功，也获得为期 6 个月的专利延期）。

⑩ Ibid.

这类试验正变得普遍，因为制药企业正在寻求在最有利的时间节点：即专利期结束时延长重磅炸弹药物的独占期。在 1988 ~ 2008 年，超过 130 种产品得益于儿科独占权延长；事实上，在 2006 年，排名前 40 位的畅销药品中有 19 种获得了这一延长。❼

儿科的市场独占权首先是由国会在 1997 年 FDA 现代化法案（FDAMA）中提出，❼ 随后依据 2002 年 1 月 1 日的限制条款，在 2002 年儿童最佳药物法案（BP-CA）中被重新授权。❼ 该条款后来依据 2007 年 10 月 1 日的 2007 年食品和药品法修正案（FDAA）的限制条款被进一步扩展，❼ 并实施至 2012 年 10 月 1 日。2012 年食品和药品管理安全和创新法案（FDASIA）在儿童最佳药物法案（BPCA）和儿科研究公平法案（PREA）中附加了限制条款，并将该法案固定下来。

儿科独占权仅适用于针对 FDA 书面要求而进行的研究。❼ 由于多种原因，制药公司只对成年人进行药物试验，尽管这些产品可能对治疗儿童有益。❼ FDAMA、BPCA 和 FDAA 指示 FDA 书面要求 NDA 申请者开展药物对于儿童人群的研究。对该要求的响应是自愿的，但如果创新公司提交了涉及要求中指定参数的报告，它将获得 6 个月的独占权延长，即使该项研究并没有成功地表明该药品对于儿童的安全性和有效性。❼ 由此，儿科独占权条款已成功地鼓励制药公司在儿童群体进行药物试验并产生许多有用的信息。❼

儿科独占权的授予相当于对研究发起人拥有的、涉及所研究的活性部分的

---

❼　See Clift, C. (2008), The value of patent term extensions to the pharmaceutical industry in the USA, Journal of Generic Medicines, 5, p. 201.

❼　See Thomas, J. R. (2010), Pharmaceutical Patent Law, 2nd edition, BNA Books Arlington.

❼　Pub. L. No 107 – 109, 115 Stat. 1408 (2002).

❼　Pub. L. No 110 – 185, 121 Stat. 823 (2007).

❼　See 21 USC § 355A (b) (1) (instructing the Secretary to make a written request for pediatric studies if information relating to the use of a new drug in the pediatric population may produce health benefits in that population).

❼　Reasons include issues of informed consent, growth related complexities, communication barriers and more. See Thomas, J. R. (2010), Pharmaceutical Patent Law, 2nd edition, BNA Books Arlington.

❼　然而，如果 FDA 决定在专利或市场独占权到期前不到 9 个月的时间内决定授予儿科试验独占权，将不会给予任何延期，这显然是为了防止对竞争对手由于该延期的不及时告知而造成损害。21 USC § 355a (b) (2).

❼　See US Gen. Accounting Office (2007), Pediatric drug research: Studies conducted under Best Pharmaceuticals for Children Act, p. 16, available at: www. gao. gov/new. items/d07557. pdf (accessed 31 March 2011), (在 BPCA 指导下的儿科用药研究显示，儿童可能接触过无效的药物、无效的剂量、过量或以前未知的副作用)。这一成果并非没有争议。正如 Thomas 教授指出的那样，一些批评这项方案的人士相信，这一举措"为品牌药公司创造了意外之财，在某些情况下，这些公司从为期 6 个月的独家营销中获得的收入，可能远远超过它们用于儿科研究的费用"。Thomas, J. R. (2010), Pharmaceutical Patent Law, 2nd edition, BNA Books Arlington, 462 – 3. 即使这是正确的，这也是一个价格社会目前愿意为激励此类研究而付出的代价。

全部专利申请增加了一个为期 6 个月的市场独占权。[79]与讨论过的其他形式的独占权不同，儿科独占并不是孤立的。相反的，它与在先授予的独占权、专利、孤儿药或 Hatch – Waxman 独占权相连接，并自较早的独占期限结束之日开始。[80]但是，如果先前的独占权由专利提供，儿科独占不延长专利期限；它只是提供一个 FDA 管理的市场独占权。

4.3.3 孤儿药独占权

通过孤儿药法案提供的 7 年市场独占的目的是鼓励对于药品开发企业来说没有经济吸引力的罕见疾病和症状的药品创新。[81]孤儿药的独占权适用于传统的小分子药物，以及生物制品和医疗器械。[82]它同时适用于专利和非专利产品。[83]自 1983 年生效以来，孤儿药法案促进了超过 350 种药品、生物制品和医疗器械的开发和销售。相比之下，在 1983 年之前的 10 年中只有不到 10 种这类针对罕见疾病的产品上市。[84]

为了获得孤儿药的独占权，该公司（发起人）必须在向 FDA 提交上市审批申请之前请求孤儿药的资格，并且必须被批准用于特殊的适应证。发起人不必是药物的拥有者，也不需要获得药品所有者的许可才能提交孤儿药资格申

---

[79]　21 USC §355a.

[80]　Ibid.

[81]　21 USC § 360bb（依据孤儿药法案定义"罕见的疾病或症状"作为任何疾病或症状包括（a）影响不到 200000 人在美国，或（B）影响超过 200000 人，但是对于在美国开发和生产这种疾病或症状的药物的费用将从这种药物在美国的销售中获得回报是无望的。See also Rzakhanov, Z. 688（concluding the Act had incentivized firms, particularly biotechnology firms, to engage in rare – disease drug development）.

[82]　孤儿药法案，21 USC § 360cc（a）（2006），声明如下：

如果局长：

（1）批准依据该标题第 355 节提出的申请，或者

（2）根据第 42 篇第 262 条发针对罕见疾病或状况的依据本标题第 360 条 bb 项下指定的药物的许可证，在经批准的申请或者颁发许可证之日起满 7 年内，局长将不得批准根据本标题第 355 节提出的另一项申请，也不得根据第 42 篇第 262 条就该药物、该疾病或状况向非该批准申请或该许可证持有人发出另一项许可证。

[83]　在 1985 年法案修正案之前只适用于非专利产品。

[84]　See Developing products for rare diseases and conditions, available at：www. fda. gov/ForIndustry/DevelopingProductsforRareDiseasesConditions/default. htm（accessed 6 April 2011）."尽管孤儿药法案看上去正在实现激励罕见病药物开发的目标，但也难逃争议，一些批评人士认为它提高了药品价格。"See Anticompetitive Abuse of the Orphan Drug Act：Invitation to High Prices：Hearings Before the Subcomm. On Antitrust, Monopolies & Business Rights of the Senate Comm. of the Judiciary, 102d Cong. , 2d Sess. 198（1992）.

请。发起人只需要有开发产品的意愿。⑧

未经批准的药物可以申请孤儿药资格，已经上市的药物可以申请一种新的罕见病适应证。例如，FDA 的孤儿产品开发办公室为儿科适应证药物开放了孤儿药资格，因为它认为儿科患者是"符合孤儿药资格的一个独特的人群，一种疾病或症状在儿童人群中的发病人数低于 200000 人"。⑧因此，发起人可要求对已上市的尚未被获批用于儿童人群的药物进行孤儿药资格认定，条件是进行必要的研究并为药物产品申请儿科适应证。如果被授予 7 年独占权，该药物或生物产品仅可应用于指定的儿科适应证。

一旦获得批准，该 7 年的独占期开始于 FDA 批准上市之日，且 FDA 不能针对同一产品的同样适应证批准另一项申请。但是，FDA 可以批准针对同一药物的不同用途的上市申请。⑧

4.3.4　生物数据独占权

迄今为止，讨论的独占延长工具都是针对传统药物的，通常包括小分子，即化学合成的化合物。⑧这些工具可能并不适合一类日益重要的药物类型，即生物制品。这些物质，源于活的有机体，是由"病毒、治疗血清、毒素、抗毒素、疫苗、血液、血液成分或衍生物……组成的用于预防、治疗或治愈人类疾病或病症"的复杂的大分子。⑧生物制品的开发、生产和复制要比小分子药物复杂得多，但它们具有巨大的治疗前景。

目前，已有 400 多种生物药物用于治疗各类疾病，包括各种癌症、心脏病、中风、肝炎和囊性纤维化等。生物制品也比传统药物昂贵得多。⑨例如，恩利（Enbrel），一种用于治疗关节炎的生物制品，其每年的治疗花费超过

---

⑧　See Developing products for rare diseases and conditions – Frequently asked questions, available at: www. fda. gov/ForIndustry/DevelopingProductsforRareDiseasesConditions/HowtoapplyforOrphanProduct-Designation/ucm240819. htm（accessed 7 April 2011）.

⑧　Ibid.

⑧　如果原研药厂不愿意或无法向市场供应足够的药物，FDA 也可以批准由其他制造商生产同一种药物的申请。See Thomas, J. R. (2010), Pharmaceutical Patent Law, 2nd edition, BNA Books Arlington, p. 463.

⑧　Hatch – Waxman 法案也适用于某些生物合成物产品，如特定的激素、抗生素和组织衍生产品。See 35 USC §156（f）（2）; see also Raines, L.（1999）, Biotechnology and patent term extension issues, Food & Drug L. J. , 54, 239（讨论了对各类药品的监管和治疗缺乏明确的界定）.

⑧　42 USC §262（i）（2010）.

⑨　Tzeng, Linfong（2010）, Follow – on biologics, data exclusivity, and the FDA, Berkeley Tech. L. J. , 25, 136; citing Tauzin, B.（2008）, Biotechnology research continues to bolster arsenal against disease with 633 medicines in development, p. 1.

20000 美元，而使用最昂贵的传统药物的治疗费用约是每年 300 美元。[91]据估计，生物制品的平均成本是小分子药物的 20 倍。[92]生物制品占当前市场上药物的 20%，但该份额预计到 2014 年将增长到畅销药的 50%。[93]另外，预计到 2015 年生物制品将占新药审批的 50%。[94]

FDA 依据联邦食品、药品和化妆品法案并结合 Hatch - Waxman 法案管理大多数传统药物；而大多数的生物制品依据公共安全服务法案进行管理和许可。[95]Hatch - Waxman 法案要求仿制药品企业证明其与专利药品的生物等效性；但是，对于生物制品而言，由于药物的复杂性（结构上的微小差异可能显著影响功能）以及在生产过程中生物固有的变异性，建立生物等效性几乎是不可能的。因此，美国国会在 2009 年颁布、2010 年施行的生物制品价格竞争与创新法案（BPCIA）为这类产品提供了与 Hatch - Waxman 法案不同的简化审批程序。依据 BPCIA，审批是基于相似性而不是生物等效性，这类竞争产品通常被命名为"后继生物制品"（FOB）或"生物类似物"以替代用于传统小分子药物仿制品的术语"仿制药"。与传统药物最为重视的专利保护不同，对于生物制品而言，非专利独占权可能更为关键，部分原因是 FOB 与仿制药在简化审批程序上的区别。生物类似物可能"具有足够的不同以致不侵犯专利权，但是也足够相似，从而有资格通过简化审批途径"，即生物制品专利可能更容易进行规避设计，因此与小分子专利相比价值更小。[96]

BPCIA 规定了两种不同类型的 FOB：生物类似物和可替代生物制品。FOB 可能被 FDA 批准作为生物类似物，条件是申请人必须证明：①FOB 与原研生物制品高度相似，尽管通过分析、动物和临床研究发现，临床上无活性的成分

---

[91] Patton, Z. (2007), Complex Rx: Biologic meds are the wonder drugs of our time. Can we afford them? Governing Mag. , available at: www. Governing. com/archive/archive/2007/oct/drugs. txt (accessed 20 April 2011).

[92] Tumulty, K. and M. Scherer (2009), How drug industry lobbyists got their way on health care, Time, 22 October 2009, available at: http://www. time. com/time/printout/0, 8816, 1931595, 00. html (accessed 12 April 2011).

[93] See Schacht, W. H. and J. R. Thomas (2010), Follow - on biologics: The law and intellectual property issues, Congressional Research Service, (7 - 5700), p. 1.

[94] Tumulty, K. and M. Scherer (2009), How drug industry lobbyists got their way on health care, Time, 22 October 2009, http://www. time. com/time/printout/0, 8816, 1931595, 00. html (accessed 12 April 2011).

[95] 42 USC §262. 不同于提交 NDA，申请生物制剂市场批准的申请人将提交一份生物许可申请（BLA），如果 FDA 批准，该申请将会获得销售该药物的许可。

[96] Grabowski, H. (2009), Data exclusivity for biologics: What is the appropriate period of protection? AEI Outlook Series, 10, available at: www. aei. org/outlook/100068 (accessed 20 April 2011).

存在微小差别；②这两种产品具有相同的作用机制；③原研生物制品先前已经获批该 FOB 的建议用途；④两种产品的剂量、剂型和给药途径是相同的；和⑤生产设施和工艺符合标准，以确保 FOB 将是安全、纯净和有效的。[97] FOB 可能被批准作为可替代生物制品，条件是申请人必须证明：①FOB 与原研生物制品具有生物相似性；②FOB 可以被预期在任何给定的患者身上产生与参考产品相同的临床效果；和③对于在单个个体身上使用超过一次的生物制品，在该生物制品和参考产品之间转换使用所存在的安全性和功效降低方面的风险不大于不进行替换而使用参考产品的风险。[98]

BPCIA 还授予 FDA 管理生物制品的 4 年和 12 年独占权。[99]具体而言，该法案禁止自原研生物制品获批上市之日起 4 年内向 FDA 提出的 FOB 申请。另外，FDA 也不会在原研生物制品获批上市之日起 12 年内批准 FOB 申请。上述独占期限对生物类似物和可替代生物制品均适用。生物制品也适用于前述的孤儿药和儿科独占权。[100]

当仿制药品竞争在 Hatch - Waxman 法案下蓬勃发展时，2009 年联邦贸易委员会的报告详细阐述了为什么 FOB 不一定会在市场上带来相似的竞争挑战和价格降低。它列举了各种预期将限制 FOB 市场进入者的因素，例如：

- 获得 FDA 批准和开发产能的实际成本；
- 由于原研生物药物和 FOB 药物之间缺少自动替代和对于两者的安全性和有效性差异的关注，导致更慢的市场份额获得率；
- 不利于 FOB 的生物制品不同的保险赔偿方案。

这项研究进一步说明：

基于这些因素，FOB 进入市场尽管是重要的，但并不像仿制药竞争那样激动人心。在生物制品市场，FOB 进入市场可能带来超过 2.5 亿美元的年销售额。只有两到三个 FOB 企业可能尝试进入一个特定原研药物产品市场。这些进入者不太可能以超过 10% ~ 30% 的原研产品价格折扣来推出他们的药品……自动替代的缺乏将减慢 FOB 产品市场份额的获取。因此，原研药企业很可能保留其

---

[97] 42 USC § 262 (k) (2). See also, Schacht, W. H. and J. R. Thomas (2010), Follow - on biologics: The law and intellectual property issues, Congressional Research Service, (7 - 5700), p. 5.

[98] 42 USC § 262 (k) (1 - 4).

[99] See 42 USC (k) (7) (A&B). BPCIA 还为第一个可互换的生物药申请人提供了一段市场独占时间，类似于第 180 天的首仿独占权。关于这种独占权的讨论和由 BPCIA 创造的独特的专利纠纷解决方案超出了本章的范围。

[100] 因此，如果 FDA 要求对生物药企业进行儿科研究，4 年和 12 年的排他期将延长 6 个月。此外，如果一种生物制剂获得了孤儿药的认定，FDA 在直到 7 的孤儿药独占权或 12 年的生物药独占权结束期前不会批准 FOB。因此，孤儿药的独占权与生物制品的独占权同时运行。

70%～90%的市场份额，即在 FOB 药品进入后，原研药企业很可能继续获得可观的利润。[101]

上述 FOB 所面临的挑战表明，创新药公司可能有机会降低仿制药竞争并从与传统小分子药物相反的生物制品中获得利润支撑。然而，一些传统仿制药企业也正在探索创新生物制品市场的机遇，因为在某些情况下，改进一种原研生物制品从而在既定的条件下创造一种新的生物制品是有利可图的，它将获得自己的独占期。[102]

在写这篇文章的时候，关于生物制品的 BPCIA 独占权的合理解释还存在一定程度的争议。创新生物制品公司希望 FDA 将 BPCIA 中的"独占权"解释为数据独占，使得竞争对手在 12 年保护期结束之前不能依赖于原研药企业的临床生物制品数据提交 FOB 申请。[103]他们也希望 FDA 将独占条款解释为如果获批的生物制品被改变以提高安全性或有效性，改进后的处方应被授予另外 12 年的独占期。毫不奇怪的是，消费者群体和仿制药企业敦促 FDA 将 12 年解释为仅提供市场独占，并拒绝延迟 FOB 上市因产品"调整"所产生的额外的独占期。此外，在 BPCIA 施行之前已经获批上市的生物制品企业提出，12 年独占权条款对于这类药物完全不适用，没有 FOB 能使用任何原研企业为获得监管部门批准而提交的商业秘密数据，因为这属于违反第五修正案的获取产权（商业秘密）行为。他们提出，数据被提交给政府因为知道这些数据会被永久保密（因为当时并没有 BPCIA 来警告他们这些数据可以被竞争者利用，因此 BPCIA 仅属于参考）。然而，相反的论点是，FDA 是依据生物制品获批的公开事实来评估 FOB 申请，因而数据的保密性并未受到破坏。

4.3.5 出口数据独占权

本章的焦点是美国法律中的独占条款。然而，值得在这里简要提及的是，美国向其他国家输出特殊的独占方式的努力。近几年，在 WTO 多边谈判停滞不

---

[101] Federal Trade Commission (2009), Emerging Health Care Issues: Follow – on Biologic Competition Federal Trade Commission Report, available at: www. ftc. gov/os/2009/06/P083901biologicsreport. pdf, at v (accessed 12 April 2011).

[102] See Schacht, W. H. and J. R. Thomas (2010), Follow – on biologics: The law and intellectual property issues, Congressional Research Service, (7 – 5700), pp. 17 – 18.

[103] See, for example, Mundy, A. (2011), Corporate news: Biotech firms fight generics, The Wall Street Journal, available at: http: //online. wsj. com/article/SB10001424052748703889204576078252260327210. html (accessed 12 April 2011); Volsky, I. (2011), Drug companies, bipartisan group of Senators lobby to fend off competition from generic drugs, available at: www. wonkroom. think progress. org/2011/01/14/biologics – exclusivity/ (accessed 12 April 2011).

前的背景下，一些发达国家，特别是美国以及欧盟和欧洲自由贸易联盟的国家，悄悄地恢复使用区域和双边协议，以达成许可和提高专利保护最低限度来交换特惠贸易利益。仅在 2002～2007 年，美国结束了 11 个双边和地区自由贸易协定（FTA）谈判。美国国会于 2002 年通过了两党贸易促进授权法，为行政部门与美国贸易伙伴提供了达成协议的"快速通道"，使这一系列的协议成为可能。[104]

在 2007 年结束的快速通道体系下，美国国会在提出一项拟议的条约时，必须在一段有限的时间内就整个协议进行表决，且不加修改。此外，该法案的颁布明确规划了知识产权领域的"TRIPS - plus"双边协议目标，之所以这样命名是因为它们要求各方遵守高于 TRIPS 授予的标准。该法案还要求，"与美国签订的任何管理知识产权的多边或双边贸易协定条款反映与美国法律类似的保护标准"。美国多项谈判的 FTA 中的若干"TRIPS - plus"条款，包括由原奥巴马政府主导的 FTA 谈判，[105]与确保其他国家提供与美国类似的药品独占权方式有关。这类"TRIPS - plus"条款包括：为专利审查/监管审批延迟提供的专利期限延长；监管审查豁免；专利持有人同意第三方上市审批；以及对第三方使用试验数据的限制。[106]

临床数据独占权条款因为其可能在没有取得实际专利的情况下造成类似专利的保护而在 FTA 中备受争议。[107]TRIPS 第 39.3 条部分规定：

当需要作为批准使用新化学实体的药品或农业化学品上市的条件，提交了涉及相当大的努力所获得的未公开的试验或其他数据，成员应保护这些数据不受到不公平的商业利用。此外，成员应保护这些数据不被泄露，除非对于保护公众来说是必需的，或除非采取措施确保数据免受不正当的商业利用。（着重强调）

第 39 条中没有规定时间周期，但是美国、欧盟和欧洲自由贸易联盟的 FTA 通常要求国家对于提交给监管部门以获得新药上市批准的数据给予 5～10

---

[104] See Bipartisan Trade Promotion Authority Act, Pub. L. No 107 - 210（2002）.

[105] See, for example, US - Korea Free Trade Agreement, Articles 18.8 and 18.9, available at: http://www.ustr.gov/sites/default/files/uploads/agreements/fta/korus/asset_upload_file273_12717.pdf（accessed 19 May 2012）.

[106] See for example, FTAs between the US and Jordan, Morocco, and Chile, available at: www.ustr.gov; Cullen, D.（2007）, Data protection: The new IP frontier - An overview of existing laws and regulations, Journal of Generic Medicines, 5, 9; Correa, C. M.（2010）, Data exclusivity for pharmaceuticals: TRIPS standards and FTAs, in C. Correa（ed.）, Research Handbook on the Protection of IP Under WTO Rules, Edward Elgar Publishing, Cheltenham, UK and Northampton, USA, p. 717.

[107] See Reichman, J. H.（2004）, Undisclosed clinical trial data under the TRIPS Agreement and its progeny: A broader perspective, available at: www.cptech.org/ip/health/data/Reichman_Bellagio4.pdf（accessed 5 April 2011）.

年的保护。这样的 FTA 条款要求成员方提供比 TRIPS 更多的保护，因而被有些人认为是"TRIPS – plus"。特别是，第 39.3 条要求对不公平商业利用的数据进行保护，但这种措辞并不规定独占权；这种保护可能是通过对使用数据进行补偿来提供的。[108]此外，如果法律明确规定，简化药品上市审批程序可能不会被认为是不公平的商业利用。[109]

考虑到许多成员方为了遵循 TRIPS 关于"在所有技术领域的发明中都可获得"专利的要求，自 2005 年才开始对药品授予专利保护，发展中成员对采用这种条款的抵制并不令人感到惊讶。[110]因此，在这些成员，有许多跨国制药创新公司希望看到数据独占保护的非专利药品，因为它将会，从某种意义上说，替代对这些产品的专利保护。[111]相对的，患者群体、致力于公众健康的人士，以及其他群体对数据独占条款和它们对仿制药竞争和药品降价的负面影响提出了尖锐的批评。[112]虽然美国没有在 WTO 继续坚持 TRIPS 第 39.3 条要求数据独占保护的主张，[113]但是在它每年的贸易法案 301 条款中，仍在推动各成员提供这种保护，以保留对拒绝充分保护知识产权的成员方实施制裁的可能性。[114]

---

[108] See Amin, T. et al. (2006), The Impact of Article 39. 3 in India: A practical perspective, p. 11, available at: http://iilj. org/research/documents/TheImpactofArticle39. 3inIndiaAPracticalPerspective. pdf (accessed 5 April 2011).

[109] Correa, C. M. (2010), Data exclusivity for pharmaceuticals: TRIPS standards and FTAs, in C. Correa (ed.), Research Handbook on the Protection of IP Under WTO Rules, Edward Elgar Publishing, Cheltenham, UK and Northampton, USA, p. 718.

[110] TRIPs Article 27.

[111] See Correa, C. M. (2010), Data exclusivity for pharmaceuticals: TRIPS standards and FTAs, in C. Correa (ed.), Research Handbook on the Protection of IP Under WTO Rules, Edward Elgar Publishing, Cheltenham, UK and Northampton, USA, at p. 717.

[112] See, for example, Reichman, J. H. (2004), Undisclosed clinical trial data under the TRIPS Agreement and its progeny: A broader perspective, available at: www. cptech. org/ip/health/data/Reichman_Bellagio4. pdf (accessed 5 April 2011); Amin, T. et al. (2006), The Impact of Article 39. 3 in India: A practical perspective, p. 11, available at: http://iilj. org/research/documents/TheImpactof Article39. 3inIndiaAPractical Perspective. pdf (accessed 5 April 2011).

[113] 美国在 1999 年对阿根廷发起了一项 WTO 诉讼，指控阿根廷未能充分保护临床试验数据，但阿根廷对美国的主张提出了挑战，该案件最终在 2002 年和解，而阿根廷没有修改法律。See Notification of mutually agreed solution according to the conditions set forth in the agreement, available at: www. wto. org/english/tratop_e/dispu_e/cases_e/ds171_e. htm (accessed 5 April 2011).

[114] The Special 301 reports issued under the Obama administration have somewhat kinder, gentler language and encourage countries to make these changes as opposed to the Bush – era reports chastising them for not making the changes. See 2012 Special 301 Report, pp. 25 – 50, available at: http://www. ustr. gov/sites/default/files/2012%20Special%20301%20Report_0. pdf (鼓励包括阿尔及利亚、阿根廷、智利、印度和印度尼西亚在内的一些国家提供有效的保护，以防止不公平的商业使用，以及未经授权的披露、未公开的测试或其他数据，以获得药品销售许可)。

4.4 结　　论

正如本章所调查的，创新制药公司有大量的方法可以用来延缓市场上的仿制药竞争。这些方法是有争议的，因为它们都会增加药品成本或延缓药品在市场上的降价。然而，这些方法中几项要求涉及了发明、开发和审批创新的新化合物；这一任务对现有制药公司来说似乎越来越难以完成。与研发可发现的、相对较少的 NCEs 相比，有更多重磅药品专利权即将到期和更多的仿制药专利挑战，可以预计，以研究为基础的制药企业将会致力于生物制品的研发，从上述专利和非专利独占权方法中榨取所有可能的利益。

5

欧洲：临床数据、
数据独占权和私人投资保护

Christian R. Fackelmann❶

5.1 引　言

在过去的 20 年中，在欧洲和美国，新的原研药物享有的平均有效专利权
或其他独占权利保护期限❷已经被延长了数年。❸与其他要素相同，这是由于引

---

❶　法学博士，德国联邦司法部部长。

❷　该研究仅涉及合成药物。因为有重要的技术、法律和经济差异，生物制品药物将不会被讨论。特别
是，监管所述生物仿制药的法律框架与一般化学药品有很大的不同。在后一种情况下，仿制药制造商的上市
许可程序可以——如果涉及的仿制药是与原研药生物等效——依据源于原研药企业的卷宗，以证明该仿制药
的安全性和有效性（见下文）。对于生物类似物，事实并非如此："根据定义，生物类似物不是仿制医药
产品，可以预期的是，来自不同制造商或类似的生物医药品与参考药品相比可能存在细微的差异，在
使用过程中建立更丰富的经验之前，可能不完全清楚。"（European Medicines Agency（2005），Similar
Biological Medicinal Products, adopted guideline, No. CHMP/437/04, September, p. 4, available at: ht-
tp：//www. ema. europa. eu/ema/index. jsp? curl = pages/regulation/general/general_content_000408. jsp）. 因
此，在申请上市许可之前，生物类似物的企业通常仍需进行长期、昂贵的临床前和临床试验。因此，
与"经典"仿制药相比，这种仿制药的市场准入和价格竞争强度都是非常不同的。See also Fuhrmann,
Klein and Fleischfresser（2010），Arzneimittelrecht, Nomos Verlagsges. MBH & Co. , paras 223 et seq. ; Ros-
signol（2009），How the European Union reviews and approves "follow – on biologics" or biosimilar products,
International Journal of Risk & Safety in Medicine, 21, 105 et seq. ; Schellekens and Moors（2010），Clinical
comparability and European biosimilar regulations, Nature Biotechnology, 28 et seq.

❸　See Schweitzer（2007），Pharmaceutical Economics and Policy, 2ⁿᵈ edition, OUP USA, New York,
p. 260; Glasgow（2001），Stretching the limits of intellectual property rights: Has the pharmaceutical industry
gone too far? IDEA, 41, 231; referring to The Gale Group（2001），Intellectual property rules: A delicate
balancing act for drug development, Chain Drug Rev. , RX13, 13, assuming an extension of about 50 per cent
on average; see also Engelberg（1999），Special patent provisions for pharmaceuticals: Have they outlived their
usefulness? IDEA, 39, 419 et seq. , referring to Congressional Budget Office（CBO）（1998），How in-
creased competition from generic drugs has affected prices and returns in the pharmaceutical industry, p. 38, a-
vailable at: http: //www. cbo. gov/ftpdocs/6xx/doc655/pharm. pdf（accessed 13 April 2011）（regarding pa-
tent term extension）.

进了相当多的保护药物开发和数据的独占权利（以下简称"补充保护工具"）。本章从经济上，特别是实践中论述了这些权利，即所谓的原研药品数据独占权。❹

本章将从三个不同的角度讨论数据独占权。第5.2节从技术的角度讨论临床数据要求保护的对象是什么，以及在药物研究过程中如何和何时产生这样的数据。第5.3节从法律的角度解释了数据独占的不同类型：各自的要求、保护范围，以及如何制定使用策略。其中，包括对各国和欧洲层面不同的药品上市许可程序的简要介绍并得出结论，第5.4节分析和评估了数据独占权的经济影响：这是一个新形式的知识产权还是仅仅是一个私人投资保护的工具？

5.2 技术观点：临床数据是如何产生的

"所有行业都不同，但有些与其他的区别更大。制药工业适用于后一种类型。"❺所以，药品和其他产品的主要区别是什么，药品开发和上市许可的关键因素是什么？为了理解数据独占期为什么和怎样与原研药、仿制药的研发和上市许可程度高度相关，有必要对药物研究的技术层面有一个基本的了解。关于药物的技术背景的解释，从实验室研究到上市许可需要强调两点。一方面，开发和试验新药所需的研究和开发工作量相当大；平均而言，从发现一个新的活性药物成分到它能够作为药物上市使用要经历超过十年的时间（参见第5.2.1节）；另一方面，开发成本达数百亿美元（参见第5.2.2节）。

5.2.1 临床前及临床研究

现代药物含有两组不同的物质：活性物质或成分以及辅料。活性物质具有特定的药理作用，而辅料则是为将活性成分制成一种合适的剂型，即实际的药品，从而将后者运送到人体内的靶标。❻因此，任何药物的开发过程都是从寻找适合治疗适应证的活性成分开始的，其药理性质需要通过临床前研究确定。

---

❹ 关于其他补充保护方法，值得一提的是其他的出版物：这本书的另一章专门介绍的补充保护证书（SPC）；关于孤儿药的市场独占权，读者可以参考作者的另一份出版物：Fackelmann（2009），Patentschutz und ergnzende Schutzinstrumente im Spannungsfeld von Wettbewerb und Innovation，Carl Heymanns，Cologne，p. 271.

❺ Scherer（1996），Industry Structure，Strategy，and Public Policy，Prentice Hall，New York，p. 336.

❻ Zimmermann（1989），Galenik oder wie aus einem Wirkstoff ein Arzneimittel wird. Teil I：Einführung und chemische sowie physikalisch – chemische Prinzipien，Chemie in unserer Zeit，at 114，161 and 164.

任何活性成分都需要在人体内找到靶标进行结合从而影响疾病的进程。确定靶标和有效成分可通过计算机程序进行（计算机辅助药物设计）。❼

一旦活性成分和靶标被确定，并按计划进行潜在活性物质的合成或分离，对该物质的药理作用进行试验筛选是药理学家的任务：这种试验主要是在细胞水平上进行，也可以通过动物实验。❽通常，筛选后会得到一个以上供临床研究的候选物质。

在接下来的临床试验过程中，选定的物质在具备正式的医学应用资格前需要经过三个步骤。❾在临床Ⅰ期，活性物质被首次试验评估对人体的影响❿（包含 10～30 名志愿者的 1～7 天的试验），⓫以检验对人类进行临床研究的药理学结果的显著性。⓬一旦物质的安全性和有效性得到充分验证，Ⅱ期临床研究则考察物质对于特定医学适应证的效果（通常需要数百名志愿者以及 8～12 周的试验）。⓭Ⅱ期临床的目标，首先且最重要的是，有效性验证、长期用药的兼容性试验和风险评估，以及为接下来的Ⅲ期临床研究确定剂量/浓度。Ⅱ期临床通常以如下的假设（以一种高度简化的形式）结束：如果药物 A 被应用在剂量 B 和剂量 C 区间，那么涉及治疗适应证 D 的成功是可以预期的。⓮

Ⅲ期临床则是在更多志愿者身上考察药物的作用（通常超过 1500 名志愿

---

❼ Stellmach (2005), Patentfhigkeit biologisch aktiver Substanzen, GRUR Int., at 669, with reference to sources in the medical literature; Stapff (2001), Die Arzneimittelforschung in Deutschland – Klinische Studien in der Arzneimittelforschung, DZKF, 28.

❽ Stapff (2001), Die Arzneimittelforschung in Deutschland – Klinische Studien in der Arzneimittelforschung, DZKF, 28; Kutter in Kutter et al. (1978), Arzneimittelentwicklung: Grundlagen, Strategien, Perspektiven, Georg Thieme, Stuttgart, pp. 118 et seq.

❾ Regarding the organisation of clinical studies, see Kröll in: Bernat, Kröll (eds) (2003), Recht und Ethik der Arzneimittelforschung, Manz, Graz, pp. 1, 6 et seq.

❿ For pharmacological details see Ried in Kutter et al. (1978), Arzneimittelentwicklung: Grundlagen, Strategien, Perspektiven, Georg Thieme, Stuttgart, pp. 159 et seq.

⓫ Trampitsch (2004), Generika – Medikamente mit Qualitötsproblemen? Ökonomie & Praxis, 2; Stapff (2001), Die Arzneimittelforschung in Deutschland – Klinische Studien in der Arzneimittelforschung, DZKF, 28, at 29 and 31.

⓬ Zimmermann (1989), Galenik oder wie aus einem Wirkstoff ein Arzneimittel wird. Teil I: Einführung und chemische sowie physikalisch – chemische Prinzipien, Chemie in unserer Zeit, at 114, 161 and 164.

⓭ Trampitsch (2004), Generika – Medikamente mit Qualittsproblemen?, konomie & Praxis, 2; Stapff (2001), Die Arzneimittelforschung in Deutschland – Klinische Studien in der Arzneimittelforschung, DZKF, 28, at 29 and 31; Bundesverband der Pharmazeutischen Industrie e. V (BPI) (2004), Pharma innovative – Vom Wirkstoff zum Arzneimittel, 4th edition, BPI, Berlin, p. 35.

⓮ Zimmermann (1989), Galenik oder wie aus einem Wirkstoff ein Arzneimittel wird. Teil I: Einführung und chemische sowie physikalisch – chemische Prinzipien, Chemie in unserer Zeit, at 161.

者；研究可能花费数年时间），[15]特别是为了验证 II 期临床结束时提出的假设以及低发生率的副作用。[16]在 III 期临床结束时，包含一位或多位专家意见的所有临床前和临床研究累积结果被列入最终申请上市许可的文件中。这种所谓的档案可作为主管当局监管授权的安全性和有效性的证明（见下文）。[17]

随着新药的上市许可和市场推广，新药开发企业可以与医生和医院合作进行更广泛的试验。"IV 期临床"术语定义了在这个时间点之后实施的所有临床试验。[18]这些研究通常涉及药物的长期临床适应性、未知的副作用、比较研究等。如果药品企业打算将上市许可扩大到其他适应证或同一活性物质的其他剂型，它通常需要向管理机构提供补充临床数据。其医学差异的程度对于这些研究是否必须重启 I 期临床试验还是可以从临床试验的后期阶段开始至关重要。[19]

5.2.2 药物研究和开发的时间成本和花费

如上所述，药物的开发绝不是一个微不足道的过程。但是，从实验室的第一步到临床研究（III 期）结束或药物的上市许可需要经历多长时间，以及企业的成本是多少？近期，有多项研究在讨论这些问题。[20] DiMasi，Hansen 和 Grabowski 在 2003 年对此进行了综合的考量。[21]在 20 世纪 60 年代，一种药物有效成分的合成与获得实际药品的上市许可之间的平均间隔为 7.9 年，这个数字

---

[15] Ried in Kutter et al. (1978), Arzneimittelentwicklung: Grundlagen, Strategien, Perspektiven, Georg Thieme, Stuttgart, pp. 162 et seq.

[16] Zimmermann (1989), Galenik oder wie aus einem Wirkstoff ein Arzneimittel wird. Teil I: Einführung und chemische sowie physikalisch – chemische Prinzipien, Chemie in unserer Zeit, at 161; also Stapff (2001), Die Arzneimittelforschung in Deutschland – Klinische Studien in der Arzneimittelforschung, DZKF, 28, 30 et seq.

[17] For a list of clinical studies (worldwide) see Verband Forschender Arzneimittelhersteller e. V. (VFA) (2006), Klinische Studien: Jeder soll wissen, wo was luft und was herausgekommen ist, http://www.vfa.de/de/patienten/artikelpa/studienregister.html (accessed 13 April 2011) and NIH (2010).

[18] See Bundesverband der Pharmazeutischen Industrie e. V (BPI) (2004), Pharma innovativ – Vom Wirkstoff zum Arzneimittel, 4th edition, BPI, Berlin, p. 35; Ried in Kutter et al. (1978), Arzneimittelentwicklung: Grundlagen, Strategien, Perspektiven, Georg Thieme, Stuttgart, p. 156.

[19] Stapff (2001), Die Arzneimittelforschung in Deutschland – Klinische Studien in der Arzneimittelforschung, DZKF, 28, 31, uses the term phase V for this type of study.

[20] See Suchy (1992), Patentrestlaufzeit neuerer pharmazeutischer Wirkstoffe, GRUR, 94, 13 and Suchy (1987), Patentrestlaufzeit neuerer pharmazeutischer Wirkstoffe, GRUR, p. 271; Schennen (1993), Die Verlängerung der Patentlaufzeit für Arzneimittel im Gemeinsamen Markt, Bundesanzeiger, Cologne, p. 13.

[21] DiMasi, Hansen and Grabowski (2003), The price of innovation: New estimates of drug development costs, J. Health Econ., 22, 151.

在 20 世纪 90 年代上升到 12.8 年，[22] 而且其波动幅度是相当高的，其时间跨度为 3.5~20 年。[23]其中大部分的开发时间被用于 I～III 期临床。

在过去几十年中，尽管获得药品上市许可所需的平均时间大幅减少，[24]但是临床前和临床研究的持续时间呈现相反的趋势。这是由于，尤其是，证明药物安全性和有效性的要求更加广泛，[25]临床研究需要更多的志愿者（因此花费更多的时间），[26]越来越多的药物被开发用于慢性疾病（导致更长的研究持续时间），而且事实上药物在构效关系上不断复杂化。[27]

除了开发时间长外，还有在任何研发过程中的潜在的科学和经济不确定性问题。科学不确定性指的是，只有一小部分活性成分和药物的研究能够达到上市许可的阶段：每 5000~10000 种物质经历临床前和临床研究后才有一种药物获得市场授权。[28] 考虑到平均每个药物临床研究在大约 3 年的研发后结束，[29]

[22] See DiMasi (1995), Trends in drug development costs, times, and risks, Drug Information Journal, 29 (2), 375 and 379; DiMasi, Hansen and Grabowski (2003), The price of innovation: New estimates of drug development costs, J. Health Econ., 22, 161 and 165. The US industry association PhRMA assumes 14.2 years for the 1980s and 1990s, see Dickson and Gagnon (2004), Key factors in the rising cost of new drug discovery and development, Nat. Rev. Drug Discov., 3, 418; Pharmaceutical Research and Manufacturers of America (PhRMA) (2006), Pharmaceutical Industry Profile 2005, p.10, with further references.

[23] Dickson and Gagnon (2004), Key factors in the rising cost of new drug discovery and development, Nat. Rev. Drug Discov., 3, 418.

[24] Spalcke (2004), Arzneimittelzulassungsverfahren in der Europischen Union und den Vereinigten Staaten von Amerika: Entwicklung und Harmonisierung, Peter Lang, Frankfurt Main, p.88.

[25] See Brandt (1996), Die Schutzfrist des Patents, C. H. Beck, Munich, pp.128 et seq.; Schennen (1993), Die Verlngerung der Patentlaufzeit für Arzneimittel im Gemeinsamen Markt, Bundesanzeiger, Cologne, p.13.

[26] DiMasi, Hansen and Grabowski (2003), The price of innovation: New estimates of drug development costs, J. Health Econ., 22, 177 with reference to Peck (1997), Drug development: Improving the process, Food & Drug L. J., 52, 163.

[27] See Dickson and Gagnon (2004), Key factors in the rising cost of new drug discovery and development, Nat. Rev. Drug Discov., 3, 420.

[28] European Commission (2008), Pharmaceutical sector inquiry (Preliminary Report), DG Competition Staff Working Paper, p.58, available at: http://ec.europa.eu/competition/sectors/pharmaceuticals/inquiry/preliminary_report.pdf (accessed 13 April 2011), with further references; Pharmaceutical Research and Manufacturers of America (PhRMA) (2006), Pharmaceutical Industry Profile 2005, p.4; Grabowski, Vernon and DiMasi (2002), Returns on R&D for 1990s new drug introductions, Duke University Working Paper; Grabowski and Vernon (1994), Returns to R&D on new drug introductions in the 1980s, J. Health Econ., 13, 383–406; von Braun and Pugatch (2005), The changing face of the pharmaceutical industry and intellectual property rights, JWIP, 8, 603; Frank (2003), New estimates of drug development costs, J. Health Econ., 22, 327. See also DiMasi, Hansen and Grabowski (2003), The price of innovation: New estimates of drug development costs, J. Health Econ., 22, 165; Dickson and Gagnon (2004), Key factors in the rising cost of new drug discovery and development, Nat. Rev. Drug Discov., 3, 420.

[29] See DiMasi (2001), Risks in new drug development: Approval success rates for investigational drugs, Clin. Pharm. & Ther., 69, 297.

这也导致了巨大的经济不确定性：一方面，研发的支出毫无收获的风险；另一方面，研发过程的持续时间越长，被竞争对手赶超的风险越高。

近年来，随着药物开发阶段的延长，产生的费用急剧增长。根据 Hansen 的一项研究表明，在 20 世纪 70 年代，每种药物的平均研发成本累计为 1.38 亿美元，[30] DiMasi 预测（到 2000 年）平均每种药物将达到 8.02 亿美元。如果包含临床 IV 期研究，这一数额将增加到 8.97 亿美元。[31] 应用 DiMasi 的计算模型，到 2011 年每种药物的平均研发成本将超过 15 亿美元。[32] 毫不奇怪的是，这项研究在美国引发了激烈的争论。尤其是，该研究没有涵盖所有种类的药品，仅仅是所谓的原研的新化学实体（NCE），即在一个全新的活性成分的基础上开发出来的药物。由于 NCE 是所有开发中最昂贵的物质，它们与常规的药物研发相差甚远。例如，在美国，在 2008 年，相比 56 种基于医疗实践中已知活性物质的药品，只有 17 种基于 NCE 的药物获得上市许可。[33] 此外，该研究没有考虑所谓的类似产品和 me - too 药物——与其他已知药物结构相近，只有细微差别的药物。Me - too 药物通常比开发原研的 NCE 便宜得多。[34] 无论如何，该研究的主要缺陷是其结果的不可证实性：仅通过对由 10 家原研药企业选择和提供的数据进行评价和分析是不合理的。当然，对于该项研究结果的总体问题无需多言，其经不起上文的质疑。

---

[30] See Hansen (1979), The pharmaceutical development process: Estimates of current development costs and times and the effects of regulatory changes, in Chien (ed.), Issues in Pharmaceutical Economics, Lexington Books, Lexington, MA, p. 151; Bundesverband der Pharmazeutischen Industrie e. V (BPI) (2004), Pharma innovativ - Vom Wirkstoff zum Arzneimittel, 4th edition, BPI, Berlin, p. 55, assuming average costs to have amounted to a mere 50 m USD at the time.

[31] See DiMasi, Hansen and Grabowski (2003), The price of innovation: New estimates of drug development costs, J. Health Econ., 22, 180.

[32] Ibid.

[33] US Department of Health and Human Services (Food and Drug Administration) (FDA) (2009), CDER Drug and Biologic Approvals for Calendar Year 2008, http: //www. fda. gov/cder/rdmt/InternetNDA08. pdf (accessed 13 April 2011), as of 30 November 2008. Regarding costs of pharmaceutical R&D see Frank (2003), New estimates of drug development costs, J. Health Econ., 22, 327, with further references.

[34] See Wild and Puig (2004), Analogprparate - Marktstrategien der Arzneimittelhersteller wie der Arzneimitteleinkufer am Beispiel nichtionischer (monomerer) Rntgenkontrastmittel, Gesundheitswesen, 716 et seq.; The Economist (2005), Testing times, The Economist, 375, 5. According to Dietrich (2001), Analogprparate: Nicht neu, aber teuer, Deutsches rzteblatt A - 2230, about 5200 unprocessed applications were filed with the German pharmaceutical regulatory authority, the Bundesinstitut für Arzneimittel und Medizinprodukte, about 96 percent of which were concerned with me - too - drugs. The list of filed applications includes about 250 diclofenac, 394 ibuprofen and 259 nifedipine drugs.

5.3 法律观点：第 2001/83 号指令规定的数据独占权

5.3.1 欧盟的市场许可程序

在完成临床前和临床研究后，药品还不能像消费品一样被简单地销售：任何药品的上市和销售都必须得到主管机构的批准，以保证其安全性和有效性。只有在依据以下基本程序的规则的背景下，数据独占权的实际效果和后果才会变得明确。

在欧盟范围内，⑤药物的合法流通需要依据国家法律执行第 2001/83 号指令，由具备成员国资质的国家监管机构，⑥或者按照第 726/2004 号条例规定由具备资质的共同体机构授予上市许可。⑦关于在每一种情形下需要满足的要求，首先需要区分新（原研）药和仿制药品的上市许可。

原研药物产品

成员国和欧盟法律提供 3 种类型的上市许可程序。

对于高技术医药产品，依据第 726/2004 号条例规定的集中程序是强制性的。在成功完成该程序后，委员会授予欧盟范围内的上市许可（第 726/2004 号条例第 10（2）条）。⑧一方面，这是为了保持在欧盟范围内对该产品的统一、高水平的科学评价，从而增强患者和医务人员对药品安全性和有效性的信心。另一方面，通过提供统一的、一次性的上市许可程序，使企业能够在同一时间在每个单独的成员国市场上销售新药（一站式服务），集中程序旨在促进药品的共同市场。⑨

至于不在高科技药品目录内的药品，合适的上市审批程序的选择取决于预

---

⑤ For more details on market authorisation procedures in the EU, see, for example, Lorenz (2006), Das gemeinschaftliche Arzneimittelzulassungsrecht, Nomos, Baden – Baden.

⑥ Directive 2001/83/EC of the European Parliament and of the Council of 6 November 2001 on the Community code relating to medicinal products for human use, OJ L 311/67, 28 November 2001.

⑦ Regulation (EC) No 726/2004 of 31 March 2004 laying down Community procedures for the authorisation and supervision of medicinal products for human and veterinary use and establishing a European Medicines Agency, OJ 2004 L 136/1, 30 April 2004.

⑧ See European Commission (2005), Notice to applicants, pp. 5 and 9 et seq.

⑨ See Lorenz (2006), Das gemeinschaftliche Arzneimittelzulassungsrecht, Nomos, Baden – Baden, pp. 33 et seq. and 65. On the growing practical importance of the centralised procedure see European Commission (2008), Pharmaceutical sector inquiry (Preliminary Report), DG Competition Staff Working Paper, p. 58, available at: http://ec.europa.eu/competition/sectors/pharmaceuticals/inquiry/preliminary _ report.pdf (accessed 13 April 2011), p. 104.

期的区域市场：对于欧盟范围（或跨国）上市许可，需要遵守第2001/83号指令规定的非集中审批程序（相互承认程序）。⑩其目的是改善公众健康的保护，避免因在多个国家申请上市许可的需求而产生的行政和组织费用，⑪也有利于促进欧盟内产品的自由流通。一般来说，该程序依赖于药品在一个参考成员国的最初许可，将这种参考上市许可扩展到其他成员国。对于不属于第726/2004号条例规定范围内（强制性）的药品，如果在一个以上的国家申请上市许可，则相互承认程序是合适的。⑫

单一国家的上市许可仅适用于希望在一个成员国上市的药品——如果一种药物产品最初考虑多国上市，必须获得通过上述欧洲程序的许可。⑬为确保欧盟范围内统一的上市许可要求，不再允许针对同一药物产品在不同成员国之间提交平行申请。⑭

仿制药物产品

与原研药企业相比，仿制药企业不需要承担重要的研发工作，而是"复制"已经获批上市的药物以申请自己的仿制药上市许可。⑮依据第8（3）（1）（i）条的削减方式，⑯仿制药品生产商不需要提供临床前和临床数据，"如果他可以证明，该医药产品是一种依据第6条已经获批并在成员国或共同体内使用超过8年的参考药品的仿制药品"，例如，通过简化程序获得市场授权。那么，他不需要提供有关该药品安全性和有效性的直接证据。⑰在简化申请过程中，重要的是，要区分协商一致的、文献引用的和仿制的上市审批申请。

协商一致的程序载于第10c条。⑱一旦颁布了上市许可，只要获得参考药品许可持有者的同意，任何后续（次级）关于仿制药的申请都可以引用相关的

---

⑩ European Commission (2005), Notice to applicants, pp. 11 et seq.

⑪ So - called one door, one key - principle, see Lorenz (2006), Das gemeinschaftliche Arzneimittelzulassungsrecht, Nomos, Baden - Baden, p. 66 with further references.

⑫ See Annex to Regulation 726/2004.

⑬ See European Commission (2005), Notice to applicants, pp. 5 and 16. In certain cases, participation of the European Commission or the EMEA is required (so - called Community Referrals); for details see ibid, pp. 16 et seq.

⑭ See Spalcke (2004), Arzneimittelzulassungsverfahren in der Europischen Union und den Vereinigten Staaten von Amerika: Entwicklung und Harmonisierung, Peter Lang, Frankfurt Main, p. 3.

⑮ For a more detailed description of the generic market authorization procedure, see Fuhrmann, Klein and Fleischfresser (2010), Arzneimittelrecht, paras 164 et seq.

⑯ In the following, articles without reference to their source refer to directive 2001/83.

⑰ Regarding the historical background of the various marketing authorization procedures, see Lorenz (2006), Das gemeinschaftliche Arzneimittelzulassungsrecht, Nomos, Baden - Baden, pp. 187 et seq.

⑱ See European Commission (2005), Notice to applicants, pp. 28 et seq.

许可。⓭对原研药申请过程中提供的临床前和临床数据结果的参考引用和原研药与仿制药的生物等效性证据被认为是该仿制的药理安全性和有效性的间接证据。⓮ 对于引用文献申请的情况，药物的安全性和有效性证据通过详细的科技文献显示（例如，在相关杂志、专著上发表的科学研究等）。⓯对于这方面，第10a 条要求（除生物等效性要求外）"该药物的活性物质在欧洲共同体内已经广泛实践于医疗实践至少 10 年，依据情况具备确定的疗效和可接受的安全水平"（载于附件一第 2001/83 号指令第 2 部分）。⓰

依据第 10（1）条的仿制药上市许可程序允许次级申请人通过引用原研药企业提交的申请档案以证实仿制药的安全性和有效性。与引用文献申请程序一样，仿制药企业在任何时候都无权获取原始数据。无论如何，这类数据引用需等到所有的数据独占期限终止。因此不可能在参考药品获得上市许可的 8 年内提交仿制药申请（实际数据独占权）。此外，仿制药申请人必须出示证据，证明该新药确实是参考药品的"仿制品"。第 10（2）（b）条将该术语定义为"与参考医药产品具有相同的定性和定量的活性物质组成以及相同的药物形式的一种医药产品，其与参考医药产品的生物等效性已经通过适宜的生物利用度研究证实"。⓱此处"生物等效性"是指不同医药产品之间疗效的等同性；⓲举

⓭ "参考药品"一词是指该原研药品的营销授权已被批准，并已提交完整的临床前和临床试验数据。The term is legally defined in Article 10（2）（a）of directive 2001/83 as a medicinal product authorized under Article 6, in accordance with the provisions of Article 8 of directive 2001/83; see also European Commission (2005), Notice to applicants, p. 21 et seq.; ECJ, case C - 527/07, Generics, ECR I - 05259, and Fulda (2009), Unterlagenschutz und Marktschutz für Arzneimittel oder: ber die Entfernung von Münster nach Brüssel, Pharma Recht, p. 445 et seq.; see also Fuhrmann, Klein and Fleischfresser (2010), Arzneimittelrecht, paras 195 et seq.

⓮ Gassner (2004), Unterlagenschutz im Europischen Arzneimittelrecht, GRUR Int., 983 - 94.

⓯ See European Commission (2005), Notice to applicants, pp. 25 et seq.; Lorenz (2006), Das gemeinschaftliche Arzneimittelzulassungsrecht, Nomos, Baden - Baden, pp. 222 et seq.

⓰ Regarding the term well - established medicinal use, see Annex I of directive 2001/83 and European Commission (2005), Notice to applicants, p. 26; as to the background of the directive's revision see Gassner (2004), PUMA ante portas – Kinderarzneimittel vor der Regulierung, Pharma Recht, p. 985.

⓱ 规定的第二句体现了一种非常宽泛的"活性物质"概念："不同的盐、酯、醚、异构体、异构体的混合物、复合物或活性物质的衍生物应被认为是同一活性物质，除非它们在安全性和/或功效方面存在显著差异";
see also Lisman and Schoonderbeck (2005), An Introduction to EU Pharmaceutical Law, Brookwood Medical Publications, Brookwood, p. 46 et seq.; Lorenz (2006), Das gemeinschaftliche Arzneimittelzulassungsrecht, Nomos, Baden - Baden, pp. 190 et seq. This definition also applies for applications in the centralised procedure; see Gassner (2004), PUMA ante portas – Kinderarzneimittel vor der Regulierung, Pharma Recht, p. 987 with further references.

⓲ See the ECJ's definition in ECJ, case C - 368/96, The Queen v The Licensing Authority established by the Medicines Act 1968, ex parte Generics (UK), ECR I7971 [1998], para. 31: "如果它们是药物的等效品或替代品而且在施用相同的摩尔剂量下它们的生物利用度（速度和范围）与在功效和安全性方面的效果，基本上是相同的，则两种药用产品是生物等效的"。see also Fuhrmann, Klein and Fleischfresser (2010), Arzneimittelrecht, paras 207 et seq.; and Burger and Wachter (1998), Hunnius, Pharmazeutisches Wörterbuch, 8th edition, De Gruyter, Berlin et al., pp. 25 and 207.

例来说，它们被期望在所有的药理学意图和效果上都是相同的。如果两种受试药物具有相同的生物利用度，例如在给予相同剂量后，其有效率和置信区间达到同一种程度，即有效性和安全性两方面的效果可被预期基本相同，那么就存在疗效的等效性。药学等效性意味着相同剂量的同种活性物质以相同的制剂形式在相同的给药途径下达到相同或类似的标准。❺进行生物等效性研究所需的费用和时间仅仅是重复的临床前试验和临床研究的一小部分。❺

　　关于在提交仿制药申请时，参考医药品的上市许可仍应处于有效状态的第三点要求已不存在。依据第10（1）（1）条，参照医药品在一个成员国或共同体内"现在或曾经被许可"就已经足够，"实际投放市场的概念被放弃，只保留对获得过上市许可的要求"成为一个决定性因素。❺这就消除了原研药企业原先普遍采用的策略的法律基础即通过从市场撤回第一代原研药物（例如，通过放弃相应的上市许可），原研药企业可以剥夺仿制药申请的法律基础。如果原研药生产商对于这种第一代药物进行了产品线扩展，尽管这两种药物具有生物等效性，仿制药企业也不能再引用之前的参考产品提交简化仿制药上市申请。❺其结果是，使用第一代药物的复制品作为仿制药来替代产品线的扩展不再可行。欧盟委员会近期通过欧盟法院正式认定阿斯利康（AstraZeneca）通过使用这一策略滥用其市场支配地位（TFEU 第 102 条）。❺

---

❺　See Birkett（2003），Generics – equal or not? AustrPrescr, 26, 85 et seq. ; as regards the procedure to show bioequivalence see Trampitsch（2004），Generika – Medikamente mit Qualittsproblemen? konomie & Praxis, 2, 2; Thomas（2005），Pharmaceutical Patent Law, BNA Books, Arlington, p. 310.

❺　Between 75000 and 750000 USD, see Pohl（2004），Orange Book patent listing：The rationale and e-conomic impact of the new rule, J. Gen. Med. , 1, 226.

❺　See European Commission（2001），Report from the Commission on the experience acquired as a result of the operation of the procedures for granting marketing authorisations for medicinal products laid down in Regula-tion（EEC）No 2309/93, in Chapter III of directive 75/319/EEC and Chapter IV of directive 81/851/EEC, COM 2001/606, p. 90, available at：http：//ec. europa. eu/prelex/detail_dossier_real. cfm? CL = en&DosId =168840; European Commission（2005），Notice to applicants, p. 22.

❺　See ECJ, case C – 223/01, AstraZeneca v Laegemiddelstyrelsen, ECR I – 11809［2003］, paras 30 et seq. ; Gassner（2004），PUMA ante portas – Kinderarzneimittel vor der Regulierung, Pharma Recht, 993; Lorenz（2006），Das gemeinschaftliche Arzneimittelzulassungsrecht, Nomos, Baden – Baden.

❺　See European Commission（2005），Nonconfidential Version of Commission Decision of 15 June 2005, Case COMP/A 37. 507/F3 – AstraZeneca, available at：http：//ec. europa. eu/comm/competition/antitrust/ca-ses/decisions/37507/en. pdf; Manley and Wray（2006），New pitfall for the pharmaceutical industry, JIPLP, 1, 266; Fagerlund and Rasmussen（2005），AstraZeneca：The first abuse case in the pharmaceutical sector, EC-CPN, 13, 54; Lawrance and Treacy（2005），The Commission's AstraZeneca decision：Delaying generic entry is an abuse of a dominant position, JIPLP, 2, 7; Gunther and Breuvart（2005），Misuse of patent and drug regula-tory approval systems in the pharmaceutical industry：An analysis of US and EU converging approaches, ECLR, 26, 669. The Court of the European Union has confirmed the Commission's decision on 1 July 2010; see case T – 321/05, AstraZeneca v Commission, OJ C 221/33［2010］and Natz（2010），pp. 431 et seq.

5.3.2 数据独占权的法律机制和决定因素

发明的保护要求药品的某些元素（有效成分、剂型、适应证等）具备可专利性，补充保护证书（SPC）是附属于专利的保护工具,[60] 而数据独占权[61] 完全是基于相应原研药物上市许可的决定。[62]数据独占权的授予与药品是否受专利保护或者是否涉及可专利的发明无关。[63]

欧洲法律和成员国法律制度提供了许多不同类型的数据独占权。除了所有新获批上市的药物产品都可获得的"基本"数据独占权（参见下一节"基本"数据独占权）外，也为先前获批的活性成分的改进（参见"以产品线扩展为目的的延长和特殊形式的数据独占权"的部分），从处方药向非处方药转换（所谓的 Rx - to - OTC 转换：参见"Rx - to - OTC 转换的数据独占权延长"的部分）以及为开展儿科研究（参见"为缺乏专利保护的儿科用药的数据独占权（PUMA）"）提供了其他形式的独占保护。

"基本"数据独占权

如前面所解释的,[64]即使申请人不提交任何临床前或临床试验资料，也可以申请仿制药上市许可——当然，前提是该申请符合某些其他要求。[65]药物的安全性和有效性的证据必须间接地通过参考（生物等效的）原研药物试验数据得以完善。然而，在数据独占期间，参考药品上市许可持有人应被保护以避

---

[60] For details, see Fackelmann (2009), Patentschutz und ergänzende Schutzinstrumente im Spannungsfeld von Wettbewerb und Innovation, Carl Heymanns, Cologne, pp. 222 et seq. ; see also the respective chapter in this book.

[61] For the various terms used for the concept of data exclusivity, see Lisman and Schoonderbeck (2005), An Introduction to EU Pharmaceutical Law, Brookwood Medical Publications, Brookwood, p. 44; Dodds - Smith (2000), Data Protection under the European Pharmaceutical Legislation and under Federal Legislation in the USA, in Meng, Werner, Stein and Torsten (eds), Marketing Authorisation for Pharmaceutical Products and the Protection of Submitted Data, Nomos, Baden - Baden, pp. 29 et seq.

[62] See Lorenz (2006), Das gemeinschaftliche Arzneimittelzulassungsrecht, Nomos, Baden - Baden, p. 191; Gassner (2004), Unterlagenschutz im Europäischen Arzneimittelrecht, GRUR Int. , 983 - 94.

[63] See Cook (2000), The Protection of Regulatory Data in Pharmaceutical and other Sectors, Sweet & Maxwell, London, p. 18.

[64] See section 5. 3. 1.

[65] See European Commission (2005), Notice to applicants, p. 21; Gassner (2004), PUMA ante portas - Kinderarzneimittel vor der Regulierung, Pharma Recht, p. 987.

免仿制药的搭便车行为。⑥简单的说，⑥这是在一方面给予原研药企业继续研发提供充足的激励和另一方面在适当的时机引入仿制药企业的模仿竞争之间达到平衡。

（1）保护的要求

数据独占权是药品上市许可法律的一部分。⑥不需要在授予上市许可之外附加申请或权利。一旦药品获得上市许可，保护立即生效（参见第6（1）条）。换句话说，数据独占权的形成依赖于上市许可的颁布。然而，它的持续性并非如此：即使在将药品撤出市场或者放弃其市场授权后，对防止仿制药竞争的保护仍将维持。

数据独占权与药物中所含的有效成分有关。例如，只授予含有与现有获批药物既不相同也不是其改进的活性成分的药物。在这种情况下，第6（1）（2）条规定了全球上市许可的概念，⑥据此，"任何额外的规格、药品剂型、给药途径、呈现形式以及任何变化和扩展，也应根据第一阶段授予许可或被包括在最初的上市许可中"。所有这样的许可"应被视为属于相同的全球上市许可，特别是为了第10（1）条申请的目的"（例如，对于仿制药品的上述许可和数据独占）。换言之，每个全球上市许可只提供一次依据第10（1）条的常规数据独占权。

（2）保护期限

根据第10（1）条的规定，申请人"不需要提交临床前试验和临床试验研究结果，只要能证明该医药产品是一种依据第6条在成员国或共同体内正在被或已经被许可超过8年的参考医药品的仿制品"。⑦只有在获得许可持有人同意的情况下，申请人才能在8年时间结束之前参考原研药品申请档案中的试验数据，其与最初遵循的许可程序（国家的、非集中的或集中的）无关。⑦然而，

---

⑥ See Cook （2000）, The Protection of Regulatory Data in Pharmaceutical and other Sectors, Sweet & Maxwell, London, pp. 31 et seq. ; Gassner （2004）, PUMA ante portas – Kinderarzneimittel vor der Regulierung, Pharma Recht, p. 984 with further references.

⑥ See section 5. 4 for details.

⑥ See Gassner （2004）, PUMA ante portas – Kinderarzneimittel vor der Regulierung, Pharma Recht, p. 984.

⑥ On this term see European Commission （2005）, Notice to applicants, pp. 6 and 22.

⑦ On the consensual authorisation, stipulated in Article 10c of directive 2001/83, see Gassner （2004）, PUMA ante portas – Kinderarzneimittel vor der Regulierung, Pharma Recht, Gassner （supra, n. 50）, p. 985 and Müller （2003）, Die Patentfhigkeit von Arzneimitteln, Springer, Berlin et al. , pp. 94 et seq.

⑦ Regarding the centralised procedure, see Article 14 （11） of Regulation 726/2004 （data exclusivity for drugs authorised through the centralised procedure does not differ from that within the decentralised procedure; see Lorenz （2006）, Das gemeinschaftliche Arzneimittelzulassungsrecht, Nomos, Baden – Baden, p. 213.

仿制药品上市的许可还需耗费另外的两年时间（参见第 2001/83 号指令第 10 (1)（2）条和第 726/2004 号条例第 14（11）条）。[72]总而言之，保护的时间长度加起来是 10 年。

然而，在这 10 年中只有 8 年可以被严格地称为数据独占期。剩下的两年是对仿制药上市许可的阻碍期，使得参考药品产生事实上的市场独占权。[73]仿制药生产商提交申请后，通常需要几个月（不是两年）来处理。如果申请在提交后不到两年的时间内可以作出决定（通常情况下是这样的），该程序必须暂时中止。因此，数据独占权在更广泛意义上是一种混合形式的保护，包括 8 年的禁止引用和两年的事实上的市场排他性（也被称为"8 + 2"体系）。

"8 + 2"体系是妥协的结果：欧盟委员会最初希望严格地引入 10 年的数据独占权，[74]这将导致事实上的保护期限在 10.5 ~ 11.5 年：例如，仿制药的竞争将被推迟几个月甚至几年。[75]因此，"8 + 2"体系的目的是确保在参考医药品初始授权 10 年后，仿制药申请可以及时获得上市许可。[76]

（3）保护范围

无论是欧洲药品管理局（EMEA）还是各国家监管机构，任何时间都不会授权仿制药申请人[77]查阅参考药品申报资料中记载的试验数据，在仿制药申请

---

[72] 由于 2004 年欧洲药品监管改革，数据独占权法也作出了一些改变。依据 2004/27 指令（2004 年 3 月 31 日对 2001/83 指令的修订）第 2 条和第 3（1）条，OJ 2004 L 136/34（2004 年 4 月 30 日），在第 10（1）条规定的保护期限（关于权力下放和国家集中营销授权程序）不适用于在 2005 年 10 月 30 日前申请销售授权的参考药物产品。关于集中程序，依据 726/2004 规则第 89 条，第 90（2）条和第 14（11）条，不适用于申请日较早的药物。至于某些特别的个案，经修订的 2001/83 指令及 726/2004 规则只适用于在 2008 年 5 月 20 日后提交的申请。As regards the former rules, see Lorenz (2006), Das gemeinschaftliche Arzneimittelzulassungsrecht, Nomos, Baden - Baden, pp. 190 et seq.

[73] Ibid., pp. 211 et seq.

[74] See European Commission (2005), Notice to applicants, p. 69, section III. B; see also Gassner (2004), PUMA ante portas - Kinderarzneimittel vor der Regulierung, Pharma Recht, pp. 988 et seq.

[75] See id., p. 989; Lorenz (2006), Das gemeinschaftliche Arzneimittelzulassungsrecht, Nomos, Baden - Baden, p. 212.

[76] On the bolar provision contained in Article 10 (6) of directive 2001/83, see Buchberger (2006), Bolar provision, Pharma Recht, pp. 106 et seq.; Gassner (2004), PUMA ante portas - Kinderarzneimittel vor der Regulierung, PharmaRecht, p. 990; Epping and Gerstberger (2003), Europa auf dem Weg zu BOLAR - Ein regulatorisches Korrektiv des Versuchsprivilegs? Pharma Recht, pp. 257 et seq.; Hufnagel (2003), Wann endet der Patentschutz? - Hindernisse für den Markteintritt von Generika, Pharma Recht, pp. 267 - 72; Stoate (2001), EU enlargement, the BOLAR exemption and parallel imports: The consequences for market exclusivity, BSLR, 5, 161.

[77] See European Generic Medicines Association (EGA) (2000), Data exclusivity: A major obstacle to innovation and competition in the EU pharmaceutical sector, p. 4, available at: http://www.egagenerics.com/doc/ega_dataex - 2000 - 12. pdf (accessed 13 April 2011).

中的"参考"仅仅意味着参考原始申请已经显示的安全性和有效性证据。详细了解这些证据的确切内容和细节既不必要，（一般）也不提供给仿制药申请人。因此，数据独占性并不是阻止仿制药的申请人从数据中获取自己的结论，或是以其他方式使用数据。保护的对象不是数据本身（基于实际获取的意义），而是数据中包含的上市许可相关的技术结果（例如药品的安全性和有效性证据）。❼⑧

除了原始申请人，仅监管机构可以获得原始申报资料。如第 10（1）（1）条规定，当原研上市许可超过 8 年后，仿制药申请人可以参考原研企业的申报资料，这主要是指监管机构自身而言。❼⑨在 8 年过去之前，监管机构不允许接受参照类比作为仿制药申请人的临床前和临床试验数据的替代品。此外，数据独占权并不阻碍仿制药申请人在未获得原研药企业同意的情况下获得原始试验数据。第 10（1）条甚至不能阻止他们（纯属假设）被仿制药生产商以构建重复的临床前和临床研究为名进行复印拷贝来使用。

因此，最初的（原始的）上市许可持有人不能从对于仿制药企业的数据独占权中衍生出任何单独的产权——这是数据独占性和专利法最本质的差异。❽⓪ 只有监管机构授权的原研上市许可持有人才能对数据独占权行使法律权利。因此，只能在公共法律下采取法律补救措施。此外，不同于原研药企业的其他独占权利，数据独占性并不能阻止仿制药企业进行重复的临床前和临床研究。当然，这只是一个理论上的选择。由于此类研究耗费的时间和成本将极大地消耗仿制药的典型成本优势并由此产生阻碍的效果，实际上排除了仿制竞争。然而，通过"me－too"或者其他药物的替代竞争，在任何情况下都不会受到数据独占权的影响。

以产品线扩展为目的的延长和特殊形式的数据独占权

如果已获得许可的药物在技术上得到改良或以其他方式加以改进，例如，通过替代它的活性物质（使用盐类、醚类、对映体等衍生物）或引入新剂型，或药品的上市许可范围被扩展至更多的治疗适应证，许可持有人通常不需要进行一整套临床前和临床研究以显示药品安全性和有效性的证据。相应地，依据第 10（3）条，要求申请人仅提交对于区别两个版本药品之间的安全性和有效

---

❼⑧ See Lorenz（2006），Das gemeinschaftliche Arzneimittelzulassungsrecht，Nomos，Baden－Baden，p. 205.

❼⑨ See Pugatch（2005），Data exclusivity：Implications for developing countries，Bridges，9，7：根据定义，药品注册文件中包含的数据向卫生管理部门公开。没有这些数据，药物就不能被批准上市使用。反过来又意味着，不公平的商业使用这一术语与政府保护该数据的责任相关联。

❽⓪ See Brandt（1996），Die Schutzfrist des Patents，C. H. Beck，Munich，p. 132.

性来说必需的临床前和临床研究数据就已经足够。关于药物的其他方面，监管机构可以参考原研试验数据。[81]这也引发了一个问题，即是否和如何保护产生下一代药物有关的额外数据。有许多可能的答案：①可以为下一代药物提供单独的数据独占权，例如，新的"8＋2"保护期；②第一代药物的保护期限可以延长，例如，"8＋2＋x"体系；③对新产生的数据不给予任何额外的保护，无论是第一代还是下一代药物。根据修改或产品扩展线的类型，欧洲法提供了3种选择。

a）新的治疗适应证

（a）数据独占权扩展：具有显著临床价值的新的治疗适应证的上市许可。

在2004～2005年，调整药品上市许可的法律改革的目的是尽可能促进已批准药物的改良，[82]形成了修订后的第10（1）（4）条：第10（1）（2）条规定两年的事实市场独占权可以延长一年（导致整个保护期为11年），如果上市许可持有人"在首个8年内［在最初上市授权之后］……获得了一个或多个新的治疗适应证的许可，所述治疗适应证在它们获批之前进行科学评估，与现有治疗方案相比可以带来"显著的临床益处"。[83]这相当于"8＋2＋1"体系，例如，上述监管备选方案的第二种。[84]由于延期的范围不限于新的治疗适应证，也涵盖了药物的其他（先前授权的）应用领域，预期的激励效果会更强。然而，第10（1）（4）条规定这类一年期的延长仅能授予一次（最多11年）。因此，如果药物被获批更多的适应证，那么就不会产生"8＋2＋1＋1"的延长期了。

那么，作为延长的关键要求，什么是"显著的临床益处"呢？[85]当然，一

[81] See Gassner (2004), PUMA ante portas – Kinderarzneimittel vor der Regulierung, Pharma Recht, p. 987; Dodds – Smith (2000), Data Protection under the European Pharmaceutical Legislation and under Federal Legislation in the USA, in Meng, Werner, Stein and Torsten (eds), Marketing Authorisation for Pharmaceutical Products and the Protection of Submitted Data, Nomos, Baden – Baden, pp. 29, 38 et seq.; Kingham and Castle (2000), Data and marketing exclusivity for pharmaceuticals in the European Community, Food & Drug L. J., 55, 221.

[82] See European Commission (2005), Notice to applicants, p. 22.

[83] See European Commission (2005), Notice to applicants, pp. 29 et seq., 32. As regards the condition to file an application before the eight – year protection period has elapsed see Article 10 (1) (4) of directive 2001/83.

[84] See Lisman and Schoonderbeck (2005), An Introduction to EU Pharmaceutical Law, Brookwood Medical Publications, Brookwood, p. 71; Junod (2005), Drug marketing exclusivity under United States and European Union Law, Food & Drug L. J., 59, 513.

[85] See Müller (2003), Die Patentfähigkeit von Arzneimitteln, Springer, Berlin et al., pp. 105 et seq.; Lorenz (2006), Das gemeinschaftliche Arzneimittelzulassungsrecht, Nomos, Baden – Baden, p. 216.

种选择是寻找新的治疗适应证的可专利性。例如，只有新适应证可被专利保护时才能授予一年期的延长。对此存在两方面的反对理由：尽管药物研发消耗了相当一部分专利有效期，通常还有足够的时间可以轻易地超越仅仅延长一年的数据独占期。此外，使用专利法原则进行考量会违背数据独占权是一个完全独立于专利法概念的原则。

然而，更符合药品上市许可制度的解释采用了第 726/2004 号条例中类似的概念。根据第 3（2）（1）（b）条，如果一种药物在集中审批程序的特许范围内，尤其是当"申请人表明该医药产品具有显著的治疗性、科学性或技术性创新或表明按照本条例的上述许可是共同体层面的患者或动物健康的需求"为出发点而批准的。这些概念自 1995 年应用，❽以便有足够的经验作为今后对第 10（1）（4）条关于"显著的临床益处"情况解释的参考。

（b）单独的数据独占权：针对新适应证进行重要的临床前或临床研究。

无论如何，第 10（1）（4）条规定的"显著的临床优势"的概念与所涉及的临床前或临床研究的程度无关。这是第 10（5）条的范畴，规定了数据独占性申请的另一种类型。据此，当为一种充分确定的物质申请新适应证时，应给予非累积的一年的数据独占权，条件是开展了与该新适应证相关的重要的临床前或临床研究。❽

然而，第 2001/83 号指令并没有明确在何种情况下物质是"充分确定"的。例如，德国现行法律（例如，德国药品法（AMG）第 24（6）节）对该术语解释为要求至少 10 年的医疗应用。也有人认为，在专利保护（如果有）期满之前，不应承认一种物质是"充分确定"的。❽然而，这两种选择似乎或多或少都有一定武断。同样不明确的是"重要"研究的定义——指令中并未对满足要求所需的一系列研究的花费程度和大约的时间跨度给出说明。❽

第 10（5）条提供的为期一年的额外保护是"非累积"的。例如，它表明上述数据独占权第一可选选项：额外保护只涉及与新治疗适应证相关的研究中

---

❽   Ibid, p. 217, referring to the opinion of Advocate General Colomer in the Generics – case, see ECJ, case C – 368/96, The Queen v The Licensing Authority established by the Medicines Act 1968, ex parte Generics (UK), ECR I7971 [1998], para. 63.

❽   Emphasis added. See also Lorenz（2006），Das gemeinschaftliche Arzneimittelzulassungsrecht, Nomos, Baden – Baden, p. 218.

❽   Gassner（2004），PUMA ante portas – Kinderarzneimittel vor der Regulierung, Pharma Recht, p. 991.

❽   Lorenz（2006），Das gemeinschaftliche Arzneimittelzulassungsrecht, Nomos, Baden – Baden, p. 215.

产生的数据，而与先前许可的适应证相关的数据没有得到额外的保护。[90]

b）衍生物、新剂型等的数据独占权

有关药品的其他改进，必须将规格、剂型、医疗处方等，与活性成分的替换（盐或醚替换自由碱等）的改进进行区分。由于第 2001/83 号指令并未明文规定，全球上市许可的概念开始发挥作用。根据第 6（1）（2）条，"所有附加的规格、药物剂型、给药途径、存在形式，以及所有的变体和扩展……的上市许可应当被认为是属于同一个的全球上市许可，特别是依据第 10（1）条的申请"。换言之，第一代药物的数据独占权到期后，可以参照第一代和新（下一代）药物的试验数据。[91] 显然，这是对在先获批药物的前述数据独占权进行监管的第 3 种选择。[92]

然而，联合用药不受这种"不被保护"的规定：由于第 10b 条规定了对这些药物申请全方位的要求，包括临床前和临床研究，它们被认为是新的药物，这使得其有资格获得独立于任何已经授予各自药物成分的单独的"8＋2＋1"数据保护。[93] 基本上，这与补充保护证书（SPC）的规则并行。分别获得专利权的活性成分的新组合将会被授予它们自己的 SPC，独立于它们各自成分已经获得的 SPC（参见第 1768/92 号条例第 1（b）条）。

Rx－to－OTC 转换的数据独占权延长

根据第 74a 条，上市许可持有人"基于重要的临床前试验或临床研究数据改变医药品分类并获得批准"将享有额外一年的数据保护。[94] 这包括引进先前获批的处方药的非处方药版本。

---

[90] See European Commission（2005），Notice to applicants，p. 32；Lisman and Schoonderbeck（2005），An Introduction to EU Pharmaceutical Law，Brookwood Medical Publications，Brookwood，pp. 71 and 74；Lorenz（2006），Das gemeinschaftliche Arzneimittelzulassungsrecht，Nomos，Baden－Baden，p. 215；Gassner（2004），PUMA ante portas－Kinderarzneimittel vor der Regulierung，Pharma Recht，p. 992；Junod（2005），Drug marketing exclusivity under United States and European Union Law，Food & Drug L. J.，59，p. 513. See also Anker in：Deutsch and Lippert（2007），Kommentar zum Arzneimittelgesetz，2nd edition，Springer，Berlin et al，section 24b，para. 9，taking a different view.

[91] See European Commission（2005），Notice to applicants，pp. 31 et seq. ；ECJ，case C－368/96，The Queen v The Licensing Authority established by the Medicines Act 1968，ex parte Generics（UK）u. a. ，ECR I－7967［1998］，para. 56.

[92] See Junod（2005），Drug marketing exclusivity under United States and European Union Law，Food & Drug L. J. ，59，513；Gassner（2004），PUMA ante portas－Kinderarzneimittel vor der Regulierung，Pharma Recht，pp. . 986 and 993；Lorenz（2006），Das gemeinschaftliche Arzneimittelzulassungsrecht，Nomos，Baden－Baden，p. 219；Panayi and Bogaert（2004），Opening the package（Part 1），Life Sciences L. & Bus，p. 4.

[93] See European Commission（2005），Notice to applicants，pp. 27 et seq.

[94] Ibid. ，pp. 33 et seq.

（1）背景

从需求方面来看，药品可以依据不同方式加以分类。除其他事项外，可以依据需求结构区分为处方药（Rx）和非处方药（OTC，例如，柜台交易）。OTC 主要用于不一定需要专业的医师指导下的治疗疾病，通常是在自我治疗的情况下。因此，与 Rx 药物相比，它们必须满足更严格的安全性和有效性要求。[95]因此，从处方药到非处方药的状态变化（Rx－to－OTC 转换）需要额外的研发以证明其符合相关标准。从经济上也希望通过单独的数据独占权建立足够的激励。而且，第74a 条也确定，在大多数欧盟成员国，OTC 药物的费用并不是由医疗保险支付，而是由患者自行支付。因此，Rx－to－OTC 转换通常为前者节约可观的成本。[96]

（2）保护的要求和范围

这一应用状态的改变需要排除第71（1）条所列的安全风险。特别是在没有专业医师指导下的治疗不能构成健康危害。此外，患者滥用导致的风险必须足够小。申请人必须通过充分的临床前和临床研究来证明这一点。只有进行了"重要的临床前试验或临床试验"（第74a 条）得到的试验数据才能享受额外的保护。根据相关的委员会指导原则，[97]实验或研究必须与该转换严格相关和必要才是"重要"的。指导原则中给出的例子是：新药物处方、改进药物活性成分的剂量以及新适应证和治疗方案（治疗的形式或持续时间）。[98]

为这类数据提供一年的数据独占权与处方药的数据独占权的基础和持续性之间是完全独立的（参见第74a 条）。与第 10（1）（4）条相反，[99]在先获批药物的保护期限不延长。

---

[95] See Articles 71 (1) and 72 of directive 2001/83. A pharmaceutical may, for example, be classified as an OTC drug if the strength of its active ingredient is weakened. Ibuprofene, a well－known pain killer, has, since the middle of the 1980s, been classified as OTC, while other－much stronger－versions of the drug still have Rx－status (see Boothby, Doering and Jaco (2004), When prescription drugs go over－the－counter: Where are the boundaries?, J. Pharm. Technol., 20, 215).

[96] Schlander (2005), Arzneimittelversorgung und Kostendmpfungspolitik, Med Klin, 100, 318; Michor (2006), Rx－to－OTC: Switching procedures in the EU, Regulatory Affairs Focus Magazine, 11, 8.

[97] European Commission (2006), A guideline on changing the classification for the supply of a medicinal product for human use, pp. 8 et seq., 10 et seq.

[98] Ibid, p. 10.

[99] Ibid, p. 11.

缺乏专利保护的儿科用药的数据独占权（PUMA）

通过第 1901/2006 号条例引入⑩的儿科用药上市许可（PUMA）是一种特别为儿科适应证设计的新形式的药品上市许可。这是多种促进儿科治疗领域的医学研究和发展方式的一部分。其他方式包括：SPC 的特别延长、儿科用药选择特别标签的引入、各种儿科研究的资助以及儿科药物申请费用的减免。除此之外，完成儿科研究已经成为新型药物在欧盟获得上市许可授权的先决条件（但存在各种例外情况）。

作为一般的规则，符合 PUMA 标准的药物是满足儿科患者需要的特定剂量或标准（成人）药物的特殊剂型。⑩PUMA 持有人被授予单独的"8+2"数据独占权（参见第 1901/2006 条例第 38 条），涵盖了 PUMA 申请过程中提交的数据，但其他数据（例如，与之前批准的成人用药有关的）不包括在内。保护的要求和范围遵循第 716/2004 号条例第 10（1）条和第 14（11）条设置的数据独占权的一般规则，对许可程序来说也是如此。⑩

数据独占权的战略使用

在 20 年的专利期限背景下（考虑 SPC 扩展），当在市场上推出一种药品时，通常还会留下超过 12 年的专利期限，⑩数据独占权似乎没有什么实际意义。然而，再仔细思考，至少可以想象到数据独占权在以下 5 个场景可以为药品企业发挥重要作用。

【场景1】药物的活性物质、其药物处方、其医疗用途等等，已经申请了专利保护。如果该专利的有效期限仍超过 10 年或 11 年，数据独占权（考虑到依据第 10（1）（4）条规定的额外一年的数据独占性）跟专利保护差不多并行。因此，数据独占权对药品企业而言似乎没有独立的经济意义。然而，它作

---

⑩ Regulation（EC）No 1901/2006 of the European Parliament and of the Council of 12 December 2006 on medicinal products for paediatric use and amending Regulation（EEC）No 1768/92, Directive 2001/20/EC, Directive 2001/83/EC and Regulation（EC）No 726/2004; for details on PUMA see Kramer and Heinemann（2006）, Arzneimittelforschung für Kinder in Europa – Ein Ausblick, Pharma Recht, pp. 22 et seq.; Gassner（2004）, PUMA ante portas – Kinderarzneimittel vor der Regulierung, Pharma Recht, p. 436.

⑩ See Kramer and Heinemann（2006）, Arzneimittelforschung für Kinder in Europa – Ein Ausblick, Pharma Recht, pp. 22 et seq.

⑩ Even though PUMA is a new type of marketing authorisation, it is governed by the general rules（specifically provided for the centralised procedure, see Article 31 of regulation 1901/2006）; Gassner（2004）, PUMA ante portas – Kinderarzneimittel vor der Regulierung, Pharma Recht, p. 442; Kramer and Heinemann（2006）, Arzneimittelforschung für Kinder in Europa – Ein Ausblick, Pharma Recht, p. 26.

⑩ See Fackelmann（2009）, Patentschutz und ergnzende Schutzinstrumente im Spannungsfeld von Wettbewerb und Innovation, Carl Heymanns, Cologne, p. 76.

为一种后备选项的价值不应被忽视。❿ 数据独占权完全不涉及专利法在药品开发中新颖性和创造性步骤的概念，而在这方面的专利可能被回溯证明是非常脆弱的。❿ 数据独占权是基于一个固定事件，即为所涉药品授予上市许可。监管机构对于至少第10（1）条的常规数据独占权没有任何自由裁量权。作为权利整合到上市许可法律体系的结果，是否以及如何授予保护将（相对于专利法概念）遵循相对"机械"的标准，❿事实上没有给仿制药企业留下任何弱点。换言之，虽然数据独占权的期限毫无疑问低于制药公司的平均有效专利期限（加上 SPC），但保护效力通常更为强大，因此可以作为原研药品企业的"安全网"。❿

【场景2】一家药品企业对在先批准的原研药物的附加医疗用途进行了研究。由于为新用途许可而产生的试验数据将只获得额外的（单独的）一年保护（第10（1）（4）条和第10（5）条），与平均有效专利期限超过10年相比，这种数据独占权的实际权重似乎完全可以忽略不计。然而，如果相应的药物不享有专利保护，数据独占权将是唯一存在的（尽管短期的）保护。此外，依据第10（1）（4）条，考虑它涵盖了每一种药物的治疗适应证，例如，在先获得上市许可的那些适应证，一年的延期甚至更有价值。❿

【场景3】参考上市许可的持有者也持有该药物活性物质的专利。如果一个仿制药企业尝试合成一种不同的，但与该活性成分生物等效但未涵盖在专利中的形式（例如，它的一种盐或其他衍生物），相应的仿制药不会构成专利侵权。撇开数据独占权不谈，即使药品的专利期限远未到期，仿制参考药（即模仿竞争）是可能的。在这种情况下，数据独占权的范围甚至超出专利保护的范围并在事实上阻碍了仿制药专利竞争。由于第10（2）条规定"不同的盐、酯、醚、异构体、异构体的混合物、活性物质的配合物或衍生物应被认为是相同的活性物质"，如果药物的有效成分被归入上述任何一类，则不允许仿

---

❿ See Cook（2000），The Protection of Regulatory Data in Pharmaceutical and Other Sectors，Sweet & Maxwell，London，pp. 18 et seq. ；von Braun and Pugatch（2005），The changing face of the pharmaceutical industry and intellectual property rights，JWIP，8，615 et seq. ；Pugatch（2004），Intellectual property and pharmaceutical data exclusivity in the context of innovation and market access，ICTSD – UNCTAD Dialogue on Ensuring Policy Options for Affordable Access to Essential Medicines，Bellagio，Italy，p. 1.

❿ See Fackelmann（2009），Patentschutz und ergänzende Schutzinstrumente im Spannungsfeld von Wettbewerb und Innovation，Carl Heymanns，Cologne，pp. 79 et seq.

❿ See Kuhlik（2004），The assault on pharmaceutical intellectual property，U. Chi. L. Rev.，71，98.

❿ See，for example，Campolini（2003），Protection of innovative medicinal products and registration of generic products in the European Union：Is the borderline shifting？ EIPR，25，91.

❿ See European Commission（2005），Notice to applicants，pp. 29 and 32.

制药引用。同样也适用于与药物制剂不同，但是与专利保护的速释口服剂型生物等效（参见第 10 （2）（b）条）的仿制药。

【场景 4】为处方药转非处方药中产生的试验数据提供数据独占权，还可以整合到生命周期管理策略中。Rx – OTC 的变化特别适合于例如在产品生命周期的后期阶段进行创新。[109]由于对药理学和医药知之甚少，患者通常表现出很强的品牌忠诚度：服用一种"不知名"的药物通常会给他们带来主观风险。从长远的、独立于专利的视角，进入 OTC 市场可能是充分挖掘药品品牌价值的最佳策略。由于在一年的数据独占期届满前推出自己的 OTC 药品对于仿制药企业而言在经济上通常是不可行的，原研药品生产企业，将对原有的药品非处方版本的市场享有相当大的先发优势。

【场景 5】与 PUMA 有关的数据独占权通常会产生事实上的市场独占权（类似于 SPC 的 6 个月延长期[110]）：一旦在某一治疗领域的首个药物被批准用于儿科，第 1901/2006 号条例第 6 （2）（1） 条设置的门槛开始生效。在这一医药领域重复进行儿科研究，作为替代儿科用药上市许可的先决条件，将只在"任何建议的研究可以被预期对儿科人群具有显著治疗益处和/或满足儿科人群的治疗需求"的情况下才能获得批准。通过剂型替代等方面的微不足道的改进——作为一种准则——将不足以攻克这一制度障碍。因此，PUMA 持有人可能在相应的儿科用药市场享有独特的地位直到"8 + 2"数据独占权到期。

5.4 经济学视角：数据独占权作为知识产权还是投资保护？

在分析了数据独占权的法律决定因素之后，本节重点讨论它的经济合理性和效果。

可以假定，在没有数据独占和其他补充保护权利的情况下，如果药物的活性物质、剂型、医疗用途或其他方面不具备可专利性，那么即时的仿制药竞争将不再存在法律障碍。在这方面，数据独占权避免了原研药企业的单边经济负担和其仿制药竞争对手的搭便车行为。考虑仿制药企业的选择，数据独占是为

---

[109] Raasch (2006), Der Patentauslauf von Pharmazeutika als Herausforderung beim Management des Produktlebenszyklus, Gabler, Wiesbaden, p. 96 with further references and examples.

[110] See Fackelmann (2009), Patentschutz und ergnzende Schutzinstrumente im Spannungsfeld von Wettbewerb und Innovation, Carl Heymanns, Cologne, pp. 242 et seq. and 386.

了造成事实上的市场壁垒。⑪仿制药企业可以①尝试获得原研药企业允许进行仿制（通常是在支付许可费用时）；②重复所需的所有研究以获得常规的上市许可；或③等到数据独占期满后，可随意引用原研药品申报资料。实际上，只有第三种选择是现实的。通常原研药生产商在数据独占期满之前不会同意引用仿制药。⑫进行重复的临床前和临床研究，反过来，也并不可行，因为这样的研究通常会超出仿制药申请人的财务能力和在任何情况下都会抵消相比于原研药品企业的成本优势。然而，第三种选择为原研药企业提供了一个机会，通过以高于边际成本的价格获得投资回报。

很明显，这种模仿竞争的障碍造成了静态的低效率。然而，如果建议将数据独占权常规分类为一种知识产权，它们是否也会触发动态效率和更多的（非专利）创新？

可能存在反对意见认为，这种分类不仅是错误的，对于战略定位和分类目标（参见第5.4.2节）也提供了错误的印象（通过有意或无意地使用该术语）。因此，数据独占权通常被誉为是对创新的刺激以及被认为进行药物研究和开发不可缺少的激励，⑬"为公司伴随着医药产品注册产生的必要数据提供激励是至关重要的……"⑭然而，在现实中，数据独占权并不充分发挥它所设想的有针对性的激励创新的功能。根据保护的要求和范围，数据独占权应被归类为保护发明创造的一种手段，而不是知识产权。就其带来的额外的创新而言，它存在一定程度的随机性，同时产生相当明显的低下的静态和动态效率（参见第5.4.3节）。

⑪　See Dinca（2005），The "Bermuda Triangle" of Pharmaceutical Law. Is Data Protection a Lost Ship？，JWIP，8，537；Eisenberg（2005），The problem of new uses，Yale J. Health Pol. L. & Eth，5，726，with further references；Eisenberg（2003），Patents，product exclusivity，and information dissemination：How law directs biopharmaceutical research and development，Fordham L. Rev.，72，481，and Eisenberg（2001），The shifting functional balance of patents and drug regulation，Health Aff.，20，121.

⑫　See Reichman（2000），Of green tulips and legal Kudzu：Repackaging rights in subpatentable innovation，Vand. L. Rev.，53，1775，regarding the need to bargain around an exclusive property right.

⑬　See Dinca（2005），The "Bermuda Triangle" of Pharmaceutical Law. Is Data Protection a Lost Ship？，JWIP，8，538；Fellmeth（2004），Secrecy，monopoly and access to pharmaceuticals in International Trade Law：Protection of marketing approval data under the TRIPS Agreement，Harv. Int'l. L. J.，45，447 and 469；European Federation of Pharmaceutical Industries and Associations（EFPIA）（2000），EFPIA position paper：TRIPS Article 39. 3（protection of undisclosed data）– A critical issue for the continued development of safe and innovative medicines for patients，p. 2，available at：http：//www. efpia. org/4_pos/legal/trips–39–3. pdf.

⑭　International Federation of Pharmaceutical Manufacturers Association（IFPMA）（2000），Encouragement of new clinical drug development – The role of data exclusivity，（Report）p. 1；see Kuhlik（2004），The assault on pharmaceutical intellectual property，U. Chi. L. Rev.，71，94 with further references.

5.4.1 即时的仿制药市场准入壁垒的必要性

以促进创新和技术进步为目的的竞争壁垒只有在市场本身没有给企业带来足够的创新压力的前提下，才能施加。应用于制药行业，这意味着欧盟范围内的上市许可，对于进行时间和成本集中的研究来说起不到充分的激励作用。

首先，可以假定，即使没有数据独占权，仿制药竞争也不会在原研药物上市的数周或数月内展开。第一，创新者享有药物市场某些固有的先发优势。与原研药物一样，仿制药必须通过监管审批程序。考虑对参考药物反向工程，进行自己产品的开发以及证明仿制药的生物等效性所需的时间，至少要 4~5 年才能获得上市许可。[15] 第二，可以预期，仿制药竞争者在开始大规模的仿制工作之前，将设法评估药物在实践中取得经济成功的潜力以及药物的安全性和有效性，从而控制财政资源浪费（通常是有限的）的风险。[16] 然而，目前还不清楚这种"仿制药差距"是否足以使创新者回收其制药研究和开发所产生的大量成本。

对无限制的仿制参考的另一个争议是 TRIPS 第 39（3）条，其规定"对于成员国，作为批准药物上市的条件……利用新化学实体的产品，提交了未公开的试验或其他数据，其创造要付出相当大的努力，应当保护这些数据不受到不公平的商业使用"。因此，完全放弃数据独占权将与国际条约产生尖锐的矛盾。

5.4.2 数据独占权作为知识产权？

数据独占权经常被关联，甚至是明确地分配到知识产权范畴。举例来说，欧洲法院[17]将数据独占权定义为一种"独占权利"和一种"与药理学、毒理学和临床数据相关的财产权"。[18]"当产品在共同体内获得首次上市许可开始后的 6 年或 10 年保护期，该产品的所有人［获得］使用记载在关于该产品文件中的药理学、毒理学和临床数据结果的独占权利"。[19]根据 TRIPS 第 1（2）条，

---

⑮ Kuhlik (2004), The assault on pharmaceutical intellectual property, U. Chi. L. Rev., 71, 95.

⑯ See Engelberg (1999), Special patent provisions for pharmaceuticals: Have they outlived their usefulness? IDEA, 39, 406.

⑰ According to Article 10 (1) of directive 2001/83 and the preceding regulation in Article 4 (2) (8) (a) (iii) of directive 65/65.

⑱ ECJ, case C – 368/96, The Queen v The Licensing Authority Established by the Medicines Act 1968, ex parte Generics (UK) u. a., ECR I – 7967 [1998], paras 79 et seq., especially paras 82 and 83.

⑲ Ibid, para. 77. It is doubtful, however, whether the ECJ has actually analysed the dogmatic structure of data exclusivity as intellectual property; see Cottier, Meitinger and Meitinger (2000), The protection of test data submitted to governmental authorities: the impact of the TRIP's Agreement on EC Law, in Meng, Werner, Stein and Torsten (eds), Marketing Authorisation for Pharmaceutical Products and the Protection of Submitted Data, Nomos, Baden – Baden, pp. 53, 60.

TRIPS 第 39 （3）条规定的数据独占权构成"知识产权"。[120]不管这些语句的分量如何，这种分类既不是形式上正确的，也并未反映数据独占权管理规则的精神。

已经证明，数据独占权特别是在相应的药物不能获得专利或者涵盖药物的专利已经过期的情况下显示出独立的效果。在实践中，它常常充当无效的或不充分的专利保护的替代品。这两种手段（数据独占权和专利）之间的比较似乎很明显。专利授予发明人（在一般法律范围内）使用和销售他或她的发明的独占权利。换句话说，他或她可以阻止其他人未经授权擅自使用这项发明。相反地，数据独占权并不是防止第三方实际直接或间接使用药物数据。仿制药生产商既不打算获得创新者在参考药品上市审批过程中提供的实际数据，也不打算在其仿制药申请程序中详细参考它。[121] 在大多数情况下，如果仿制药与原研药是生物等效的，仿制药企业仅引用相关原研药为公众所知的安全性和有效性事实。[122]

由于数据独占权涉及在临床前和临床研究过程中产生的信息和做法，[123] 争论不断的是，它相当于财产权的地位，它的持有者自由使用、出售、修改甚至对数据保密。[124]根据这一观点，基于在一个有限的时间内阻止简略（仿制药）上市许可程序，数据独占权向上市许可持有人在使用药品数据方面传递了垄断的权利。[125]然而，事实上，数据独占权并不是阻止第三方从药品档案中的药学信息中得出自己的结论或进行他们自己的开发努力。保护的对象不是这类数

[120] As regards the categorisation of the protection granted, however, TRIPs Agreement Article 39 (1) refers to Article 10bis of the Paris Convention, concerning the law of unfair competition. See Cottier, Meitinger and Meitinger (2000), The protection of test data submitted to governmental authorities: the impact of the TRIPs Agreement on EC Law, in Meng, Werner, Stein and Torsten (eds), Marketing Authorisation for Pharmaceutical Products and the Protection of Submitted Data, Nomos, Baden – Baden, pp. 53, 59.

[121] See Junod (2005), Drug marketing exclusivity under United States and European Union Law, Food & Drug L. J., 59, 490; European Generic Medicines Association (EGA) (2000), Data exclusivity: A major obstacle to innovation and competition in the EU pharmaceutical sector, p. 4, available at: http://www.egagenerics.com/doc/ega_dataex – 2000 – 12. pdf (accessed 13 April 2011).

[122] See Bullinger (1978), Wettbewerbsgefährdung durch preventive Wirtschaftsaufsicht. Gefährdung des Entwicklungsvorsprungs zulassungspflichtiger neuer Industrieprodukte, NJW, p. 2124.

[123] See Böttcher (1987), Schutz des geistigen Eigentums an Zulassungsunterlagen, GRUR, p. 20; Dodds – Smith (2000), Data protection under the European Pharmaceutical Legislation and under Federal Legislation in the USA, in Meng, Werner, Stein and Torsten (eds), Marketing Authorisation for Pharmaceutical Products and the Protection of Submitted Data, Nomos, Baden – Baden, pp. 29, 30.

[124] See Cottier, Meitinger and Meitinger (2000), The protection of test data submitted to governmental authorities: The impact of the TRIPs Agreement on EC Law, in Meng, Werner, Stein and Torsten (eds), Marketing Authorisation for Pharmaceutical Products and the Protection of Submitted Data, Nomos, Baden – Baden, pp. 53, 60.

[125] Lorenz (2006), Das gemeinschaftliche Arzneimittelzulassungsrecht, Nomos, Baden – Baden, p. 206.

据，而是它与上市许可相关的结果（例如，药品安全性和有效性的证据）。❶同样的结果在原研药品获得上市许可时即为公众所知，因而不能受到知识产权保护。因此，数据独占权的"收件人"不是第三方（仿制药竞争对手），而是在数据独占期满前不能接受仿制药申请的管理机构。❷因此，参考药品许可持有人针对第三方没有任何（负面）独占权利或连带的补救办法，❸而只针对主管监管监管部门。数据独占权在行政法中自成一格可能势在必行，但是不能被归为民法的主观独占权。❹相反的，将数据独占权定义为财产权，相当于将一个参考授权持有人的"财产"委托给监管当局以定义是否能够以及如何在内部行政程序中使用数据。❺

5.4.3 并未有针对性促进创新，仅仅是投资保护

面对创新的困境，将数据独占与知识产权领域结合意味着它可以针对性地加倍激励创新是错误的❻——这是一个只有部分正确的命题。归根结底，数据独占权确实对药物研究和开发产生有利影响。例如，即使是微小的进步也会导

---

❶ Ibid，p. 205.

❷ According to Pugatch（2004），Intellectual property and pharmaceutical data exclusivity in the context of innovation and market access，ICTSD – UNCTAD Dialogue on Ensuring Policy Options for Affordable Access to Essential Medicines，Bellagio，Italy，p. 7，data exclusivity under TRIPs Agreement Article 39（3）has two notions，namely a notion of non – disclosure，for instance，the obligation not to provide unauthorised access to third parties，and a notion of non – reliance，for instance，the actual data exclusivity. For a similar idea see Dinca（2005），The "Bermuda Triangle" of pharmaceutical law. Is data protection a lost ship？JWIP，8，535（indirect reliance）.

❸ Nor does data exclusivity provide a positive exclusive right（similar to patent law）. Rather ambiguous statement at Brandt（1996），Die Schutzfrist des Patents，C. H. Beck，Munich，p. 132.

❹ See Winter and Wagenknecht（2003），Gemeinschaftsverfassungsrechtliche Probleme der Neugestaltung der Vorlage von Prüfnachweisen im EG – Chemikalienrecht，DVBl.，p. 18；Fischer（2003），Die Zwangsverwertung von Unternehmensdaten im Chemikalienrecht，DVBl.，p. 779.

❺ 此外，不是数据独占权，而是行政法中规定的保密义务，防止监管当局提供未经授权的药物数据访问。

❻ See Souleau（2007），Data exclusivity：Encouraging development of new medicines，p. 2，available at：http：//www. stockholmnetwork. org/downloads/publications/Data_exclusivity_Encouraging_Development_of _New_Medicines_Maria_Souleau_Sanofi_Aventis. pdf（accessed 15 April 2011），describing data exclusivity as a fully qualified form of intellectual property. Similar：Fulda（2009），Unterlagenschutz und Marktschutz für Arzneimittel oder：Aber die Entfernung von Münster nach Brüssel，Pharma Recht，p. 589：data exclusivity as a conditio sine qua non for investment into innovation.

致患者依从性的显著改善，或者成为更大创新的第一步。[132]然而，接下来将要表明数据独占权并未有针对性地推动任何"次级"专利创新。[133]

没有定性要求，没有披露义务

对（知识）产权客体的定性要求通常是解决创新困境的一种筛选方式，通过防止对于在无限制竞争环境下产生的知识授予独占权，例如，不产生额外的经济刺激。因此，这种限制竞争是不适当的，会导致不必要地从公共领域撤回信息，造成效率低下。

对于数据独占权，新药和对老药的改进或产品线扩展之间应当存在区别。对于一种新的药物，数据独占权要求没有其他同类活性物质中被授予上市许可——这可以看作是对将要保护的产品的某种新颖性要求。[134]然而，可以媲美专利法要求的创造性标准的规则，对于活性物质或者临床前和临床试验数据来说，并不存在。关于后者，这种要求很难得到满足。医学研究通常遵循严格的、正式规定的程序，因此几乎没有留空间给任何"创造性"的方法。就新药的数据独占权而言，与"现有的药理学技术"相比，数据独占权保护的原研药物是否代表了任何技术或治疗进展，这在很大程度上是无关紧要的——对于保护并没有任何有意义的定性要求。新药必须满足的唯一前提是药品的安全性和有效性。然而，这不是知识产权方面的定性要求，而是公共安全方面的定性要求。药品的安全性和有效性与前述的筛选功能无关，旨在防止无效和不安全药品的上市。基本上，任何基于新活性物质的许可药物在竞争中都享有有限的保护期。如果它不是安全和有效的，就不能被授予上市许可，比如，就没有必要保护其不受模仿竞争。因此，数据独占权并没有对创新药物提供有针对性的激励，也没有提供更高的技术质量（这是专利法的领域），也不涉及治疗进展（其不能要求获得专利保护，但可以作为数据独占权的单独客体）。

与此相反，第 10（1）（4）条（数据独占权的一年延长期）规定了对在

---

[132]　See Junod（2005），Drug marketing exclusivity under United States and European Union Law，Food & Drug L. J.，59，483，with further references；Campolini（2003），Protection of innovative medicinal products and registration of generic products in the European Union：Is the borderline shifting? EIPR，25，92；Reichman（2000），Of green tulips and legal Kudzu：Repackaging rights in subpatentable innovation，Vand. L. Rev.，53，1746 et seq.，especially p. 1750：In place of the breakthrough or "pioneer" inventions of the past，which still dominate our thinking about patents（and about related contractual rights as well），it is the "routine" engineers cumulative and sequential working out of shared or common technological trajectories that increasingly drives the postmodern economy.

[133]　Ibid，p. 1751.

[134]　See Article 6（1）（2）of directive RL 2001/83，stipulating the principle of a Global Marketing Authorisation.

先获批药物的进一步改进进行保护的某些定性要求。只有在相应的药物"与现有的治疗方法相比带来显著的临床获益"时才能获得延期。❸然而，其中并没有考虑药物的技术质量和只在动态竞争不足以产生足够的创新激励的情况下才给予保护的原则。即便改进是显而易见的，技术上简单且没有经济风险，也将给予保护。只有患者获益才是唯一关键的，举例来说，目标是用来评价方法的。

第10（5）条（新治疗适应证的单独一年数据独占权）仅采用定量标准，要求"进行与新适应证相关的重要的临床前或临床研究"。❸对这一要求的满足在很大程度上取决于原研药企业，而与技术或治疗进展无关。

无论哪种方式都不要求属于数据独占权的信息的公开披露（以及由此向仿制药竞争对手披露）。❸除了在工业数据库中对药物和其效果的粗略描述之外，只有主管监管机构才能获得相关知识。❸换句话说，数据独占权在知识产权固有的保护和披露之间没有任何折中。例如，它缺乏任何知识传播的功能。❸然而，技术进步的先决条件之一就是："药品监管机构掌握大量宝贵的信息，这些信息如果能向世界各地的研究人员提供的话，将会得到更好的利用"。❹

数据独占性的实际效果

尽管数据独占权缺乏如前所述的直接的和有针对性的激励，事实上它对于药物研究和开发还是产生了有益的效果。不过，需要指出的是，它是通过随机选择的、非专利的、但是经济上可行的药物发展的灰色地带来产生效果，从而造成相当大的经济效率低下、错误的激励和自重的影响（喷壶原理）。

---

❸ Emphasis added. See European Commission（2005），Notice to applicants，pp. 29 et seq.，32. Regarding the condition to file an application before the eight – year protection period has elapsed see Article 10（1）（4）of directive 2001/83.

❸ See Lorenz（2006），Das gemeinschaftliche Arzneimittelzulassungsrecht，Nomos，Baden – Baden，p. 218.

❸ See Junod（2005），Drug marketing exclusivity under United States and European Union Law，Food & Drug L. J.，59，515；Beers（2004），Generic and Innovator Drugs：A Guide to FDA Approval Requirements，6th edition，Aspen Law & Business，New York，pp. 5 – 3 et seq.

❸ See，for example，PhRMA（2009）.

❸ See Wagenknecht（2005），Unterlagenschutz im europäischen Chemikalienrecht，Nomos，Baden – Baden，p. 111 and Winter and Wagenknecht（2003），Gemeinschaftsverfassungsrechtliche Probleme der Neugestaltung der Vorlage von Prüfnachweisen im EG – Chemikalienrecht，DVBl. ，12.

❹ Junod（2005），Drug marketing exclusivity under United States and European Union Law，Food & Drug L. J.，59，515 et seq.

（1）直接和间接的创新促进

已经表明，如果享有数据独占权，它在药物有效专利期限即将到期时变得特别重要。因此，它被看作是次级专利创新的直接动力。[141]对已经许可的药物进行的微小改进，即专利实际上只起到非常有限的作用，尤其引人注意的是，考虑到它们作为对于更加复杂（新颖性和创造性）的发展激励的功能，这一点表现得尤为明显。[142]如果考虑到高昂的药物研发成本，动态竞争不能保证足够的次级专利创新，数据独占权在这方面也具有重要的作用。同时，如果在由数据独占权促进的大量的微小改进和产品线扩展中存在实际的（治疗性的）创新药物，它们的产生更多的是偶然的，而不是受到激励所带来的。

此外，数据独占权也可能对创新产生间接的激励作用，例如，如果在研发过程的早期阶段（通常情况下）不确定是否有可专利的结果。[143]药物开发的后期阶段也是如此。作为专利的替代品，在没有数据独占权的情况下，一旦研究发起人确定当前正在研发的活性物质或者药物将不会被授予专利权，新药研发可能会戛然而止。[144]尽管如此，鉴于数据独占权是一种后备选项，正在进行的研发过程可能有机会被更好地推进。[145]

（2）医学进展的延迟和市场力量的永续

同时，数据独占权对静态和动态效率都会产生显著的散射效应。这一点在创新策略相关如下场景中尤其明显：在引入产品线扩展或下一代药物之前，受到专利和/或数据独占权保护的第一代药物已经在市场上取得成功。在原始保

---

[141]   See Thomas (2006), Proprietary rights and pharmaceutical innovation – Issues at the intersection of patents and marketing exclusivities, p. 13, available at: http://opencrs. cdt. org/document/RL33288 (accessed 15 April 2011); Campolini (2003), Protection of innovative medicinal products and registration of generic products in the European Union: Is the borderline shifting? EIPR, 25, 92; Fellmeth (2004), Secrecy, monopoly and access to pharmaceuticals in International Trade Law: Protection of marketing approval data under the TRIPS Agreement, Harv. Int'l. L. J., 45, 473 et seq.

[142]   See Eisenberg (2005), The problem of new uses, Yale J. Health Pol. L. & Eth, 5, 720: Patent protection... does a better job of motivating the initial R&D that is necessary to bring new products to market than it does of motivating the development of new information about old drugs; see also Thomas (2006), Proprietary rights and pharmaceutical innovation – Issues at the intersection of patents and marketing exclusivities, p. 14, available at: http://opencrs. cdt. org/document/RL33288 (accessed 15 April 2011).

[143]   See Campolini (2003), Protection of innovative medicinal products and registration of generic products in the European Union: Is the borderline shifting? EIPR, 25, 91.

[144]   Junod (2005), Drug marketing exclusivity under United States and European Union Law, Food & Drug L. J., 59, 482.

[145]   Wagenknecht (2005), Unterlagenschutz im europ ischen Chemikalienrecht, Nomos, Baden – Baden, pp. 10 and 17 et seq.

护期结束时，第一代药物通常在其产品生命周期中已获得最大的市场份额。[146] 因此，它的企业有强大的经济激励来开发下一代能够再受到数据独占权保护的药物。例如，通过第10（1）（4）条规定的一年的延长期。如果制造商成功地将"老"药的声誉和大量的顾客基础转移到"新"药上，那么在一段短暂但是高利润的时期内就可以保护其不受到模仿竞争。然而，同时，这种策略通常会导致（研发）资源的动态配置效率低下和对市场力量的持续追求。如果这种微小改进和产品线扩展能以更低的成本和风险实现，对于在创新和治疗效益方面优于单纯的边际改进和产品线扩展的全新药物的开发将被延迟。考虑任何全新的药物开发的技术和经济风险，投资需求因此会转向产品线扩展。

此外，第10（1）（4）条规定的数据独占期延长，不仅阻碍新药的模仿竞争，也会阻碍已获批的治疗适应证。这等于是重复保护基础发明（"老"药）。因此，对药品企业的经济激励并不是市场对药品的新治疗适应证的预期利润，而是为了继续保持他们先前获批的治疗适应证的强势地位。[147]类似的效果也在OTC转换时产生。作为创新战略的一部分以及为了缓冲处方药市场销售额的下降，药品企业通常会在相关专利或数据独占权条款即将结束时对处方药进行非处方药转换。[148]由于在大多数情况下，一旦有等效的OTC药可用，医疗保险则不支付处方药费用，[149] 转换也会严重阻碍仿制药品进入处方药市场。[150]

---

[146] Junod（2005），Drug marketing exclusivity under United States and European Union Law，Food & Drug L. J. ，59，516；Congressional Budget Office（CBO）（1998），How increased competition from generic drugs has affected prices and returns in the pharmaceutical industry，p. 45，available at：http：// www. cbo. gov/ftpdocs/6xx/doc655/pharm. pdf（accessed 13 April 2011）.

[147] See Drexl （2007），Responding to the challenges for development with a competition – oriented approach，in Barton et al. （eds），Views on the Future of the Intellectual Property System，ICTSD，Geneva，p. 19：more proprietary approach that tends to foreclose market access.

[148] Mahecha （2006），Rx – to – OTC switches：Trends and factors underlying success，Nat. Rev. Drug Discov. ，5，380；Raasch （2006），Der Patentauslauf von Pharmazeutika als Herausforderung beim Management des Produktlebenszyklus，Gabler，Wiesbaden，pp. 96 et seq. and Küpper （1998），Der Marketing – Switch pharmazeutischer Produkte，DUV，Wiesbaden.

[149] See Raasch （2006），Der Patentauslauf von Pharmazeutika als Herausforderung beim Management des Produktlebenszyklus，Gabler，Wiesbaden，pp. 97 et seq. and Himes，Zain （2007），Anti – competitive innovation：Is there a role for antitrust in evaluating product line extensions? Paper for American Conference Institute：Pharmaceutical Antitrust，New York，15 – 16 May，p. 11.

[150] One example is AstraZeneca's strategy regarding the proton pump inhibitor Prilosec，see Fackelmann （2009），Patentschutz und ergänzende Schutzinstrumente im Spannungsfeld von Wettbewerb und Innovation，Carl Heymanns，Cologne，pp. 3 et seq. and 478.

（3）专利保护和可专利药物创新的贬值

由于缺乏定性要求，数据独占权的风险严重损害了药物专利和可获得专利保护的药品创新的吸引力。[151]在阻碍仿制药竞争方面，数据独占权的实际效果与药物专利非常接近，要求却不太严格。投资相对简单、创新性较低的产品，无论如何都能得到针对模仿竞争的保护，其风险低于投资复杂但（可能）可专利的产品。[152]投资需求的风向因此转向次级可专利性但低风险的解决方案。然而，如果真正创新的产品投资较少，制药行业的进展可能会停滞不前。[153]

5.5 结　　论

总之，数据独占权与其说是促进创新，不如说是对药物研发的投资保护，创新药物更多地是一种副产品，而不是最初的目标。简单地说，只要有市场，数据独占权就使得任何药物的开发都具有经济吸引力。然而，市场成功并不一定与技术质量和治疗进展相关。

欧盟立法者目前没有考虑对此问题的其他解决办法。然而，它们确实值得讨论和深入分析。与之前一样，当前的数据独占权作为一种特别的保护权利，被放置于对次级可专利创新保护的假想层级的顶端的位置。该层级的底端，不加限制的仿制药参考权利，必须予以拒绝，因为它没有充分考虑搭便车的消极影响以及与 TRIPS 第 39（3）条相反的事实。然而，可以想象的是，会存在折中的妥协，在现行制度下，这种妥协可能是，例如，引入定性要求和缩短"8 + 2"数据独占期限。另外，更具革命性的想法涉及对仿制药参考引入强制许可或义务规则。[154]到目前为止，这种改革似乎是遥远而不可能的。"当面对工业技术的小规模已知应用的次优投资的风险，立法者和管理者本能地转向财产规则，他

---

[151] See Reichman (2000), Of green tulips and legal Kudzu：Repackaging rights in subpatentable innovation, Vand. L. Rev. , 53, 1772 et seq.

[152] See Dinca (2005), The "Bermuda Triangle" of pharmaceutical law. Is data protection a lost ship? JWIP, 8, 546.

[153] See Albach (1984), Ökonomische Wirkungen von L sungen der Zweitanmelderfrage, Betriebs – Berater, p. 4；Hilken (1989), Innovation und Patentschutzauf dem EG – Arzneimittel – markt unter besonderer Berücksichtigung deseurop schen Wettbewerbsrechts, Nomos, Baden – Baden, p. 129；Fellmeth (2004), Secrecy, monopoly and access to pharmaceuticals in International Trade Law：Protection of marketing approval data under the TRIPS Agreement, Harv. Int'l. L. J. , 45, 473 et seq.

[154] For details and further references, see Fackelmann (2009), Patentschutz und ergänzende Schutzinstrumente im Spannungsfeld von Wettbewerb und Innovation, Carl Heymanns, Cologne, pp. 481 et seq.

们认为一些有效的专利和版权规则的修改的混合将解决所有问题"。[155]然而，另一方面，大多数欧盟成员国医疗保险系统存在的越来越大的财政压力促使公共保险和私人医疗支付者付出更大努力来减少药品支出，希望成本的削减不是仅由患者来承担。

---

[155] Reichman（2000），Of green tulips and legal Kudzu：Repackaging rights in subpatentable innovation，Vand. L. Rev. ，53，1751.

6

从学术和比较视角看日本的专利期延长

Ryoko Iseki❶

6.1 引 言

知识产权法的国际问题似乎趋向于国际法律制度的和谐统一。该领域存在多次颁布国际条约的历史，并努力使行政管理的法律解释变得和谐统一。然而，我们真的希望所有国家拥有一个统一的制度吗？专利期延长制度的问题也许可以解释"同一制度对每个国家都不利"的观点。本章对三种专利期延长制度立法意图进行了比较。三种制度在保证对专利权人的保护方面似乎是相同的，因为为了获得药品上市许可，专利期会被侵蚀。然而，很明显，三种制度在立法意图方面大不相同。这些区别由行业政策以及如何看待专利权的本质的差异而引起。

本章将研究近年来日本专利期延长条件以及专利期延长后专利权范围等争议问题。当相似的药物涉及多个市场许可时，是否每项上市许可的申请都享受专利期延长的问题就随之产生了。2009 年❷日本知识产权高等法院关于该问题的判决具有划时代的意义，推翻了所有先例。本章将提供一些关于该判决的学

❶ 同志社大学法学教授。我要感谢 Nari Lee 和 Josef Drexl 给我机会表达我对这个问题的看法。

❷ Intellectual Property High Court 2008（Gyo – Ke）No 10458，29 May 2009，*Hanreijihou*（*Law cases reports*），No. 2047，p. 11，available at：http：//www. courts. go. jp/hanrei/pdf/20090529164534. pdf（accessed 7 June 2011）. After the manuscript was first submitted, the Japanese Supreme Court dismissed the final appeal of the JPO and affirmed the original judgment of IP High Court. The English translation of the decision of 28 April 2011, *Japanese Patent Office v. Takeda Pharmaceutical Ltd.*, is appended to Chapter 8 of this book. See also, for author's commentary on the case, Iseki, R.（2012），'Multiple Marketing Approvals for Medicines and Registration of Patent Term Extension'，*AIPPI*（International Edition），37（1），3 – 22.

术和法律评论，因此该问题解释了三种制度在行政管理方面所存在的巨大差异。

总体来说，专利期延长制度应因地制宜地发挥作用。三种制度不可能和谐统一，因为它们具有不同的立法背景。

6.2 专利期延长机制立法本意及专利权效力的比较

6.2.1 日　本

按照其定义，由于药事法及其他法律的约束妨碍授权发明的实施，导致专利期被侵蚀，因此专利期延长制度允许恢复被侵蚀的专利期。关于专利权的效力，何为"专利期的侵蚀"？专利期侵蚀的含义因我们如何考虑专利权效力的本质而不同。

积极权利理论和消极权利理论在专利权的本质方面存在冲突，积极权利理论认为专利权的本质是一种专利权人本人实施授权专利的排他权，而消极权利理论则认为专利权的本质是一种阻止他人实施授权专利的权利。❸❹

对专利期延长制度的解释因如何考虑专利权的本质而不同。在获得药事法规定的市场许可之前，授权专利的实施受阻。然而，没有行政阻碍，他人的实施行为会以同样的方式被排除。换句话说，专利权的排他性并不会被侵蚀。因此，要恢复被侵蚀的专利期仅是恢复被侵蚀的专利权人本人排他地实施授权专利的效力而非其他。由此可知，日本专利期延长制度的设立基于上述认为专利权的本质是一种积极的权利的观点。

美国是世界上最先建立专利期延长制度的国家。毫无争议的是，美国专利

---

❸ For an article that considers the nature of the patent right as a negative right and discusses in detail the discrepancies these theories cause in differing conclusions on the construction of laws, see Noishiki, I. (2002), 'Tokkyoken no honshitsu to "senyuu" no yougo no rekishi' (The Nature of the Patent Right and History of the Term "Exclusive")', in: *Chitekizaisanhou no keifu*, *Ono Shouen sensei koki kinen ronbunshuu* (*Genealogy of the Intellectual Property Law*): *collection of papers for memorial for the seventieth birthday of Professor Shoen Ono*), Seirin shokin, p. 73. For an article based on the Negative Theory, see Takeda, K. (2006), *Tokkyo no chishiki* (*Knowledge of Patents*), 8th edition, Diamond Inc., p. 364.

❹ 在日本，通常认为区分积极权利理论和消极权利理论没有实际意义，因为由他人实施授权发明能够被禁止，因此，专利权人可以排他地实施授权发明。然而，也存在结论不同的其他情况，比如，同日提交的涉及改进发明的专利申请，因为专利法第72条对于同日提交的申请没有任何规定。从积极权利理论的观点来看，改进发明的专利权人也许可以不受限制地在使用发明专利权方面实施其授权发明。但是，从消极权利理论的观点来看，改进发明的专利权人也许不能实施其授权发明，因为他/她没有权力这么做。

法将专利权视为一种消极的权利，并不认为专利权是授予专利权人实施授权专利的权利。❺ 相应地，当实施授权专利的效力受阻时，美国的专利期延长制度并不打算恢复专利期。在美国，正如后续将解释的，专利期延长制度作为综合政治立法的部分被引入，以促进品牌药制造者（专利权人）和非品牌药制造者（专利到期后的药品销售商）之间的利益平衡。美国的立法历史和背景与日本完全不同。回顾我们如何认识专利权本质效力的制度的基础，即可确认两国的专利期延长制度是在不同观点之上建立的。

6.2.2 美　国

在美国，专利期延长制度由 1984 年称为 Hatch – Waxman 法案❻的药品价格竞争与专利期补偿法案建立。

对于药品而言，获得 FDA 市场许可（相当于日本药事法规定的市场许可）的等待期导致授权专利的实施不能即刻开始。因此，该制度的目的是恢复因等待期而损失的专利权有效期，这一点跟日本一致。然而，如前所述，美国专利法中专利权仅有一种消极的排他权。可见，美国专利法并不积极地授予专利权人超越排他权之外的实施授权专利的权利。因此，就法律含义而言，专利权的排他权并没有被侵蚀。尽管存在"专利期恢复"这个名头，其立法本意并非恢复损失的专利期，而仅仅是对专利权人实际承受损失的一种补偿。因此，请注意其与日本专利法的本质区别在于专利权人不能实施授权专利的事实在美国专利法中没有任何法律意义。

那么，美国专利期延长制度的立法本意是什么？正如该法律名称所示，其

❺ Merges, R. P, and J. F. Duffy (2002), *Patent Law and Policy*：*Cases and Materials*, 3rd edition, LexisNexis, Newark, NJ, pp. 48 et seq.

❻ Regarding the detail of this Act, Komai, T. (1985), 'Beikoku ni okeru kanryakushinyakushinseihou to tokkyokikan kaifukuhou no haikei to sorerano naiyou (1) (2) (The Background and Contents of the Abbreviated New Drug Application and the Patent Term Restoration Act in the US (1), (2))', *Tokkyo kanri* (*Patent Management*), 35 (1), 47 and No. 2, 153. Regarding mainly the relation with so – called 'Bolar Provision', Iseki, R. (2000), 'Tokkyokikan manryougo no jisshi no junbi to shaken (Preparation for Working of the Patent Right after Expiry of the Patent Term and Investigation)', *Doshisha Hougaku* (*Doshisha Law Review*), No. 270, 1. Regarding a point of the US patent term restoration system that is significantly different from the one in Japan, Matsui, S. (1987), 'Tokkyoken sonzokukikan enchouseido no gaiyou (Outline of the Patent Right Term Extension System)', *AIPPI*, 32 (7), 4. Regarding the current situation of operation of the Japanese system and its comparison with those in Europe and the US, Nagai, A. (1993), 'Nihon no Tokkyokikan enchouseido (The Patent Term Extension System in Japan)', *Tokkyo Kanri* (*Patent Management*), 43 (4), 465. Regarding a detailed comparison of each country's system, see Kokusaiiinkai (International Committee), 'Kakkoku ni okeru tokkyokikan enchouseido (The Patent Term Extension System in Countries)', *Tokkyo kanri* (*Patent Management*), 41 (10), 1289.

是两种完全不同的法律融合到一起以共同达到的目的。一方面通过扩大仿制药许可程序增加低成本药物的可用性。另一方面通过恢复药品因临床试验和等待FDA上市前许可而损失的部分专利期。❼也就是说，该制度允许仿制药在市场上扩张，通过引入一种叫作简化新药申请（ANDA）的机制，可以通过比新药更为简便的调查或过程获得市场许可；与此同时，通过恢复专利期来保护有品牌药企业的新药的发展。该制度的本质与日本法律中所建立的融合药事法和专利法而成的法律相一致。由此，其被称为立法法令舞台上的"双名法令"。目的是通过平衡品牌药企业和仿制药企业之间的利益，促进美国药品行业的总体发展。

日本自行引入专利期延长制度，引入时间比美国晚三年。因此，日本立法是在充分了解美国制度的基础上做出的。在美国，法律的设立经过了关于出于专利期结束后实施授权专利的目的，专利期内执行调查以获得FDCA（Federa Food Drug and Cosmetic Act）市场许可时，专利权是否被侵犯的长期争论。在日本，根本不存在这样的争论。因此，后续发生了许多冲突。❽正如我们能看到的，日本没有关于平衡品牌药企业和仿制药企业之间利益的思考或建议。这展示出了与美国的极大不同，在美国该法律制度的设立是作为一种药品行业的政策。

6.2.3　欧洲：补充保护证书制度

美、日、欧处理药品专利期侵蚀的相似制度存在的很大不同之处在于，欧洲的制度独立于专利法。1990年和1991年，法国和意大利的专利期延长制度作为区别于专利法的单独法律设立。❾欧洲作为一个整体，1992年❿通过了关于药品补充保护证书（SPC）的欧盟理事会条例，并于1993年实施。SPC提

---

❼ *Glaxo Operations UK Ltd. v Quigg*, 894 F. 2d 392 (*Fed. Cir.* 1990), at 396, *H. R. Rep.* No 857, 98th Cong., 2d Sess., pt 1, pp. 14 – 15.

❽ For more details see, Iseki, R. (2000), Tokkyokikan manryougo no jisshi no junbi to shaken(Preparation for Working of the Patent Right after Expiry of the Patent Term and Investigation), *Doshisha Hougaku Doshisha Law Review*), No. 270, 1.

❾ French Law No. 90 – 510 (25 June 1990); French Ordinance on Enforcement No. 91 – 1180 (19 November 1991); Italian Law No. 349 (19 October 1991). Von Morze, H., Peter Hanna (1995), 'Critical and Practical Observations regarding Pharmaceutical Patent Term Restoration in the European Communities', *JP-TOS*, No. 479, 480.

❿ Council Regulation (EEC) No. 1768/92 of 18 June 1992.

供了不同于专利法的保护。[⑪] 为了建立专利期延长制度首先考虑的是欧洲专利公约法第63条的修改。然而，很难获得法律修改所必需的所有签约国的同意。因此，选择了独立于专利法的制度。[⑫]

欧洲 SPC 致力于提高对药品领域创新的保护，以及从欧盟层面提供统一的解决方案。如规定的详解（1）~（5）中列出的，目的是对药品行业为新药上市进行的长期、高投入的研发给出足够的鼓励。然而日本的专利期延长制度的基础是专利权人不能使用他/她的授权专利，欧洲 SPC 制度的目的则是补偿药品研发周期本身。

两者不同的目的清楚地体现在期限的延长上。正如后续将要阐述的，欧洲条例规定的补充保护期是从专利申请日到上市许可日，与专利授权登记时间无关。即使专利在获得上市许可后才授权，不存在授权后因申请上市许可而不能实施的时间，仍然给予从申请日到上市许可日的补充保护期。[⑬]

这与日本和美国的情况大不相同。在日本专利期延长制度中，这种情况因实施授权专利的专利权效力并没有被侵蚀，因此，专利期不会被延长。

这说明 SPC 制度与恢复被侵蚀的专利期的制度完全不同，它是一种补偿由销售限制引起的损失的制度，而且与被禁止的销售是否排他无关。因此，欧洲的制度与日本和美国的制度存在根本的不同，美国和日本的专利期延长制度属于专利制度的一部分。

[⑪] Takeda, K. (2006), *Tokkyo no chishiki* (*Knowledge of Patents*), 8th edition, Diamond Inc., p. 539. For a translation of provisions, Haruo Goto translator, Iyaku no tsuika (hosoku) hogoshoumeisho no sousetsu ni kansuru 1992 nen 6 gatsu 18 nichi no rijikaikisoku (ECC1768/92) (Council Regulation (EEC) No. 1768/92 of 18 June 1992 concerning the creation of a supplementary protection certificate for medicinal products), *AIPPI*, 38 (8), 3. For an introduction of the system, see Chizai Kanri, Kokusaiiinkai daisan shouiinkai (The third subcommittee of the International Committee of Intellectual Property Management) (1996), Oushuu ni okeru iyakuhintou no tokkyokikan kaifukusochi ni tsuite (The Patent Term Restoration Measures for Drug, etc. in Europe), *Chizai kanri* (*Intellectual Property Management*), 46 (4), 577. Vossius, V. et al (1993), Yoshinobu Murofushi translator, Iyakuhin oyobi shindanyaku no tameno hokanhogoshou ni kansuru rijikaikisoku (EEC) No. 1768/92 ni tsuite (Council Regulation (EEC) No 1768/92 concerning the creation of a supplementary protection certificate for medicinal products and diagnostic agents), *Tokkyo kanri* (*Patent Management*), 43 (6), 799 (including original text of provisions).

[⑫] Chizai Kanri, Kokusaiiinkai daisan shouiinkai (The third sub – committee of the International Committee of Intellectual Property Management) (1996), Oushuu ni okeru iyakuhintou no tokkyokikan kaifukusochi ni tsuite (The Patent Term Restoration Measures for Drug, etc. in Europe), *Chizai kanri* (*Intellectual Property Management*), 46 (4), 578.

[⑬] Matsui, S. and T. Aoki (2008), Tokkyoseido no kokusaiteki seigouka to iyakuhinbunya no tokkyoken kikan enchouseido ni mirareru hiseigou (International Harmonization of the Patent System and Disconformities in the Patent Right Term Extension System in the Drug Field), *AIPPI*, 53 (6), 2 and 14.

6.3 日美欧在专利期延长登记制度方面的差异

6.3.1 美国和日本的差异

下面，从前文提到的立法本意的角度研究美国制度和日本制度的实际差异：

（1）在美国，每项专利权仅能延长一次专利期。[14] 这点在日本专利法并未明确述及。然而，制度的立法历史揭示了，尽管提出应在法条中明确"专利期已经被延长的事实"的提案构成了拒绝专利期延长申请的合法理由，但是这样的提案并未被通过。这就说明制度建立在一项专利可以多次延长专利期的假设基础上。行政实践中，只要专利期延长申请基于内阁命令（日本专利法第 67 条第（2）款，下文称为"上市许可"，市场许可）授予的上市许可涉及不同的产品或用途，一项专利权就可以被多次延期。[15]

（2）在美国，每个上市许可仅能延长一次专利期。[16] 在日本，没有相应限制，而且如果药品涉及多项专利权，所有专利权的延期都会被允许。

（3）在美国，只有首个被许可上市的产品才允许专利期延长。[17] 术语"产品"指"药物产品"和其他产品，比如食品添加剂，术语"药物产品"指一种新药的活性成分和其他产品，比如美国专利法中的人类生物产品。[18] 也就是说，美国专利法明确规定了允许对于每个药物的"活性成分"和其他产品比如生物产品的专利权延期，而在日本没有相应限制。

（4）在美国，作为一个总原则，专利期延长的期限是从申请研究用新药（IND[19]）到新药申请（NDA）的时间的一半加上从 NDA 到其被许可的时间的

---

[14] § 156 (a) (2) US Patent Act.

[15] 正如将在后面进行解释的那样，专利期延长的可注册性取决于延期申请基于的许可中的产品及其用途被学术评论批判和被 2009 年高等知识产权法庭判决驳回。（Intellectual Property High Court 2008 (Gyo – Ke) No. 10458, 29 May 2009, *Hanreijihou* (*Law cases reports*), No. 2047, 11, available at: http://www.courts.go.jp/hanrei/pdf/20090529164534.pdf (accessed 7 June 2011)).

[16] § 156 (c) (4) US Patent Act. In cases where multiple patent rights relate to one approval, the applicant shall select a patent right. See Komai, T. (1985), Beikoku ni okeru kanryakushinyakushinseihou to tokkyokikan kaifukuhou no haikei to sorerano naiyou(1) (2) (The Background and Contents of the Abbreviated New Drug Application and the Patent Term Restoration Act in the US (1), (2)), *Tokkyo kanri* (*Patent Management*), 35 (2), 154.

[17] § 156 (a) (5) (A) US Patent Act.

[18] § 156 (f) (1) (2) US Patent Act.

[19] Investigational New Drug Application.

总和。⑳ 延长期的上限是 5 年，⑳ 这一点跟日本相同。⑳

在日本，延长期是指授权专利不能被实施的时期。⑳ 这是因为立法意图是恢复专利权效力中实际实施授权专利的效力被阻碍的期限。

（5）在美国，专利期延长后专利权范围限于被许可的产品。然而，产品的用途包括后续新许可的用途。⑳ 换句话说，当同一专利权不同用途作为第二药物用途获得许可或后续再许可的情况，即便没有其他的延期申请，专利权延期后作为在先延期登记的效力也将影响该用途。在日本，专利期延长后专利权范围限于上市许可（日本专利法第 68 条）中的"产品"和"特定用途"。这种情况下，有必要申请另一个专利期延长。

（6）根据规定中存在的区别，对于日本专利法中的专利期延长，要求授权专利是为了满足上市许可的要求而未被实施。⑳ 美国专利法没有这种规定。美国关于专利延长期等于发生在专利授权后的强制审查期⑳的规定，和前面提到的日本专利期延长条件实质上相同，然而，其并没有明确将其作为申请条件。

6.3.2　欧洲和日本的差异

在欧洲，SPC 的专利期延长期限从"基础专利"申请日到首次欧共体上市许可日，减去 5 年。⑳ SPC 与日本制度的主要区别如下：

（1）SPC 与日本制度最重要的区别是证书的持续时间。如前所述，SPC 专利期延长与授权登记时间无关。因此，即使专利授权登记在上市许可日之后，仍然可以延长专利期。这与日本和美国有显著差异。根据美国专利法规定，延长期等于许可的产品的强制审查期，该时期发生在专利授权之后。⑳ 因此，在美国，这种情况下，延长期为零，日本也是如此。然而，SPC 中延长期的上限也是 5 年，⑳ 这与美国和日本相同。

---

⑳　§ 156（c）（2）US Patent Act. Matsui, S.（1987）, Tokkyoken sonzokukikan enchouseido no gaiyou（Outline of the Patent Right Term Extension System）, *AIPPI*, 32（7）, 6, indicates that patent term restoration in the US is based on the period required for development.

⑳　§ 156（g）（4）（A）US Patent Act.

⑳　Article 67bis（1）（iii）Japanese Patent Act.

⑳　Article 67ter（1）（iii）Japanese Patent Act.

⑳　§ 156（b）US Patent Act.

⑳　Article 67（2）and Article 67ter Japanese Patent Act.

⑳　§ 156（c）of the US Patent Act.

⑳　Article 13, 1 of the Council Regulation（EEC）No. 1768/92 of 18 June 1992.

⑳　§ 156（c）U. S. Patent Act.

⑳　Article 13, 2 of Council Regulation（EEC）No. 1768/92 of 18 June 1992.

（2）出于授予证书程序的目的，"基础专利"应由其所有人指明。**⑩**

（3）批准 SPC 的条件为产品未获得过 SPC，**⑪** 批准应是将产品作为药品上市的首个批准。**⑫**

（4）同一项上市许可涉及几个不同的专利时，仅当专利权人不同时，每个专利权人才能获得一个 SPC。1996 年 7 月的第 1610/96 号欧盟理事会条例，一个关于植物保护剂 SPC 的条例，提到：拥有同一产品的多项专利权的专利权人，其产品不能被授予多个证书。然而，涉及同一产品、显示来自两个或两个以上不同专利的专利权人的两个或两个以上申请是待定的，该产品的同一个证书将被颁发给这些专利权人（第 1610/96 号欧盟理事会条例第 3 条第 2 款）。第 1610/96 号欧盟理事会条例的详解（17）对于解释 SPC 有关药品的规定也是有效的。**⑬** 与日本的制度不同，日本对于一项市场许可的多次专利期延长登记没有任何限制，也与美国的制度不同，美国对于一项上市许可仅允许一次专利期延长登记。欧洲采用了一种中间立场，仅当专利权人不同时，每个专利权人才能获得一项 SPC。

（5）一项 SPC 赋予的保护仅延及授予上市许可的药品，用途延及证书期限内许可药品的任何用途。**⑭** 换句话说，获得证书后专利权范围与被许可产品相同，而对于用途，补充保护效力自动延及到后续开发的任何新用途。因此，所有新的适应证都被授予的 SPC 保护。**⑮** 这与美国制度相同，与日本制度不同，日本要求每项关于新用途的上市许可重新进行延长期登记申请。

6.3.3 小 结

如前所述，由于在获得上市许可的过程中，药品专利期会被侵蚀，美国和欧洲都设立专利期延长制度对专利权人授予保护。从这个角度来讲，它们的制度和日本的专利期延长制度是相同的。然而，明显地，三种机制在立法本意、法律制度设计和操作都存在很大的不同。要求在根本不同的概念下设立统一的

---

⑩ Article 1 of Council Regulation （EEC） No. 1768/92 of 18 June 1992.

⑪ Article 3 （c） Council Regulation （EEC） No. 1768/92 of 18 June 1992.

⑫ Article 3 （d） Council Regulation （EEC） No. 1768/92 of 18 June 1992.

⑬ Hacon, R., et al. （eds） （2008）, *Concise European Patent Law*, 2nd edition, Kluwer Law International, Gordon Wright, p. 415.

⑭ Article 4 of Council Regulation （EEC） No. 1768/92 of 18 June 1992.

⑮ Matsui, S. and T. Aoki （2008）, Tokkyoseido no kokusaiteki seigouka to iyakuhinbunya no tokkyoken kikan enchouseido ni mirareru hiseigou（International Harmonization of the Patent System and Disconformities in the Patent Right Term Extension System in the Drug Field）, *AIPPI*, 53 （6）, 13.

制度没有意义，这种统一只会是肤浅的。这样做更可能打破整个制度的平衡。因此，关于国际统一的争论需要慎重研究和仔细考虑。

6.4 日本专利期延长的近期争议

6.4.1 2009 年 5 月判决之前的问题和先例

最近日本发生的关于专利期延长条件和专利期延长后专利权范围的争议正成为焦点。关注这个问题的理由在于它试图阐明三种制度关于平衡专利权人和公众利益的不同行政方式。有观点认为日本制度的行政方式应该遵从美国和欧洲的制度，❸ 但这个问题有待研究。

在日本，专利法规定，符合专利权延长，条件必须存在授权专利不能被实施的时期，因为上市许可对于实施授权专利是必要的，专利期将因上述时期被延长。❸ 因此，专利期延长登记条件之一就是需要获得实施授权专利的上市许可，日本专利法第 67 条第 1 款第（i）项规定，如果认为没有必要获得上市许可就可以实施授权专利，那么专利期延长申请将被拒绝。那么，问题在于：相似药物获得多项上市许可时，是否每项许可都可以享受一次专利期延长。

对于这个问题，2009 年之前的法庭先例的解读是：如果这些药品的活性成分和适应证相同，那么，只有首次许可的药物才能获得专利期延长。这种解读基于如下几点：（i）先例认为被延长的专利权的保护范围和一项延长的范围登记，应该一并考虑。换句话说，如果延长的专利权影响一种特定药品，另一项基于该药品上市许可的专利期延长申请则不被允许。因为延长的专利权的保护范围限于与上市许可中产品相同的"产品"和"用途"，❸ 有必要作出如下解读：对于"产品"和"用途"相同的上市许可，只有一次延长被允许。（ii）关于药品，先例将"产品"解读为"活性成分"，将"用途"解读为"适应证"。

对于涉及法律先例关于如下两种解读的适当性存在争议。一是将"产品"解读为活性成分，将"用途"解读为适应证，延长的专利效力限于上述产

❸ *The Hanreijihou*（*Judicial Reports*），No. 1980，at 135. Commentary on the judgment of the Intellectual Property High Court，19 July 2007；*The Hanreijihou*（*Judicial Reports*），No. 1980，at 133，（Long – term sustained release type microcapsule）.

❸ Article 67（2）Japanese Patent Act.

❸ Article 68bis Japanese Patent Act.

品。[39] 二是当判断上市许可对于实施授权专利的必要性时，即申请专利期延长登记的条件时，[40] 上市许可的必要性被解释成实施"产品"需要上市许可，意味着作为上述第（i）点的产品统一解释为"活性成分"。

将"产品"解释为"活性成分"的理由在于，如果只有上市许可中特定药品的专利延长有效，其他形式上存在细微差别的药品将不会落入延长专利的保护范围，这种情况将导致延长的专利事实上没有实际意义。因此，先例解释延长后的专利权的保护范围，作为一种活性成分，应该比上市许可中产品的范围更宽。

然而，授权专利的上市许可中还包括除了活性成分之外的特征，比如，剂型或者药物递送系统专利，该做法导致这种情况下专利期延长登记不被允许。

法律先例中将其解读作为专利期延长条件的、上市许可对于实施授权专利的必要性的原因在于，法庭考虑立法本质是为了保护新药（新的活性成分）的开发，并不关心对特定剂型开发的保护，[41] 上述必要性指作为制造或销售用于特定适应证的活性成分的必要性。

6.4.2 评论人的讨论

对先例的批判

然而，上述先例将"产品"解读为活性成分、将"用途"解读为适应证的解释是没有说服力的。一些评论人对上述观点提出了质疑。比如，如果另一项涉及相同活性成分的专利已经被授予上市许可，那么，一项涉及剂型的开创性发明专利将不能获得专利期延长。然而，对于涉及剂型的授权专利，只要活性成分不同，专利期就可以被频繁地延长。上述例子被认为是不合理的。[42]

至于先例认为立法意图是为了保护新药的开发，那必须明确质疑"新药"的含义。日本专利法并没有给出定义。如前所述，这与美国专利法完全不同，美国专利法规定"药品"应指新药的活性成分。

进一步地，日本专利法立法时的资料中没有关于"产品"指"活性成分"和"用途"指"适应证"的规定依据。因此，关于立法意图是为了保护涉及

---

[39] Article 68bis Japanese Patent Act.

[40] Article 67bis Japanese Patent Act.

[41] As stated in the judgment of the Intellectual High Court, 11 October 2005, No 2005（gyo – ke）10345; available at the Intellectual High Court website http：//www. ip. courts. go. jp/index. html（Microencapsulation of water – soluble polypeptide）（accessed 7 June 2011）.

[42] Dohi, K.（2006）, Tokkyoken no sonzokukikan no enchouseido to iyakuhin no seizoushounin（The Patent Term Extension System and Manufacturing Approval for Drugs）, *AIPPI*, 51 (11), 2.

活性成分和适应证的新药开发的观点是毫无根据的。因此，不能说立法倾向于减少对剂型发明的保护。

还有一种观点认为，[43] 专利期延长登记的条件，即授权专利实施是否受阻，应具体情况具体分析，对于延期专利权的禁止效力的限制是另外一回事。应当用活性成分和适应证替代产品和用途进行解读，因为在日本专利法中，一种药物的活性成分是一项授权专利，涉及剂型的授权专利则是作为不同主题的发明分开考虑的。

先例以外的两种解释

基于上述对先例的争议，另有一种解释认为"产品"指上市许可中的药品本身，[44] 此时应允许每项上市许可进行专利期延长登记。根据上述解释，延长专利权的范围和上市许可涉及的主题之间不存在分歧。这意味着允许每项上市许可的专利期延长登记，而且延长后的专利权仅影响相关主题。[45] 因此，判断专利期延长登记的适当性时没必要考虑延长专利的范围。然而，这可能会引发专利权延期后的效力问题。

另一种可能的解释是，将延长登记条件与延长后专利权的效力分开考虑，每项专利权都允许专利期延长。该解释基于的视角为：对于授权专利在获得上市许可前无法实施的情况，专利期延长应该被允许。该解释阐明了专利期延长登记条件的规定（日本专利法第 67 条第（2）款）中短语"对实施授权专利而言有必要获得"的字面含义，指出无论上市许可中涉及的是物质还是活性成分，对于授权专利的任何实施都是必要的。因而，只有首次上市许可相关的专利权才被允许延期。根据这种解释，专利权除了活性成分之外的其他特征也将成为专利期延长登记的主题。然而，不管对产品和用途的解读，上述解释会产生如下麻烦：尽管延长的专利权效力不影响涉及不同"产品"和"用途"

---

[43] *Ibid.*, p. 6.

[44] Matsui, S. (1987), Tokkyoken sonzokukikan enchouseido no gaiyou(Outline of the Patent Right Term Extension System), *AIPPI*, 32（7）, 8；Iseki（*supra*, nn. 6, 8）；Matsui, S. (2007), Yakujihou no kousakusuru tokkyoken sonzokukikan enchouseido no mondaiten(Problems with the Patent Right Term Extension System in which the Pharmaceutical Affairs Act mixtures), *AIPPI*, 52（11）, 2 and 10；Saegusa, E- . Tokkyoken no sonzokukikan no enchoutourokushutsugan（Application for Registration of a Patent Right Term）, commentary on the judgment of the Intellectual Property High Court, 19 July 2007, *The Hanreijihou*（*Judicial Reports*）, No. 1980, p. 133；（long – term sustained release type microcapsule）,（2008）*Chizaikanri*（*Intellectual Property Management*）, 58（7）, 923 and 930. Saegusa, *ibid*, at p. 929：this construes that Article 68bis of the Patent Act stipulates the product subject to a disposition from perspective of usage.

[45] Matsui, S. (1987), Tokkyoken sonzokukikan enchouseido no gaiyou(Outline of the Patent Right Term Extension System), *AIPPI*, 32（7）, 8；this indicates a solution by the Equivalent Theory concerning the point that the range of effect of the patent right after extension is so narrow that it lacks effectiveness.

的授权专利的实施，但是对于所述授权专利相关的上市许可，将不再允许延期。因此，涉及不同产品或用途的授权专利被侵蚀的期限将不能被恢复。

理论上，可以考虑除先例之外的这两种可能的解释方式。然而，如果完全采纳其中任何一种可能的解读方式，都会引发前文提到的问题。

因此，为了避免这些麻烦，修改前文所述的后一种解释被认为是更合适的解决办法。首先，日本专利法第 67 条第（i）款列出的拒绝登记的理由原则上不能用于因没有上市许可而无法实施授权专利的情况。甚至对于因为有在先许可从而授权专利能够被实施的属于拒绝理由的情况，如果在后许可是一个产品许可，基于在先许可延长后专利权的效力不会被影响，由于它涉及不同的产品和用途，这种情况下专利期延长申请登记将会被批准。根据专利法第 67 条，这种解释是合理的，由于在先许可的存在，"在产品和用途方面与所述许可有关的授权专利"不能被实施。

6.4.3　与美国法律先例的比较

在美国，也有关于当上市许可主题与在先许可具有相似的活性成分时，其专利期延长登记是否能被批准的判决。本节将对这些判决和日本的争议进行比较和研究。

***Fisons plc v. Quigg* 案美国联邦巡回上诉法院的判决（1989）**[46]

该案中，原告获得了三项专利，申请专利期延长。其中，每一项涵盖一种新药，含有活性成分色甘酸钠（支气管扩张剂）和新的治疗方案及剂量。但是，其专利期延长未获批准，理由是涉及色甘酸钠（活性成分）的上市许可在 10 多年前已经以吸入胶囊的形式被授予专利期延长。该原告宣称第 156（a）（5）（A）条（其中要求营销或使用该产品的许可是第一次获准营销或使用该产品）中的"产品"一词不应该是解释为"有效成分"，而应该指 FDA批准的特定药品。Fisons 主张，鉴于国会的目的是鼓励制药创新，限制专利期限延期给予的范围，仅鼓励新化学物质的开发而不鼓励与新化学物质同样重要的已知化合物的新用途和剂量的开发，是毫无意义的。法院驳回了 Fisons 的争辩，因为这些政策问题是国会而不是法院需要决定的。

很有趣的是，基于一种已经批准的活性成分的新用途和剂量的上市许可是否能够获得专利期延长的问题，在日本存在争议，在美国法院也存在争议。然而，在美国，由于有规定"产品"是指"活性成分"，法院以这是一个由国会决定的立法政策问题为由驳回了不同的意见。在日本，法律环境与美国不同，

---

[46]　876 F. 2d 99（Fed. Cir. 1989）.

因为日本法律对此没有规定。

PhotoCureASA v. Kappos 案美国联邦巡回上诉法院（CAFC）的判决（2010）❹

在最近的这起案件中，原告提出了药品专利期延长申请，该药品的活性成分为化合物甲基氨基乙酰丙酸盐酸盐（MAL 盐酸盐）。专利商标局（PTO）驳回了延长申请，理由是 MAL 盐酸盐是以前 FDA 批准的 ALA 盐酸盐的酯。PTO 表示，第 156（f）（2）条（其中定义"药物产品"，专利期的延长仅限于产品的首次批准）中的"活性成分"并非指 FDA 批准的产品，而是指产品的"活性部分"，MAL 盐酸盐和 ALA 盐酸盐是"相同的产品"，因为 MAL 的"基础分子"是 ALA。因此 PTO 认为 FDA 关于 MAL 盐酸盐产品的上市许可不是该"产品"的首次上市或使用，不满足第 156（a）（5）（A）条的要求。然而，地方法院认为，MAL 盐酸盐和 ALA 盐酸盐是不同的"产品"，具有不同的"活性成分"，第 156 条中使用了这些术语，因此专利期延长的法定条件已经满足。❹ PTO 表示，CAFC 关于辉瑞公司诉雷迪博士实验室有限公司的判决❹支持其法定解释。辉瑞的问题在于是否可以通过改变盐来避免对涉及药物氨氯地平的期限延长专利的侵权，CAFC 认为改变后的盐对产品的活性没有影响，因为该产品的"活性部分"未改变，因此改变的盐侵犯了上述期限延长的专利。但是，在 *PhotoCure ASA* 案中，CAFC 认为辉瑞公司涉及争议的产品仍是盐，因而对辉瑞公司的判决并未改变第 156 条对专利期延长条件的规定，辉瑞不关心一个需要全面监管批准的不同的、单独的专利产品。

将该判决与日本的争议进行比较，PTO 的观点与 2009 年之前的日本法院先例类似，上述先例认为专利期延长后专利权的保护范围和专利期延长登记的范围，影响后续申请，应该统一解释，所以如果延期专利影响某种药物，另一项基于该药物上市许可的专利期延长申请将不被允许。PTO 同样认为，由从已知产品得到的改变的盐组成的产品，其专利期不能被延长，因为延期专利影响具有相同活性部分的两个产品。然而，CAFC 驳回了 PTO 的观点。下文中 2009 年高等法院知识产权的判决与 CAFC 的决定接近，认为专利期延长申请的可登记性和因在先许可而延长专利期的专利保护范围是两码事。因此，关于这一点的争论揭示了美国和日本之间的一致性；但是，应该记住的是专利期延长后专利权的保护范围和专利期延长条件在美国和日本是不同的。在美国，专利期延

❹ 603 F. 3d 1372（Fed. Cir. 2010）.

❹ *PhotoCure ASA v Dudas*，622 F. Supp. 2d 338（*E. D. Va.* 2009）.

❹ 359 F. 3d 1361（*Fed. Cir.* 2004）.

长后专利权的保护范围仅限于许可的产品，但是该产品的用途包括后续新许可
批准的用途，而且每项专利权的专利期只能延长一次。而在日本，专利期延长
后专利权的保护范围限于许可中的"产品"和"特定用途"，对于后续新许可
批准的用途需要重新进行专利期延长登记，而且一项专利权可以不止一次进行
延期登记。这意味着，在美国，当专利权人因与在先延期申请相同的产品被授
予后续新的许可时，没有必要再进行延期申请，这种第二次延期不会被发布。
在日本，由于缺乏保护，对于特定的后续许可有必要多次延长专利期。换句话
说，由于制度差异的存在，美国和日本的这些判决的意义不必是相同的。就是
说，在日本，专利期延长不需要考虑已基于另一上市许可延期的相同专利的有
效范围，可能有一些专利的范围将会延长两次或更多次。结果可能是范围重叠
的专利保护期将被在后的延期改变，从而可能损害法律稳定。在美国，可能没
有这样的问题。

6.4.4　2009 年 5 月知识产权高等法院判决的重要性

知识产权高等法院 2009 年 5 月的判决[50]是非常重要的，将会对目前正在讨
论的日本专利法的修改的相关争论的实践和方向产生广泛的影响，因为它，实
际上，推翻了先例多年来采用的解释。

这个划时代判决的第一点是它解释了专利期延长申请登记无需考虑因在先
许可延长的专利权的保护范围。法院澄清了基于以下任一理由拒绝专利期延长
申请的条件：（a）上市许可不需要消除对授权专利实施的禁止；或（b）上市
许可消除禁止的行为与实施授权专利的行为无关。

上述判决另一个前所未有的方面就是法院提出了对"产品"和"用途"
的解读是对延期专利权效力的限制。[51] 它认为，先例将术语"产品"和"用
途"应该被分别解释为"活性成分"和"适应证"的观点是不可接受的。术
语"产品"被解释为由"成分""剂量"和"结构"确认的"产品"，这些是
用来确定许可涉及主题的客观特性的要素，所述许可是药事法批准的上市许
可。术语"用途"被解释为日本专利法中用途发明的用途。因此，最新的判

[50]　Intellectual Property High Court 2008（Gyo－Ke）No 10458, 29 May 2009, *Hanreijihou*（*Law cases reports*）, No. 2047, at 11, available at：http：//www. courts. go. jp/hanrei/pdf/20090529164534. pdf（accessed 7 June 2011）.

[51]　Article 68bis Japanese Patent Act.

决明确反驳了先例的解释，大多数评论家都同意这一判决。⑫ 该判决提出了专利期延长制度的立法意图：即向被禁止实施授权专利的专利权人提供补救措施，不管他/她的意图和能力，直到所述禁止被上市许可消除，通过延长专利期弥补获得上市许可需要的时间。

作为这种解释的理由，该判决引用了最高法院的判决：⑬ 延长期的计算不应将药品生产被禁止的所有天数都算在内，而应从获得上市许可必需的临床试验开始之日或专利授权登记之日中日期较晚者起算。简言之，专利权人没有寻求许可的期间不能包括在延长期之内，尽管事实上专利权人在此期间同样被禁止实施该授权专利。

知识产权高等法院的判决表明了这样的观点：获得上市许可的专利权人有意向和能力去实施授权专利。实施每一项药品授权专利都被禁止的原因是，药品没有许可不能上市，因而日本专利法不打算对禁止实施授权专利造成的弊端给予补偿。鉴于如下事实，药事法对禁止他人实施授权专利的效力并不施加任何限制，因而只有当专利权人由于药事法施加的限制而不得不放弃实施授权专利的意图时，专利期损失才成为问题。

因此，知识产权高等法院的判决在专利期延长制度的立法意图方面，很明显是基于积极权利理论考虑专利权的本质。如上所述，美国专利法认为专利权是一种消极的权利，与日本法律恰恰相反。应该指出的是，这个判决从理论上，也正确地从制度的立法本意上得出了结论。

这一判决也提出了限制延期专利权范围的立法意图；因为专利期延长制度是为了补偿专利权人因法律规定导致的损失而设立的，所述法律规定阻碍专利权人实施授权专利，尽管他/她有意图和能力这样做。如果对专利权人的补偿超出此类损失所必需的程度，就违背了该法律体系设立的目的。如果授权专利的技术范围大于上市许可所消除的被禁止实施的专利范围，对专利权人则定不

---

⑫ Matsui, S. (2009), Iyakuhin bunya no tokkyoken kikanencho ni kansuru chizai kousai no shinhanketsu ga iyakuhin kenkyuu ni oyobosu eikyou nituite (The Effect of the New Judgment by IP High Court about the Pharmaceutical Patent Term Extension on the Pharmaceutical Research), *AIPPI*, 54 (9), 13; Iseki, R. (2010), Case revoking the JPO decision which refused application for patent term extension based on the previous marketing approval for the same active ingredient and indication of another drug, *AIPPI* (*International Edition*), 35 (1), 3; Saegusa, E. (2010), Shinzaikei iyakuhin no tokkyoken sonzokukikan enchoutourokushutugan (Application for registration of a patent right term for a new drug delivery system), *Chizaikanri* (*Intellectual Property Management*), 60 (1), 5; Hirashima, R. (2010), Tokkyoken sonzokukikan enchouseido ni kakaru kitei no gouriteki kaishaku (Reasonable interpretation of the provisions for patent term extension system), *L&T*, 46, 45.

⑬ Supreme Court Judgment, 22 October 1999, *Minshu* (Collection of Supreme Court Decisions of Civil Actions), 53 (7), 1270.

公平的。因此，关键的一点还是对专利权人的损失进行补偿，所述损失由禁止有意愿，有能力的专利权人实施授权专利而引起，应该基于积极权利理论理解专利权的本质。

6.4.5 回　顾

先例观点给首个"活性成分"延长专利期

研究法律制度时考虑立法意图是非常重要的。在日本，专利期延长制度的立法意图是为了弥补谁是专利权人在获得药事法规定的上市许可之前相当长的时间内都不能实施授权专利的损失。因此，因等待上市许可而无法以任何形式实施授权专利的情况下，专利期延长应该被允许。

在条款和立法意图上，没有理由基于活性成分和适应证将发明区别对待。日本专利法制度不评判发明的价值，专利权具有同样的效力。任何与授权专利价值相关的判断都留给市场。授予剂型专利权应该是指保护所述剂型的发明而不是有效成分和适应证。在日本专利法政策下考虑专利期延长的制度，是违反法律意图的，专利法不允许没有任何理由地改变取决于发明类型的专利期（专利制度的基础）有关的判决。这意味着有关活性成分和适应证的授权专利延期不应被批准；即使授权专利包含除了活性成分和适应证外的其他特征，延期也应不被批准。

知识产权高等法院的判决正确地从立法本意方面推翻了这些先例。

知识产权高等法院判决将产品解释为许可中由成分、剂量和结构确认的产品

知识产权高等法院的判决认定延期专利的效力将涵盖授权专利产品的实施，其中，产品由成分、剂量和结构确认，产品专利的实施由医疗用途确认。关于这一点，有人认为延期专利的范围可能太狭窄。[54] 事实上，如果延期专利的效力只涵盖上市许可中的医疗产品，那么相似产品将出现在市场上，导致专利权人的排他权利毫无意义。然而，判决认为，延期专利还会涵盖涉及视为"等同"或"实质上相同"的产品的授权专利的实施。因此，药物在形式上略有不同应被视为"等同"或"实质上相同"的产品，落入延期专利的保护范围。

---

[54] Saegusa, E. (2010), Shinzaikei iyakuhin no tokkyoken sonzokukikan enchoutourokushutugan(Application for registration of a patent right term for a new drug delivery system), *Chizaikanri* (*Intellectual Property Management*), 60 (1), 17 – 18.

也有人提出，这并不属于所谓的等同原则的判断，❺ 它体现了专利的效力超出了权利要求的字面含义。❻ 根据日本专利法第 68 条，延期专利的效力受到限制。这是因为在授权专利的技术范围比被上市许可消除的禁止的范围更宽，有必要将延期专利的效力限制在被消除的禁止的范围。这表明延期专利的保护范围被认为比授权专利的技术范围更窄。然而，等同原则则覆盖了未落入权利要求字面含义范围的产品，只要该产品与落入授权专利的技术范围的产品被认为是实质上相同的。因此，如果等同原则被采纳，任何落入授权专利技术范围的产品都将被纳入"等同"的范畴（更具体地说，是字面侵权的范围），也因此受延期专利的效力的影响。这样解释将与日本专利法第 68 条的目的相矛盾：例如，限制延期专利的效力。因此，"等同"和"实质上相同的产品"应被解释为药物在实施发明的方式上是相同的，而不是一个技术概念。

这一判决在日本专利法第 68 条规定的延期专利的保护范围方面以及解释"产品"和"用途"的含义方面的处理方式是合理的。因为法院以客观的方式澄清了"药事法"中规定的上市许可的主题，与基于"药事法"和日本专利法有关规定的延期专利的范围相对应。

6.5 结论与展望

如上所述，在解释制度规定时，根据立法意图建立这样的解释至关重要。在操作层面，运行日本制度以取得与美国和欧洲制度的肤浅的一致性是不可取的，上述制度的意图非常不同。日本专利期延期制度的建立是为了恢复专利权人的排他实施权，因为在等待上市许可过程中上述权利受到阻碍。因此，在日本，有必要以此为基础解释判决。知识产权高等法院的判决是纠正前辈错误的重大进步。应充分利用专利期延长制度，以便这些制度的目的如期实现。三种制度永远不可能得到充分的协调统一，因为它们有不同的法律背景。

在日本，目前还没有涉及专利期延长后的专利侵权诉讼，相关先例有待积累和进一步研究。

---

❺ Supreme Court Judgment, 24 February 1998, *Minshu* (Collection of Supreme Court Decisions of Civil Actions), 52 (1), 113.

❻ Takeda, K. (2006), *Tokkyo no chishiki* (*Knowledge of Patents*), 8th edition, Diamond Inc., p. 538.

7
最近英国关于补充保护证书（SPC）的判例

Richard Arnold[1]

7.1 引　言

最近在英国有相当多的案件涉及申请补充保护证书。其中许多涉及对 1992 年 6 月 18 日关于为医药产品设立补充保护证书的第 1768/92/EEC 号条例的解释问题，现在已经编入 2009 年 5 月 6 日关于医药产品补充保护证书的第 469/2009/EC 号条例（以下简称"条例"），其中尚有若干问题已经提交至欧盟法院。

7.2 第 1（b）条中"产品"的定义

该条例的第 1 条包括 4 个关键定义，包括（b）段中的"产品"定义：
"产品"是指医药产品的活性成分或活性成分的组合。

在 *Generics（UK）Ltd v Daiichi Pharmaceutical Co Ltd*（[2009] EWCA Civ 646，[2009] RPC 23）案中，第一制药（Daiichi）是 EP0047005 专利的权利人，该专利于 1981 年申请，并于 1984 年授权，该专利涉及氧氟沙星，一种外消旋体的外消旋混合物。并于 1985 年在德国和 1990 年在英国分别获得了氧氟沙星的上市许可。第一制药也是 EP0206283 的权利人，该专利于 1986 年申请并于 1993 年授权，该专利涉及左氧氟沙星，是外消旋体中包含的两个对映体

---

[1] 英格兰和威尔士高等法院，大法官法庭和专利法院法官。

之一。左氧氟沙星比另一个对映体更活跃，更易溶，毒性更小。Kitchin J 和上诉法院驳回了 GUK 所提出的 EP 283 专利权无效的请求，认为左氧氟沙星相对于现有技术具备新颖性和创造性。1997 年，英国批准了左氧氟沙星的上市许可。第一制药在 1998 年获得了左氧氟沙星的 SPC。GUK 也质疑了该 SPC 的有效性，认为 1985 年或 1990 年的上市许可是首次批准将该产品投放市场，因此该 SPC 的申请不符合条例第 3（d）条。

Kitchin J 和上诉法院维持了 SPC 的有效性。上诉法院认为，1985 年和 1990 年上市许可的"产品"是氧氟沙星，而 1997 年上市许可的"产品"是左氧氟沙星。因此，1997 年的上市许可是首次将左氧氟沙星投放市场。正如 Jacob LJ 法官［58］所述：

在条例中的"产品"，是指"活性成分"或"活性成分组合"（第 1（b）条）。显然，必须结合结尾处的"视情况而定"。如果有两种活性成分，"产品"就是它们两个。氧氟沙星是活性成分的组合。因此，1990 年和 1985 年上市许可的主体是这个组合。对左氧氟沙星的上市许可是其单独作为活性成分的首次上市许可。

上诉法院也认为，左氧氟沙星受到自己专利的保护具有重要意义，同意德国联邦专利法院在 *Fusilade*（15 W（pat）26/98 Fusilade［2000］GRUR Int 921）中的观点。正如 Jacob LJ 法官所说的：

……清楚的是，BPG 认为，如果该化合物有后续的专利，那么任何早期的上市许可都不是随后获得专利的产品的首次上市许可。

英国最高法院驳回了 GUK 对上诉法院判决提出的上诉申请。

7.3 符合第 3（a）条之产品是活性成分的组合，其中只有一种活性成分受基础专利保护的案例

条例第 3 条规定了取得证书的 4 个条件，其中第一个条件是：

（a）该产品受有效的基础专利保护。

在 *Gilead Sciences Inc . v Comptroller – General of patents*（［2008］EWHC 1902（Pat））案中，吉利德（Gilead）是 EP0915894 专利的权利人，该专利涵盖了抗逆转录病毒药物替诺福韦。吉利德获得了替诺福韦和另一种名为恩曲他滨的抗逆转录病毒药物的组合的上市许可。吉利德申请了替诺福韦和恩曲他滨组合的 SPC。EP0915894 没有披露或要求保护恩曲他滨，其也没有披露或要求保护替诺福韦和恩曲他滨的组合。EP0915894 的权利要求 17 是：

一种药物成分，包括一种根据权利要求 1~25 的任一项的化合物，连同一

种药学可接受的载体和可选择的其他治疗成分。

英国知识产权局以不符合第 3（a）条为理由驳回了该申请，因为 EP0915894 没有保护这一组合。

吉利德提出上诉，并提出两项论点。吉利德的第一个论点是，EP0915894 保护了该组合，因为该组合可能因替诺福韦的存在而侵犯 EP0915894 的权利要求（侵权标准判断）。吉利德认为，Jacob J 在 *Takeda Chemical Industries Ltd's SPC Applications*（（No. 3）［2004］RPC 1）案中拒绝侵权标准判断是错误的。在该案件中，Jacob J 法官提到：

……所谓的兰索拉唑和一种抗生素的"组合"只会因为兰索拉唑的存在而受到侵犯。事实上，这种组合本身并不是"受有效的基础专利保护"。受保护的只是该组合中的兰索拉唑成分。说该组合受到专利保护是一种花招。当人们意识到，任何专利都可以保护专利产品连同世界上的其他任何东西的组合时，这种花招就暴露出来了。这种专利当然不能算是一种"组合"。

吉利德的第二个论点是，EP0915894 专利根据具体针对组合产品的权利要求 17 保护了这一组合。

Kitchin J 允许上诉。他不接受吉利德的第一个论点，但认为 *Takeda* 案的决定是否正确是一个重要的问题，这应该由上诉法院（CA），也许是欧洲法院（ECJ）来考虑。由于以下原因他接受了吉利德的第二个论点：

33. …［正确的判断］是确定产品的活性成分，这与产品是否落入基础专利权利要求的范围有关。正是这些成分，而且只有这些成分，才可以说是受到本条例所指的保护。因此，对于由 A 和 B 组合而成的产品，而基本专利要求保护 A 的案件中，只有 A 将该组合带入保护范围。因此，受保护的是 A，而不是 A 和 B 的组合。

34. 在这一上诉背景下进行判断，就会得到一个现成的答案。该产品由两种活性成分：替诺福韦和恩曲他滨组成。仅仅是由于替诺福韦的存在，该产品落入基础专利权利要求 1 和 25 的范围。因此，在 *Takeda* 判例中，权利要求 1 和 25 不保护该条例所指的产品。然而，权利要求 27 涉及包含替诺福韦（以及其他化合物）以及载体和任选的其他活性成分的组合物。因此只要权利要求涉及的是一个组合，由于替诺福韦和恩曲他滨的存在，那么就导致该产品落入了该权利要求的范围。

在 *Astellas Pharma Inc v Comptroller – General of patent*（［2009］EWHC 1916 (Pat)）案中，Astellas 是 EP0634408 专利的权利人，该专利涉及驱虫剂 emodepside。Astellas 获得了以 emodepside 和另一种名为吡喹酮驱虫剂为组合的上市许可。Astellas 以 EP0634408 为基础专利，申请了以 emodepside 和吡喹酮

为组合的 SPC。EP0634408 既没有披露或要求保护吡喹酮，也没有披露或要求保护 emodepside 和吡喹酮的组合。EP0634408 的权利要求 19 是：

一种驱虫剂，包括一种化合物或一种药学上可接受的盐，其中权利要求 1 ~ 11 和 14 中任意一项作为活性成分。

英国知识产权局以不符合第 3（a）条为理由驳回了该申请，因为 EP0634408 没有保护这一组合。

Astellas 提起上诉，提出了三个论点。Astellas 的第一个论点是，EP0634408 通过权利要求 19 保护这一组合（参考 Gilead 案）。Astellas 的第二个论点是，EP0634408 保护了该组合，因为该组合会侵犯该专利，而 *Takeda* 案是错误的。Astellas 的第三个论点是，欧洲委员会解释性备忘录第 39 段表明，该条例应该被解释为，允许对活性成分的组合授予 SPC，即使基础专利只涵盖了其中一种活性成分。Astellas 的诉求是其至少应该拥有 emodepside 的 SPC。

Arnold J 驳回了其上诉，理由如下。首先，他认为权利要求 19 涵盖了 emodepside 与另一种具有驱虫活性的化合物，例如吡喹酮的组合，但并没有具体披露吡喹酮。按照 *Gilead* 案中的判断方法，emodepside 是唯一，与判断产品是否落入保护范围有关的活性成分。其次，他不认为 *Takeda* 案是错误的，但他同意 Kitchin J 的观点，认为这个问题应该由上诉法院（CA），也许是欧洲法院（ECJ）来考虑。最后，他认为解释性备忘录第 39 段不支持在基础专利保护 A 而上市许可为 A + B 组合的情况下，给 A + B 的组合授予 SPC。此外，Astellas 对条例的解释取决于侵权标准判断的正确性。最终，因为其没有获得 emodepside 的上市许可，不符合第 3（b）条的规定 Astellas 没有获得 emodepside 的 SPC。

在 *Medeva BV v Comptroller General of Patents*（［2010］EWCA Civ 700）案中，Medeva 是 EP1666057 的权利人。该专利说明书披露了名为百日咳杆菌黏附素和丝状血凝素（FHA）的两种抗原的组合产生了一种协同效应，因此生产百日咳疫苗不需要第三种抗原，即百日咳毒素（LPF）。权利要求涵盖了百日咳杆菌黏附素和 FHA 的组合。Medeva 获得了 4 项疫苗的上市许可，其中每一项都是针对除百日咳之外的多种疾病的免疫接种，含有 8 ~ 11 种不同抗原。其中每一项都含有百日咳杆菌黏附素、FHA 和百日咳毒素。Medeva 就上市许可的药物产品提交了 4 份 SPC 申请，每一份都以 EP1666057 作为基础专利。英国知识产权局以不符合第 3（a）条为由驳回了上述申请，因为 EP1666057 没有保护上市许可的抗原的组合。

Medeva 提起上诉，其认为疫苗作为一个特例，对此应适用侵权标准判断，理由有二。首先，联合疫苗是包括一组针对多种疾病的抗原的药物产品。但实际上，这些抗原是独立并且平行发挥作用的。因此，就第 3（a）条而言，该产品确实受到 EP1666057 的保护。其次，Medeva 以针对多种疾病的联合疫苗的形式实施这项发明是由国家卫生政策造成的；因此，除非将疫苗视为特例，否则对于 EP1666057 涵盖的任何产品，Medeva 将丧失任何获得 SPC 的机会。

Kitchin J 驳回了上诉。他认为第一个论点在法律和事实上都是有缺陷的。疫苗作为一个整体，是第 1（a）条含义下的药物产品，9 种活性成分共同构成了第 1（b）条含义下的相关产品。为了符合第 3（a）条的规定，上诉产品只包含百日咳杆菌黏附素和 FHA 抗原是不允许的。显然，"产品"在第 1（b）条和第 3（a）条中必须具有相同的含义。如果第 1（b）条中的产品是活性成分的整个组合，那么在第 3（a）条中应保持一致。事实上，有证据表明联合疫苗的抗原并不一定独立发挥作用。关于第二个论点，由 *Takeda* 案引发的问题并不是疫苗特有的，而是同样适用于所有的组合产品。没有理由将疫苗作为特例对待。此外，条例中并没有对不同类别产品适用不同合格标准的依据。

Medeva 向上诉法庭提出上诉，而上诉法院决定把以下问题提交至欧盟法院：

1. 从第 469/2009 号条例（"条例"）序言（recitals）中所指出的其他目的中认识到，共同体每一个成员国必须在同等条件下向国家或欧洲专利持有人授予 SPC，如序言第 7 条和第 8 条所示。而在专利法缺乏共同体协调统一的情况下，条例第 3（a）条规定的"产品受有效的基础专利保护"是什么意思？决定这一规定的标准是什么？

2. 在如该案这种涉及一个药品包括多种活性成分的情况下，根据条例第 3（a）条的规定，是否有进一步的或不同的标准以确定"产品是否受基础专利保护"，如果有，这些进一步的或不同的标准是什么？

3. 在如本案这种涉及一种针对多种疾病疫苗的情况下，根据条例第 3（a）条的规定，是否有进一步的或不同的标准以确定"产品是否受基础专利保护"，如果有，这些进一步的或不同的标准是什么？

4. 就第 3（a）条而言，如果疫苗中的一种抗原"受有效的基础专利保护"，那对于包含多种抗原的、针对多种疾病的疫苗是否"受基础专利保护"？

5. 就第 3（a）条而言，如果针对一种疾病的所有抗原都"受有效的基本专利保护"，那对于包含多种抗原的、针对多种疾病的疫苗是否"受基础专利保护"？

6. 该条例，特别是第 3（b）条，是否准许为单一活性成分或活性成分的组合给予补充保护证书，其中：

（a）有效的基础专利保护本条例第 3（a）条所指的单一活性成分或活性成分的组合；

（b）药物产品包含单一活性成分，活性成分与一个或多个其他活性成分的组合，是根据第 2001/83/EC 号指令或第 2001/82/EC 号指令可授予有效许可的主体，且是将单一活性成分或活性成分的组合投放市场的首次上市许可？

上诉法院没有就这些问题的回答发表任何意见。该关联文件作为案件 C － 332/10 的部分仍在欧洲法院审理中。❷ 随后，Kitchin J 在 *Georgetown University v Comptroller － General of Patents* 案中向 ECJ 提交了进一步的相关材料，并提出了与 *Medeva* 案问题 6 相同的问题。❸

7.4　符合第 3（D）条之第二（及随后）医疗用途的案例

条例第 3 条规定的第 2 项和第 4 项情形如下：

（b）已获得根据第 65/65/EEC 号指令或第 81/851/EEC 号指令的规定批准的将产品作为药物产品投放市场的有效许可，视情况而定。根据第 19（1）条的规定，依照奥地利、芬兰或瑞典的国家立法批准将产品投放市场的授权被视为依照第 65/65/EEC 号或第 81/851/EEC 号的规定批准的许可，视情况而定；

　　……

（d）（b）中所指的许可是将产品作为药品投放市场的首次许可。

在 *Neurim Pharmaceuticals*（1991）*Ltd v Comptroller － General of patents*（［2010］EWHC（Pat），［2010］RPC 22）案中，Neurim 是 EP0518484 专利的权利人，该专利涵盖了使用褪黑素治疗人类的失眠症。Neurim 获得了 Circadin 的上市许可，该产品的活性成分是褪黑素，用于治疗 55 岁以上成年人的失眠。Neurim 申请了有关褪黑素的 SPC。此前，已批准了针对一名为 Regulin 的产品上市许可，其活性成分是褪黑素，用于刺激绵羊的早期生殖活动。英国知识产权局以不符合第 3（d）条为由驳回了该申请。

---

❷　See ECJ, Judgment of the Court, 24 November 2011 Case C － 322/10, unpublished. See also Medeva BV v Comptroller General of Patents［2012］EWCA Civ 523.

❸　See ECJ, Judgment of the Court on 24 November 2011 Case C － 422/10, unpublished. See also for similar referrals and rulings, ECJ Order of the Court, 25 November 2011, Case C － 518/10, Yeda Research and Development Company, OJ unpublished; ECJ, Order of the Court 25 November 2011, Case C － 6/11, Daiichi Sankyo Company, OJ unpublished; ECJ, Order of the Court, 25 November 2011. Case C － 630/10, University Of Queensland OJ unpublished. Seealso Novartis v MedImmune［2012］EWHC 181（Pat）.

Neurim 提起上诉，认为第 3（d）条应被解释为第 3（b）条所指的授权是首次将该产品作为药品投放市场的相关许可。

　　Arnold J 驳回了上诉，认为第 3（d）条的正确解释是，许可是将产品（活性成分）作为任何药物产品投放市场的首次许可。❹ 这一解释得到了解释性备忘录第 11 段和第 36 段以及条例方案，特别是第 4 条和第 7 条的支持。无论如何，上述结论都可以清楚地从欧洲法院的下列案件决定中看出，如案件 C‑31/03 *Pharmacia Italia SpA*［2004］ECR I‑10001；案件 C‑431/04 *Massachusetts Institute of Technology*［2006］ECR I‑4089；和案件 C‑202/05 *Yissum Research and Develop‑ment Company of the Hebrew University of Jerusalem v Comptroller‑General of Patents*［2007］ECR I‑2839。

7.5　第 2 条和第 13 条以及上市许可符合第 65/65/EEC 号指令和第 81/851/EEC 号指令的情况

　　条例第 2 条规定：

　　在成员国领土内受专利保护的任何产品和主题，在作为医药产品投放市场之前，根据委员会第 65/65/EEC 号指令或第 81/851/EEC 号指令中规定的行政批准程序，可在满足本条例规定的条款和条件下，作为证书的主体。

　　条例第 13 条规定：

　　1. 该证书应在基础专利的合法期限届满时生效，有效期为专利申请提出日至首次批准将产品投放共同体市场的日期之间的时间上减少 5 年。

　　2. 尽管存在第 1 款规定，自证书生效之日起，证书的有效期不得超过 5 年。

　　在 *Synthon BV v Merz Pharma GmbH & Co KGaA*（［2009］EWHC 656（Pat）［2009］RPC 20）案中，Merz 是 EP0392059 专利的专利权人，该专利涉及美金刚的第二医药用途。Merz 以 2002 年 5 月获得的美金刚的欧洲共同体（EC）的上市许可为基础，获得了 SPC。

　　从 1976 年 9 月开始，美金刚就一直在德国市场上销售。根据德国 1962 年 5 月 16 日的相关法律，不需要对医疗产品进行安全性或有效性测试。当德国通过其 1976 年 8 月 24 日的法律实施委员会第 65/65/EEC 号指令时，已经在市

　　❹ 上诉法院将问题转给了欧洲法院。See ECJ, Judgment of the Court, 19 July 2012, Neurim Pharmaceuticals（1991）Ltd v Comptroller‑General of Patents, Case C‑130/11, OJ unpublished. See also GlaxoSmithKline Biologicals v Comptroller‑General of Patents［2013］EHWC 619（Pat）.

场上销售的产品，如果在 1978 年 7 月 1 日前接到通知，那么就会被视为已获得上市许可。Merz 得到了及时的通知。因此，美金刚被认为已经获得上市许可，且授权一直持续到 1990 年 1 月 1 日。

卢森堡通过 1983 年 4 月的立法实施第 65/65/EEC 号指令。随后，在卢森堡的立法下，美金刚获得上市许可。然而，在给予上市许可时，卢森堡当局依据美金刚在德国被上市许可的事实，没有进行任何安全性或有效性的评估。

Synthon 请求 SPC 无效或零期限。双方一致同意：（i）德国立法不符合第 65/65/EEC 号指令，（ii）卢森堡立法确实符合第 65/65/EEC 号指令，并且（iii）在对美金刚的安全性和有效性进行评估后，首次上市许可是 2002 年的 EC 批准上市。

Floyd J 法官向 ECJ 提出以下问题：

1. 就委员会第 1768/92/EEC 号条例第 13 条和第 19 条而言，如果是依据符合理事会第 65/65/EEC 号指令的国家法律批准的上市许可，该上市许可是否是"将……投放在共同体的市场上的首次上市许可"，或者在给予有关上市许可时，是否有必要确定国家当局按照该指令规定的行政程序的要求对数据进行了评估？

2. 就委员会第 1768/92/EEC 号条例第 13 条和第 19 条而言，"将……投放在共同体的市场上的首次上市许可"的表述，是否包括经国家法律允许的且符合理事会第 65/65/EEC 号指令上市许可制度共存的上市许可？

3. 是否该产品获准首次在欧共体上市，而无须经过委员会第 1768/92/EEC 号条例第 2 条所界定范围内的理事会第 65/65/EEC 号指令所规定的行政程序？

4. 如果不是，对该产品授予的 SPC 是否无效？

Floyd J 法官表达了对这些问题的观点，具体如下：

1. 如果国内法符合委员会第 65/65/EC 号指令，就够了。没有必要质疑国家当局是否遵守了其本国的法律。因此，卢森堡的上市许可是将该产品投放市场的首次上市许可，而 SPC 是无效的。

2. 根据不符合委员会指令的国家法律授予的上市许可不能被考虑在内：见 C–127/00 *Hässle AB v Ratiopharm GmbH*［2003］ECR I–14781at［61］案中法院的决定。

3. 第 2 条的解释是，如果所涉及的产品，在作为医药产品投入市场之前，根据委员会第 65/65/EEC 号指令中规定的行政程序不能作为证书的主体，那么 SPC 是不能获得的。

4. 是的。

该相关事件作为案例 C – 195/09 仍在 ECJ 审理中。❺

在 *Generics（UK）Ltd v Synaptech Inc*（［2009］EWCA Civ 1119）案中，Synaptech 是 EP0236684 的权利人，该专利涵盖了加兰他敏（Galantamine）治疗阿尔茨海默病的用途。加兰他敏已被销售并用于治疗神经肌肉疾病超过 40 年。根据 1963 年批准的上市许可，该药在奥地利市场上以商品名 Nivalin 销售，用于治疗小儿麻痹症。从 20 世纪 60 年代的某个时候起，该药也在德国市场上销售。根据 1976 年的法律，作为与 *Synthon* 案的美金刚采用同样通知方式的结果，加兰他敏在德国也被认为是已经批准上市的。Synaptech 基于 2000 年瑞典批准的治疗阿尔茨海默病的 Reminyl 的上市许可，获得了 SPC。

GUK 提出，该 SPC 要么是零期限，要么应当在 2008 年 12 月 31 日之前到期。辩诉双方均认同：在奥地利和德国，加兰他敏的上市许可不符合第 65/65/EC 号指令的规定，因此，第一个符合该指令规定的许可是瑞典的许可。

GUK 认为，第 13（1）条不要求首次上市许可符合第 65/65/EC 号指令的规定。GUK 还认为，根据欧洲经济区协定（EEA agreement）附录 XVⅡ或奥地利、瑞典和芬兰加入条约（Treaty on Accession）的规定，基于合并案件 C – 207/03 和 C – 252/03 *Novartis v Comptroller – General of Patents*［2005］ECR Ⅰ– 3209 相同的理由，奥地利的许可应被视为符合第 65/65/EC 号指令。

担任高等法院副法官的 Roger Wyand QC 认为，第 13（1）条要求上市许可必须符合第 65/65/EC 号指令的规定。他还认为，根据条例第 19（1）条的规定，只有在 1985 年 1 月 1 日以后签发的许可，才可适用于欧洲经济区和加入条约的规定（the EEA and Treaty of Accession deeming provisions）。因此，他驳回了该请求。

在 GUK 提出上诉时，上诉法院将下列问题提交给 ECJ：

1. 就理事会第 1768/92/EC 号条例第 13（1）条而言，"将产品投放到共同体市场上的首次上市许可"是否是按照理事会第 65/65/EEC 号指令（现在被第 2001/83/EC 号指令取代）规定签发的将产品投放在共同体市场上的首次上市许可，还是能够使该产品投放在共同体或欧洲经济区（EEA）市场上的任何上市许可？

2. 就理事会第 1768/92/EC 号条例第 13（1）条而言，如果"将该产品投入共同体市场的上市许可"必须根据第 65/65/EEC 号指令（现已被第 2001/83/EC 号指令取代）的规定签发，那么 1963 年奥地利根据当时有效的国家立

---

❺ See ECJ, Judgment of the Court, 28 July 2011, Synthon BV v Merz Pharma GmbH & Co., KgaA, Case C – 195/09, OJ unpublished.

法（不符合第65/65/EEC号指令的要求）给予的，且从未经修订以符合第65/65/EEC号指令，并最终于2001年撤回的上市许可，是否被视为是根据第65/65/EEC号指令规定所给予的上市许可？

上诉法院没有就这些问题应如何回答发表任何意见。该相关事件作为案例C-427/09正在ECJ审理中。❻

7.6　第1901/2006/EC号条例规定的儿科用药延长

2006年12月12日关于儿科使用的药物的欧洲议会和委员会第1901/2006/EC号条例，使得SPC的持有人能够在符合某些条件的情况下，获得6个月的延长期。

在 *E I du Pont de Nemours & Co v United Kingdom Intellectual Property Office*（［2009］EWCA Civ 966，［2010］RPC 6）案中，杜邦公司（Du Pont）是氯沙坦钾（losartan）专利和上市许可的所有者。杜邦公司已获得氯沙坦钾的SPC，其在2009年9月1日过期。根据第1901/2006/EC号条例第7（5）条的规定，儿科延长申请必须在SPC有效期届满前6个月，即2009年3月1日之前提交。杜邦公司于2009年2月18日申请了儿科延长。

2009年4月9日，UKIPO认为该申请存在缺陷，有以下三个原因：

（1）该申请内不包括声明遵守第1901/2006/EC号条例第28（3）条规定的儿科调查计划（PIP）的上市许可；不符合根据第1768/92/EEC号条例第8（d）（i）条和第1901/2006/EC号条例第36（1）条的要求。

（2）该产品并未按照第1768/92/EEC号条例第8（d）（i）条和第1901/2006/EC号条例第36（3）条的要求，在所有成员国得到；和批准/许可

（3）这些缺陷在2009年3月1日后无法补救。

杜邦公司提起上诉。2009年5月22日，担任高等法院副法官的约翰·鲍德温（John Baldwin）驳回了上诉。杜邦公司向上诉法院提起上诉。关于第（1）点，杜邦公司依据2009年2月13日荷兰有关当局的一封电子邮件，指出PIP已经得到遵守。关于第（2）点，杜邦公司提供了其现有上市许可，其中包括2009年1月22日通过集中程序获得的用于儿科使用糖浆配方的许可。关于第（3）点，杜邦公司认为上述缺陷属于特殊情况，可以根据第1768/92/EEC号条例第10（3）条加以补救。包含所要求的声明的上市许可是由有关当

---

❻　ECJ, Judgment of the Court, 28 July 2011, Case C-427/09, Generics（UK）Ltd v Synaptech Inc. OJ unpublished.

局于 2009 年 4 月 9 日签发的。包含所要求的会员国声明的最后一份上市许可是 2009 年 8 月 9 日签发的。

　　上诉法院受理了 2009 年 8 月 19 日提出的上诉，并在 2009 年 9 月 17 日给出了理由。关于第（1）点，法院认为，2009 年 2 月 13 日的电子邮件是不够的，因为第 36（1）和（2）条明确规定，该声明必须包含在上市许可中。关于第（2）点，法院认为，第 36（3）条明确规定，必须在每个成员国内都获得包含所要求声明的上市许可。然而，关于第（3）点，法院认为第 10（3）条能够补救的缺陷应被广义地解释为，该案中存在的缺陷，能够且已经在申请日期之后予以纠正。

8

日本的专利期延长：聚焦
Pacif Capsule 判决

Toshiaki Imura[1]

8.1 引　言

2009 年，日本知识产权高等法院裁定，日本特许厅上诉委员会以存在具有相同活性成分和用途的药品的在先许可为由驳回专利期延长申请是错误的。[2] 本章对知识产权高等法院的这一判决进行了讨论。

Pacif Capsule 判决显著地从以下两方面改变了日本特许厅的审查实践。首先，法院认为，基于日本专利法第 67（1）（i）条，[3] 对于用以制造、销售药事法（PAA）[4] 第 14 条规定的药物以存在与具有相同"活性成分"和"用途"药品的在先许可为由，驳回针对第二许可涉及的药品的专利期延长申请是错误的。其次，法院还认为，根据日本专利法第 68 条延长期限的专利权的保护范

---

[1]　日本知识产权高等法院法官。

[2]　*Takeda v Pacif Capsule*, Case No 2008 （Gyo – ke）, 10459 *Hanrei – jiho*, No. 2047, p. 11 （29 May 2009）. The decision can be found on the IP HighCourt's searchable website available at：http：// www. ip. courts. go. jp/hanrei/pdf/20090529165007. pdf （accessed on May 1 2011）. For English translation andcomment, see Lee, N. （2011）, Patent Term Extension in Japan in light of thePacif Capsule Decision, *IIC Review*, 4, 442 – 57; See also Appendix to this chapter in this volume for English translation of the Supreme Court decision on appeal.

[3]　Japanese Patent Act, Law No 121 of 1959, English translation available at：http：// www. japaneselawtranslation. go. jp/law/detail/? id = 42&vm = 04&re = 02&new = 1 （accessed 25 August 2010）. The translation does not reflect amendments in law after 2006.

[4]　Pharmaceutical Affairs Act （Japanese title：*Yakujihou*）, Law No. 1450 of 1960, Japanese text available at：http：//law. e – gov. go. jp/htmldata/S35/S35HO145. html （accessed 25 November 2010）.

围应由 PAA 第 14 条批准的药品"成分""剂量"和"结构"确认的"产品"来确定。

8.2 专利法第 67（1）（i）条存在的问题

8.2.1 背　景

专利期延长制度通过 1987 年专利法修订版引入日本。原则上，专利权的期限是自申请日起 20 年（第 67（1）条）。通过 1987 年的修订，增加了新的小节以允许延长专利期。目前第 67（2）条规定：

存在因为保证安全的相关法律规定的许可而无法实施授权专利的时期时，可以通过提交专利期延长登记请求延长专利权的期限，最长不超过 5 年。**❺**

引入该制度的原因如下：在某些领域（例如，制药和农业），专利权人在整个 20 年的专利期内，因为需要获得基于安全性考量的批准后才能行使专利权，特别是制造和销售的授权专利。结果，专利期被大大侵蚀，专利权人利益受损。为了解决这个问题，专利法引入了一项规定，允许专利权人通过提交请求延长专利期。如果有一段时间由于获得行政许可而无法实施授权专利，如作为药品进行制造、销售的许可（第 67（2）条），这种情况下，专利期延长登记的时间不超过 5 年。到目前为止，这样的行政许可只有 PAA 和农业化学品监管法中才能找到相关规定。在本章中，著者将只关注 PAA。

8.2.2 专利期延长需要的程序

根据日本专利法规定，程序如下**❻**：专利权人提交专利期延长登记申请。审查员经审查，只要当他发现存在专利法第 67（1）条所列的驳回情形时，可以驳回申请。换句话说，除非他找到驳回的理由，否则审查员必须给予批准。

第 67（1）条列出了审查员可能驳回专利期延长登记申请的条件。条件清单非常详尽。因此，除非审查员（JPO）提出并证明清单里的某个拒绝理由适用于该申请，否则专利期延长申请将被批准。对于是否满足驳回条件，审查员（JPO）承担主张责任和举证责任。

在这份详尽清单中，对于本章所讨论的判例而言，最关键的问题在于如何认定专利法第 67（1）（i）条中所述"许可（PAA 第 14 条要求）"对于实施授

---

❺　Japanese Patent Act, Law No 121 of 1959, Article 67（2）.

❻　Japanese Patent Act, Law No 121 of 1959, Articles 67（1）and（2）, 67ter and 68bis.

权专利而言并不是必需的"。

8.2.3　PAA 第 14 条规定的制造和销售药物许可需要的程序

PAA 第 14 条规定，药品的每个项目都需要一个许可批准。术语"项目"是指由名称、成分、剂量、结构、用法、用量、用途、功效，有效性等确认的药品。实际上，与对专利权人的要求不同，"项目"的范围很窄。因此，一家打算制造、销售药品的制药公司需要获得多项批准，即使主题在一项专利权的技术范围内。根据日本的行政法，这样的"许可"消除了作为药品制造、销售产品的一般禁止。PAA 规定，在先许可批准存在的事实并不必然缩短在后许可的审批期限。因此，在先许可和在后许可的审批都会侵蚀专利期。

8.2.4　JPO 审查实践

在专利权人基于第二许可提交专利期延长申请的情况下，JPO 应遵循以下操作指南。如上所述，PAA 第 14 条中的许可仅对由"名称""成分""剂量""结构""用法""用量""用途""功效""有效性"等确认的药品是有效的。但是，在专利权人基于第二许可提交专利期延长申请的情况下，JPO 并未以统一的方式批准这样的申请。JPO 是按专利法的判断思路进行：如果在先许可的产品与在后许可的产品具有相同的"活性成分"和"用途"，那么基于在后许可的申请将被驳回。换句话说，JPO 认为这是驳回的理由，并采取以下做法：他们比较在先许可和在后许可，如果发现在先许可的产品与在后许可的产品具有相同的"活性成分"和"用途"（同样适用于他人许可的情况下），他们驳回基于后续许可的申请，即使存在其他方面（比如剂型）的区别。

8.2.5　JPO 实践存在的问题

即使存在在先许可，如果他们打算制造和销售的药物与在先许可中的产品不同，制药公司也需要获得 PAA 规定的新的许可。换句话说，在某些情况下，PAA 要求专利权人寻求一个以上的许可以实施专利权。结果，尽管有在先许可，也还需要付出申请第二许可的时间，专利期的寿命实际上被侵蚀了。然而，JPO 仍认为只要在先许可覆盖的产品与第二许可的产品具有相同的"活性成分"和"用途"，就满足了法律上专利期延长的驳回理由，第 67（1）（i）条中述及了"许可……被视为没有必要获得"，由于这种做法实际上不合理，最近涉及此类争议的案件数量有所增加。另外，制药行业的运营与 1987 年专利期延长制度刚刚引入时相比发生了重大改变。目前，"药物递送系统"（DDS）和其他技术受到越来越多的关注，不仅"活性成分"而且"结构"和"剂量"也成为确认药品时更加重要的要素。本章所关注的判例讨论了这些问题。

8.3 事实背景和争议

8.3.1 事实背景

原告武田制药有限公司（以下简称"武田"）持有与药品有关的专利（日本专利 JP2653255）。武田于 2005 年 9 月 30 日根据 PAA 第 14（1）条获得了许可（以下简称"第二许可"）。基于该许可，武田根据专利法第 67（2）条和第 67 条之二的规定提交了专利期延长申请。但是，JPO 驳回了申请，武田上诉。JPO 上诉委员会驳回了上诉。武田然后上诉到知识产权高等法院寻求撤销 JPO 上诉委员会的裁决，将 JPO 专员作为被告（以下简称"JPO"）。

JPO 上诉委员会（以下简称"委员会"）的决定基于以下事实和法律发现：

（1）武田获得的药品"Pacif Capsule 30mg"（以下简称"Pacif Capsule"），含有"盐酸吗啡"作为"活性成分"，具有止痛的用途，适用于伴随中重度疼痛的各种癌症。

（2）一种名为"Opso 口服液 5 mg，10 mg"的药品（以下简称"Opso 口服液"），使用"盐酸吗啡"作为伴随中重度疼痛的各种癌症的止痛剂，已在第二许可之前于 2003 年 3 月 14 日获得许可（以下简称"在先许可"）。Opso 口服液被列入国民健康保险（NHI）价格清单并自 2003 年 6 月起销售。

（3）另一种含有"盐酸吗啡"作为"活性成分"并具有相同"用途"的药品许可已经在第二许可之前获得批准。但是，武田并非获得在先许可的公司。

（4）即使需要获得另一个许可才能适应除了活性成分、用途之外的其他药品要素的改变，比如剂型，但根据专利法第 67（2）条，第二许可"不被视为必须获得"才能实施授权专利。

（5）因此，根据专利法第 67（1）（i）条的理由，决定驳回该申请。

委员会给出的上述理由并不合理。首先，对于在先许可的效力，专利法第 68 条规定："专利权期限延长的，该专利权对除了实施授权专利的产品（许可涉及的产品）之外的任何其他行为都没有效力，这构成了专利期延长登记的原因。"❼

---

❼ Japanese Patent Act，Law No 121 of 1959，Article 68bis. Property.

该法条简单地说明了专利期延长的自然逻辑条件，即延长专利期的保护需要与其许可影响实施授权专利的产品联系起来。然而，委员会的解读超出了这个简单的逻辑陈述，将其解释为专利期延长后专利权的保护范围由"产品"基准定义，而非 PPA 要求的许可"项目"基准。以这种方式使用产品基准具有更宽的范围，因为其具有共同的"活性成分"和"用途"定义。对产品如此广义的解读会导致如下情况：如果存在具有相同活性成分和用途的在先许可，第二许可就没有必要了。这样的解读导致不一致，因为有观点认为"许可……被视为实施授权专利没有必要获得的"，即使在实践中，基于 PAA 中对于项目的详细界定确实需要第二个许可，仍然对专利期延长的申请作出驳回。

8.3.2　武田的论点

武田认为，基于以下两点理由应该撤销判决：首先，委员会错误地解读了专利法第 67（1）（i）条关于条件的规定。专利期延长制度在由于缺少法定许可而无法实施专利的情况下允许延长专利期，以弥补不能行使权利的时间。系统地讲，要求许可、权利及发明紧密联系是合理的。换句话说，许可必须是实施授权专利所必要的，前提是授权专利与"许可"之间的密切相关，以致没有许可，授权专利就不能合理合法地实施。此处争论的情况是在先许可的获得不足以允许专利权人合法实施授权专利，其不得不获得第二许可才能实施授权专利。在先批准获得后还不能合法地实施专利，必须获得第二个批准才能使用发明专利。因此，委员会认为根据第 67（1）（i）条的规定，第二许可是没有必要的观点是错误的。

其次，对于在先许可，委员会错误地解读了专利法第 68 条关于专利期延长的效力的规定。引入专利期延长制度是为了解决因 PAA 要求的许可引起的实施授权专利的延迟，通过延长专利期来弥补延迟期。鉴于这一目的，对延长的专利权的保护范围的一般性解释应该只限于通过 PAA 的许可消除禁止的范围，该范围与授权专利的保护范围重叠。

此外，第 68 条还规定，"许可中所记载的产品的具体用途"，从而专利权延期后的保护范围的效力与"用于上述用途的产品"的授权专利的实施是对立的。因此，正如本章所述，基于 PAA 第 14 条获得的"药品"许可所延长的专利期的保护范围只涵盖实施 PAA 第 14 条的许可涉及的"产品"授权专利。换言之，在该情况下，应以与 PAA 规则相应的标准去解释专利法，并限定在 PAA 下的"药品"一词的授权专利的实施范围。否则，该延长的专利权的效力将涵盖实施具有相同"活性成分"和"用途"的"产品"发明。

8.4 判　　决

8.4.1 裁　　定

法院作出了与委员会相反的判决，并基于以下理由撤销了委员会的决定：

1. 委员会错误解读和适用了专利法第 67（1）（i）条；和

2. 对于基于在先许可而延长的专利权的保护范围，委员会错误适用了专利法第 68 条。

在本节中，将就该判决的理论依据进行一一讨论。

8.4.2 对于条件规定的错误解读（专利法第 67（1）（i）条）

如上所述，日本专利法第 67（1）条提出了驳回专利期延长申请的详尽理由。法条内容为："专利期延长登记申请落入任何如下条目，审查员应给出驳回申请的审查决定。"[8]

该条第（i）项规定：内阁命令颁布的许可在专利法第 67（2）条中被认为对于实施授权专利而言没有必要获得。[9]

因此，为了以第（1）款为由驳回申请，审查员需要证明以下两项中的任何一项事实的观点：（a）获得第二许可不会消除禁止，或（b）授权专利的实施没有必然包括通过获得内阁命令颁布的许可——PAA 第 14 条的许可来消除禁止的行为。该案中，第二许可消除了对实施授权专利技术范围的禁止。因此，武田为了实施授权专利有必要获得 PAA 第 14 条规定的第二许可。

8.4.3 对于保护范围的错误解读（专利法第 68 条）

日本专利法第 68 条规定，在专利期延长后，专利权的保护范围不是授权专利的整个范围，而是实施"许可中涉及的产品（产品的特定用途由许可描述，产品用于该用途）"授权专利。这里的"产品"一词的解读应该与要求一个这样的许可的 PAA 的定义相一致。PAA 第 14 条通过药品的"成分""剂量"和"结构"来确认"许可"涉及的"产品"。因此，对第 68 条的解读也应该反映这些特征。因此，延长专利的保护范围仅涵盖实施 PAA 许可中涉及的由"成分""剂量"和"结构"确认的"产品"授权专利。对于专利是用途发明的情

---

[8] Japanese Patent Act, Law No 121 of 1959, Article 67ter (1).

[9] *Ibid.*

况，应涵盖实施"用于该用途"的"产品"授权专利。不用说，鉴于对专利的技术范围的普通理解，"产品"包括"等同"或"实质上相同"的产品。委员会错误地认为，依据 PAA 的许可涉及的"产品"就是指"成分"。

8.5 解释性评论

8.5.1 该案之前的 JPO 审查实践以及学术观点

JPO 通过以下步骤审查了延长申请。首先，专利法第 68 条中的"产品"和"用途"分别指药品的"活性成分"和"功效/效用"。其次，在具有相同"活性成分"和"功效/效用"的药品存在多个许可的情况下，只有第一个许可有资格申请专利期延长，在后许可则没有资格。基于在后许可的申请将被驳回，理由在于："内阁命令颁布的许可在专利法第 67（2）条中被认为没有必要"。因此，进行比较时，如果在先许可涉及的产品与在后许可涉及的产品具有相同的"活性成分"和"功效和效用（用途）"，即使第一许可和第二许可颁发给不同的人，JPO 将驳回基于在后许可的申请，即使产品在其方面（如剂型）不同。[⑩]

日本先前的例子已经肯定了这种做法，并在编撰本章的时候，最高法院还未作出判决。

然而，在学术界，多数意见反对 JPO 的做法，不仅在于对专利法的解读，还在于商业实践。[⑪] 例如，Iseki 指出专利期延长制度是要延长和恢复被侵蚀的

[⑩] See the *JPO Examination Guidelines for Patent and Utility Model*, Part VI "Patent Term Extension", Japanese version updated in 2010, available at：http：//www. jpo. go. jp/shiryou/kijun/kijun2/pdf/tjkijun_vi. pdf（accessed 1 May 2011）. The Japanese version still reflects the practice before the decision. An English version updated in 2000 is available at：http：//www. jpo. go. jp/tetuzuki_e/t_tokkyo_e/Guidelines/6. pdf（accessed 12 December 2010）.

[⑪] See Dohi, K.（2006）, Tokkyoken no sonzokukikan no enchouseido to iyakuhin no seizoushounin［The patent term extension system and manufacturing approval for drugs］, *AIPPI*, 51（11）, 690 – 94；Matsui, S.（2007）Yakujihou no kousakusuru tokkyoken sonzokukikan enchouseido no mondaiten［Complication between patent law and law of pharmaceutical matter in connection with patent term extension system］, *AIPPI*, 52（11）, 690 – 703；Matsui, S. and A. Takashi（2008）, Tokkyoseido no kokusaiteki seigouka to iyakuhinbunya no tokkyoken kikan enchouseido ni mirareru hiseigou［Comparative study among Japan, USA and EU on supplementary protection system of patented inventions in the field of pharmaceuticals］, *AIPPI*, 53（6）, 330 – 45；Iseki, R.（2009）, Registration of patent term extension and marketing approvals under Pharmaceutical Affairs Law, *AIPPI*（*International Edition*）, 34（3）, 197 – 234；Iseki, R.（2009）, Tokkyoken no sonzokukika-nenchou tourokuto iyakuhin no seizoushounin［Patent term restoration and manufacturing approval on the Pharmaceutical Affairs Law］, *Doshisha Law Review*, 60（6）, 2519 – 54.

保护期，因为专利权人需按规定申报 PAA 规定的许可，这就使其不能在专利授权后立即付诸实施。[12] 因此，她认为只要在获得许可前不能以任何形式实施发明，专利期延长（恢复）就必须被批准。[13] 另外，还有一些评论者认为，JPO 的做法使得开创性发明无法受益于专利期延长。[14] 这是因为当一个创新发明是一个涉及剂型的发明（药物制剂技术）时，只要与涉及不同产品的在先许可具有相同的活性成分，就不会批准其专利期延长。[15]

8.5.2 法院对于驳回条件的论证

立法历史和 JPO 的争辩

根据高等法院先例的权威性，JPO 认为立法历史支持他们的做法。但是，知识产权高等法院在提交的任何文件中均未发现支持 JPO 的立场的权威证据。法院审查了国会在讨论和制定修改引入专利期延长制度时的记录、提案、工业产权委员会的会议记录，该记录描述了准备起草提案的过程、提交的参考资料、委员会的报告和在通产省内和内阁立法局内的讨论记录。

事实上，在 JPO 官员写的发表于专利法修订之后的材料中，有一种类似于JPO 做法的描述。然而，法院没有考虑上述材料，因为没有合理的解释。JPO 的文件只是提到"PAA 的本质"和"监管制度的关键点"来解释对 PAA 允许实施的范围的解读应基于：（i）由确认药品的要素定义的范围，或（ii）仅由活性成分和用途定义的更宽的范围。法院也排除 JPO 的如下观点："PAA 的本质是规范作为药品制造、销售的物质，因此，许可消除了对实施产品性质（指活性成分）的更宽的范围的禁止"。法院认为这种解释不是建立在解读法律的基础上，而是基于政策考虑，采取解释的形式。此外，法院继续指出，JPO 的这种观点实际上是在制造法律，而不是合理地解释既定法。这是因为JPO 的观点其实是为专利法第 67（1）（i）条增加了新的驳回理由，即增加了会驳回专利期延长申请的情形："（i）专利期已经被延长，（ii）对于药品相关授权发明，其中所述发明的活性成分和用途与在先许可涉及的另一药品重叠。"

立法历史及"信息自由法"

必须指出，该案中，新提交的材料是与立法历史有关。这些都是基于信息

---

[12] Iseki, R. (2009), Registration of patent term extension and marketing approvals under Pharmaceutical Affairs Law, *AIPPI*, May, 3 – 31, 2539.

[13] *Ibid.*

[14] See Dohi, *supra* n. 11 at 693.

[15] *Ibid.*

自由法获得的。⑯ 这使得本案讨论的基础与先例关于同一问题的讨论基础大不相同。记录显示，在审查内阁立法局（CLB）颁布的法案过程中，指出了根据与现有条款内容相同的第 67（1）（i）条草案，很难因为在先许可的存在而驳回专利期延长申请。此外，记录显示，CLB 官员提出了一个具体的提案，如果专利期延长基于在先许可被驳回，最好根据第 67（1）条中"专利期已经被延长"为由驳回专利期延长申请。法院注意到记录显示，经过仔细评估，这样的提案在立法过程中没有被采纳，并观察到基于这些事实发展，立法为一项专利权可以授予多次专利期延长提供了可能。

法院关于驳回理由的结论

法院认定，基于 CLB 的准备工作，JPO 对专利法第 67（1）（i）条解读是与立法历史相矛盾的。JPO 的解读是，对于 PAA 第 14 条规定的第一许可，为了消除对制造、销售产品（产品的特定用途由许可描述，产品用于该用途）的禁止，该许可被认为是有必要的。相反，对于 PAA 第 14 条规定的第二许可和在后许可，JPO 认为他们会落入专利法第 67（1）（i）条，其对实施授权专利是没有必要的。法院认为，上述观点与立法历史和 CLB 的准备工作，不仅不一致，而且相矛盾。

决定中的政策影响

这里存在政策影响。法院指出为了满足科学技术和社会的进步需要，药物的监管制度可能会随着时间的推移而发生本质改变。因此，在立法时很容易认为活性成分可能是需要考虑的重要因素，而今天，不可避免地控制着药物到达患病部位的量或时间的剂型等要素，或者药物的结构，也成为需要考虑的重要因素。

8.5.3 法院对于基于在先许可的专利期延长的效力的论证

法院认为，委员会错误地解读了专利法第 68 条。法院驳回了委员会的观点，委员会的观点认为专利法第 68 条的"产品"是根据 PAA 第 14 条⑰的许可涉及的产品，应广泛地包含具有相同活性成分（化合物）的产品。

法院澄清了专利期延长后专利权的保护范围不适用于授权发明的全部范围，仅适用于实施许可相关的授权专利。此外，法院提出了"产品"一词的

---

⑯ Act on Access to information held by Administrative Organs. Act No. 42 of 14 May 1999, English translation available on the searchable website of the Ministry of Justice of Japan at: http://www. japaneselawtranslation. go. jp（accessed 17 December 2010）.

⑰ Japanese Patent Act, Law No 121 of 1959, Article 68bis.

解释标准基于客观要素，即根据 PAA 第 14 条批准的许可涉及的"成分""剂量"和"结构"。另外，法院澄清，对于 PAA 第 14 条的许可，"作为许可主题的产品"并不意味着具有相同活性成分的任何产品，而应该是由所述许可中药物的"成分""剂量"和"结构"确认的"产品"。

假设上述标准占上风，可能会出现一个担忧，这样的标准将缩小专利期延长的专利权的保护范围，从而不再保证专利期延长制度的有效性。但是，只要通过客观要素确定延长专利权的范围，这样的担忧就不会出现了。申请延长专利期的公司可以事先考虑任何相关因素，比如成本/收益分析，来选择延长专利权的保护范围。此外，正如决定指出的那样，仍存在通过等同原则或者实质相同理论获得一个合理的解决方案的空间。值得注意的是，这些问题属于侵权行为判定的范畴。另外，有批评者认为，延长专利权的保护范围不明确。在这方面，通过所述客观要素来确定保护范围足以保证法律可预见性可以得到足够的保证。

8.6 评 价

大多数评论者似乎同意裁定的主要内容，存在具有相同活性成分和用途的多个药品许可的情况下，相同的有效成分、功效和效果，只允许基于首次许可的专利期延长申请，是对法律的错误解读，如同判决⑱作出前 JPO 的做法。评

---

⑱ See among many others, Nagano, C. (2009), Hanreihyoshaku, iyakuin pashifu capuseru 30 mg jiken [Case Commentary – Case of Medicine Pacif Capsule 30 mg], *Chizai Prism*, 7 (83), 125; Iseki, R. (2009), Yuukouseibun to kounou kouka ga douitsu dearu iyakuhin ni taisuru senkou seizou shounin wo riyuu toshite tokkyoken no sonzokukikan enchou touroku shutsugan wo kyozetsu shita shin ketsu ga, torikesa reta jirei [Case revoking the JPO decision which refused application for patent term extension based on the previous marketing approval for the same active ingredient and indication of another drug], *AIPPI*, 54 (9), 530; Hirashima, R. (2010), Tokkyoken sonzokukikan enchou seido ni kakaru kitei no gouriteki kaishaku [Reasonable interpretation of regulations concerning patent term extension], *Law and Technology*, 46, 45; Saegusa, E. (2010), Shinzaikata iyakuhin no tokkyoken sonzokukikan enchou touroku shutsugan [Application for patent term extension based on new drug formulation patents], *Chizai Kanri* (*Intellectual Property Management*), 60 (1), 5; Yoshida, Hiroshi (2010), Yuukouseibun to kounou kouka wo kyoutsuu nisuru iyakuhin ni taisuru senkou shobun to tokkyoken no sonzokukikan enchou [Prior disposition for drugs with common active ingredients and effect, efficacy and Patent Term Extension], *Juristo*, 1398, 304; Iseki, R. (2010), Iyakuhin no fukusuu no seizou shounin to tokkyoken no sonzokukikan enchou touroku [Multiple approvals for medicinal products and registration for patent term extension], *Chizaikanri* (*Intellectual Property Management*), 60 (6), 963; and Shibuya, T. (2009), Chiteki zaisan hou hanrei no ugoki [Trends in IP case laws], *IP Annual Report 2009 – NBL Special Issue*, 130, 19.

论者也支持裁定对法律的解读，新药配方的在后许可能够作为专利期延长的基础。❾

但是，从法官意见中得知，关于延长专利的范围存在不同的观点。例如 Hirashima 和 Shibuya 认为延长专利的保护范围应该是与 PAA 许可的主题范围相同，考虑 PAA 中构成许可基础的全部要素，❿ 最初允许根据专利法第 68 条进行保护。他们认为这种解释才能体现法律规定之间的一致性。这种观点源于认为专利期延长的目的是恢复因法律禁止而被侵蚀的实施授权专利的权利，以及延长权利的保护只需要覆盖到无法行使专利权的部分（例如，许可中的部分主题）。因此，延长专利权的范围应该是基于 PAA 第 14 条第（2）款及第（3）款中定义的医药产品的特定项目，即"名称、成分、数量、用法、用途、功效、效果、附属效果和与效率和安全有关的其他性质的确认。"

相反，Iseki 认为保护范围应延及许可的主题，范围应限于实施专利法第 2 条❷定义的产品相关授权专利。*Pacif Capsule* 决定采用该观点。因此，法院认为对于医药产品而言，延长专利的范围延及实施 PAA 许可涉及的由活性成分、数量和结构确定的产品相关授权专利，或者，对于用途发明专利而言，专用于某一药品用途的"产品"。有人指出，结构不是许可要求的要素之一，因此结构可以通过活性成分或数量进行限定。

第三种观点认为不应带入未在权利要求中限定的特征来限制延长专利的范围。❷ Saegusa 认为，当专利权人提交带有 PAA 规定要素的许可申请时，如果上述要素未限定在权利要求中（比如数量和配方），许可相关专利请求保护的技术范围不应受这些要素的限制。❷ 根据这一观点，即使专利没有具体保护数量和配方，延长专利的范围也将包含具有不同的数量组成和配方的产品，以确保专利期延长的实质性作用。

关于涉及权利范围的专利法第 68 条的措辞，使用了"对于作为许可主题的产品"的表述。从字面上看，第 68 条使用"产品"这一表述是专利法第 2 条所定义的，即法律的定义条款以及对规定许可的参考。因此，延长专利的范围应由专利法中具有唯一含义的"产品"与 PAA 中许可涉及的"项目"的重叠范围确定，这种观点是合理的。Iseki 持有该观点，知识产权高等法院关于 *Pacif Capsule* 判决也采用了该观点。此外，在第一种观点中看到的严格相同理

---

❾   *Ibid.*

❿   See Hirashima（2010），*supra* n. 18 at 46 and 54. See also Shibuya（2009），*supra* n. 18 at 21.

❷   See Iseki（2009），*supra* n. 18.

❷   See Saegusa（2010），*supra* n. 18 at 20.

❷   *Ibid.*

论是不切实际的，因为这会导致消极的情况，例如只要权利人改变药品的名称，其就属于 PAA 第 14 条第 1 款第（2）~（3）项中新许可的主题，从而可以获得新的专利期延长。反过来，对于名称不同的药品，一项延长专利权将无法保护权利人。

8.7　结　　论

Pacif Capsule 判决提出了一个对专利法的全新解读，扭转了长期以来的做法和过去 20 年的 JPO 解读，JPO 的解读一直得到高等法院的先例认可，但受到大多数学者的批评。在撰写本文时，提交到最高法院的上诉仍悬而未决，除非日本最高法院持有相反观点，否则预计该判决将对知识产权实践产生重大影响。

与知识产权高等法院的判决同步，JPO 产业结构委员会知识产权政策司专利制度分委会也基于相关问题的认定发起了政策辩论。[24] 对 *Pacif Capsule* 判决的一个举措是，工作组计划在最高法院对上诉作出判决时重新启动讨论。其指出"取决于最高法院的判决结果，目前的判决可能使涉及新给药方案的药物创新发明专利期的延长将成为可能，比如采用药物递送系统这样的创新技术，允许其延长专利期"。[25] 考虑到这一巨大变化，最高法院的判决备受期待。

8.8　附　　录

8.8.1　2011 年 4 月 28 日日本最高法院判决

——日本特许厅诉武田制药有限公司日本专利法案

日本专利法第 67（2）条、第 67（1）（i）条、第 68 条之二、药事法第 14（1）条——"*Pacif Capsule 30mg II*"案。

具有相同的活性成分和用途的医药产品的在先市场许可，不能用于反对授予在后许可的专利期延长，前者产品并未落入申请延长的专利权利要求的技术范围内。

2011 年 4 月 28 日 日本最高法院判决

日本特许厅诉武田制药有限公司

---

[24] See Minutes to Working Group 5th Meeting，16 July 2009，Industrial Structure Council，Subcommittee on Patent System，Working Group on Patent Term Extension.

[25] *Ibid.*

事　实

这是日本特许厅（JPO）对 2009 年 5 月 29 日知识产权高等法院推翻其否定专利期延长的判决提出的上诉。最高法院驳回上诉，但给出了与知识产权高等法院不同的理由。

理　由

关于以 Sudô Noriaki 等人为代表的上诉人的观点：

1. 本案涉及被告提出的诉讼请求，被告是日本专利 JP3134187（以下简称"被诉专利"）的专利权人，基于该专利的权利（以下简称"被诉专利权"），质疑专利局的决定，该决定拒绝了基于被诉专利权的专利期延长的申请。

2. 原裁定正确确认的事实如下：

（1）被诉专利（有 22 项权利要求）的发明名称为"缓释组合物"。专利申请于 1997 年 3 月 6 日提交，于 2000 年 12 月 1 日授权登记。

被诉专利所要求保护的发明涉及缓释组合物，所述缓释组合物包括含有非水溶性物质包被的药物核心部分，以及含有某种亲水物质或交联丙烯酸酯酸聚合物的包衣剂。

（2）被告已于 2005 年 9 月 30 日依据药事法（PAA）第 14（1）条获得了药品"Pacif Capsule 30mg"（以下简称"被诉药品"）的制造和销售许可（以下简称"被诉许可"）。被诉药品含有活性成分盐酸吗啡，其用作中重度癌变疼痛的止痛剂。

（3）根据 PAA 第 14（1）条的在先制造和销售许可（以下简称"被诉在先许可"），涉及药品"Opso Oral Solution Internal 5mg，10mg"，具有相同的活性成分和用途（以下简称"在先被诉药品"），时间上早于被诉许可。在先药品不在被诉专利授权发明的技术范围内。

（4）因为有一段时间被诉专利的授权发明由于需要获得被诉许可而不能被实施，被告于 2005 年 12 月 16 日提交专利期延长申请。上述申请被驳回，被告要求撤销驳回被诉专利的专利期延长的决定。

（5）日本特许厅于 2008 年 10 月 21 日驳回了上述要求（以下简称"被诉决定"），因为被诉在先药品的被诉在先许可与被诉药品具有相同的活性成分和用途，并且因为被诉许可不被认为是必要的。

3. 即使存在与在后药品（以下简称"在后药品"）具有相同活性成分和用途的药品（以下简称"在先药品"）的依据 PAA 第 14（1）条的在先市场许可（以下简称"在先许可"），在依据 PAA 第 14（1）条申请在后市场许可（以下简称"在后许可"）时，对于在在先药品并未落入申请专利期延长的专利权利要求的技术范围之内的情况下，也不应认为在先许可的存在使得在后许可没有必要。这是因为依据专利法第 67（2）条的规定，专利期延长制度旨在恢复由于获得许可而不能实施授权专利的时间。即使存在具有相同活性成分和用途的在先药品的在先许可，只要在先药品不在申请专利期延长的授权发明的权利要求范围内，对于在后药品，请求保护的授权发明就不能被实施。此外，当在先药品没有落入授权专利的技术范围内时，考虑在先许可对延长专利保护范围的效力（专利法第 68 条），不能得出上述结论。

该案中被诉在先药品未落入被诉专利要求保护的发明的技术范围内，因此，不能否认被诉许可对实施授权专利是必要的。

4. 如上所述，原裁定［知识产权高等法院，2009 年 5 月］认为被诉决定不合法，而且在先许可的存在不能构成否决依据 PAA 第 14（1）条的市场许可的必要性，是正确的，但我们不采纳其说理。

该判决已得到一致通过。

9

制药行业的专利策略：
关于滥用保护行为的概念

Hanns Ullrich[1]

9.1 引　　言

与其他行业的调查报告一样，所述制药行业调查的最终报告也充斥着矛盾性。[2]作为制定欧盟共同体竞争政策的工具，它的目的是提供关于常规的市场运营以及可能存在的妨碍市场良好运营的限制性措施的信息。作为国内市场的常规政策工具，其目的是揭示市场运营与监管框架之间可能存在的摩擦，甚至是监管框架可能出现的问题。更具体地说，该制药行业调查报告是由对于具有重大经济和政治地位的动态市场的下跌或者据称创新水平不足的关注而启动的。[3]因此，行业调查并没有涵盖整个健康市场，甚至不会覆盖到整个药品市场，[4]其针对两个构成创新关键的环节，首先是专利药品和仿制药品之间的相

---

[1]　德国慕尼黑马-普知识产权与竞争法研究所独立研究员，名誉教授。比利时欧洲学院客座教授。该文章于 2011 年 4 月 15 日提交。

[2]　On the objectives, scope and procedures of the industrial sector enquiries under Article 17 et seq. of Regulation 1/2003 of 16 December 2002（OJ 2003 L 1, 1）see Burrichter in Immenga, Mestmcker（2007）, Wettbewerbsrecht, EG/Teil 2, 4th edition, Beck, Munich, VO 1/2003, Article 17, note 3 and passim; de-Bronett（2010）Sektoruntersuchungen, WuW, p. 258.

[3]　See Commission, Pharmaceutical Sector Inquiry – Final Report（adopted: 8 July 2009）, at paras 1 et seq., p. 14, available at: http://ec. europa. eu/competition/sectors/pharmaceuticals/inquiry/index. html（accessed 1 April 2011）; hereinafter cited as Commission, Final Report.

[4]　See Commission, Final Report,（supra, n. 3）, para. 17（only medicines for human use supplied on prescription）, paras 21 and 116（distribution and parallel imports are only marginally covered）. Nor does the report extend to the upstream relationships（sub – suppliers; university research and relationships between university and industry etc. ）.

互作用，例如，对创新的保护和通过市场竞争达到广泛的运用；其次是专利药品生产商，即创新行为来源之间的相互影响。

尽管初看发明和创新先于新技术的传播这种方法似乎没什么逻辑，可能仅仅是报告作者先入为主的观点，减缓创新药物由被保护状态的专利药品向在竞争环境中生产和流通的仿制药品的转变速度并不仅仅意味着静态效率的下降，即由于价格降低减缓导致的消费者福利的损失。❺更糟糕的是，这种减缓还包含了损失动态效率的风险，因为它延长了垄断状态的持续时间，从而减少了更快地进行创新的推动力。❻考虑到从受保护的创新向开放流通转变的系统属性，专利药品生产者出于为了获得满意的节奏，会制造更多的障碍，这进一步减缓了由受保护的市场向自由市场的转变过程。

虽然该制药行业报告基于未质疑那些明确规定的合同或单方面行为例如"反向支付"或欺诈性保护申请❼的反竞争属性，但认为对于那些希望延长药品的独占期❽或者干扰竞争对手的保护创新的"战略性"专利行为不应予以批准。该报告阐述了其作者对于竞争法中此类做法合法性的怀疑，特别是出于对滥用市场支配地位（TFEU 第 102 条）的行为的可控性的担忧，担心这些做法可能在某一天转化为对竞争法规则的应用。在这方面，很明显，与任何专利的实施一样，出于战略目的的专利申请行为，根据情况，也可能成为保持滥用支

---

❺ Commission, Final Report（supra, n. 3）, paras 1071 et seq., paras 1559 et seq.

❻ 考虑尽管在欧盟内部存在不同的方式，药品的价格通常受到管制。（see Commission, Final Report（supra, n. 3）at paras 337 et seq.; OECD, Pharmaceutical Pricing Policies in a Global Market, Paris（OECD）2008, passim），有人可能问，制药行业是否试图通过"购买"一段额外的时间来弥补市场价格的不自由，从而获得"垄断"的利益。

❼ See for reverse payments Commission, Final Report（supra, n. 3）, paras 740 et seq.; Roda（2010）, Les ententes entre laboratoires concurrents, in Jourdain – Fortier and Moine – Dupuis（eds）, Les pratiques de l'industrie pharmaceutique au regard du droit de la concurrence, Litec, pp. 87, 102 et seq.; Peritz（2009）, "Reverse payment" from branded to generic drug makers in the US, Int'l Rev. Intell. Prop. Comp. L., 40, 499; Drexl（2009）, "Pay for delay" and blocking patents, Int'l Rev. Intell. Prop. Comp. L., 40, 751; Drexl（2009）, Deceptive conduct in the patent world – A case for US Antitrust and EU Competition Law, in Prinz zu Waldeck and Pyrmont et al.（eds）, Liber amicorum J. Straus, Berlin（de Gruyter）, p. 137.

❽ Terminology used in Commission, Final Report（supra, n. 3）, paras 319 et seq. referring to accumulated or combined periods of the duration of a patent, a supplementary protection certificate, data exclusivity（and the distribution right）. 独占权是根据产品的独特性和保护的基本活性物质来定义的，但不包括由所谓的"次级"专利产生的独占权（ibid, Figures 59, 60）。对活性物质部分保护的可能性似乎没有被假设过。

配地位的手段。❾制药行业报告中提出的新问题是，专利申请的具体战略目标（和/或所要保护发明的相应性质）——或者一定数量的专利——其本身是否会导致专利（或专利申请）的存在或滥用行为。

由于每一项专利申请都追求企业的"战略性"目标，❿我们将在"战略性专利"的标题下探讨报告所表达的两个主要方面的关注/关切：一方面，原研药厂提交专利申请，通过延长独占期来延缓专利药品向仿制药品的过渡（"拖延"专利申请）；另一方面，原研药厂提交防御型专利以阻碍竞争性者的创新努力。

9.2 专利实践：保护制度的功能要素

9.2.1 专利战略

制药行业调查——最终报告

总的来说，为战略目标申请专利的做法在最近引起了特别关注，因为它们似乎在一定程度上⓫解释了所有工业化国家的专利申请数量在 20 世纪 90 年代后半期以来都有大幅度增长的现象。⓬至于特别关注的制药行业，委员会⓭通过调研确立了具体实践分析的背景，一方面，活性物质产品线，尤其是具有商业

---

❾ See Commission, case IV/30. 787 and 31. 488, Eurofix – Bauco and Hilti, ［1987］, JOCE 1988 L 65, 19, confirmed by ECJ, case T – 30/89, Hilti v Commission, ［1991］, Rep 1991 II 1439; Federal Supreme Court, case 36 ICC 741, Standard Tight Head Drum, ［2005］.

❿ 这一术语借用了美国经济学家的词汇，他们分析专利的申请作为多种经济现象的指示（一个企业的优势和弱点，一个行业；一种动态发展或不动态发展的经济），或作为专利制度在其政治经济目标方面运作的指示。专利只是企业战略中的一种战术工具，因而仅进行归纳分析。因此，申请专利的理由本身并不构成一种策略，而是其结果。据此，作为委婉语，"战略性专利"一词会引起混乱，但它可能是分析方法的同义词。基本上，在不那么自命不凡的外表下，这种方法有着悠久的历史，see Cohen, Nelson and Walsh （2000）, Protecting their intellectual assets: Appropriability conditions and why US manufacturing firms patent （or not）, NBER Working Paper, p. 7552; Ifo – Institut für Wirtschaftsforschung, Grefermann et al. （1974）, Patentwesen und technischer Fortschritt, Gttingen and Schwartz, Part 1, pp. 31 et seq. ; Part 2, pp. 31 et seq.

⓫ 其他原因是专利保护范围的扩大（生物技术、计算机程序）、生产性产业向知识产业的转变或经济全球化，增加了企业应对国际竞争的脆弱性。

⓬ See WIPO （2008）, World Patent Report, pp. 13 et seq. ; European Patent Office （2007）, Scenarios for the Future, Munich, p. 36; Commission, Final Report, （supra, n. 3）, paras 419 et seq. , emphasises that the increase in the number of patent applications in the pharmaceutical sector by far exceeds the average increase for all industries but does not address higher or lower averages in other specific fields of industry.

⓭ See in general, Commission, Final Report （supra, n. 3）, 1. 2, paras 413 et seq.

利润或潜在利润的产品线的数量有限，而且专利（基础或主要专利）[14]所涵盖的新活性基础物质数量同样有限，且其专利申请通常在研究和开发的第一阶段提交，总是在药品上市之前，且具有倾向于宽保护范围的权利要求。[15]另一方面，大量的"次级"专利申请涵盖了活性物质的具体组合配方、剂型或制备方法，它们在基础（或主要）专利外围形成专利族或专利网，尤其是对具有重要商业价值的产品线而言，甚至将其包围。[16]进一步地，该行业报告强调，次级专利申请的时间分布根据创新周期的进程，总是分布在专利权独占期结束时。[17]

正是由于大量的仅仅针对基础发明进行（微小）改进的次级发明专利申请的存在以及发明人采取延迟提交文件的行为，[18]导致委员会认定其属于在受保护的活性物质的独占期结束后，意图阻止仿制药品快速上市的拖延战术。[19]更有甚者，即便仿制药生产商试图通过挑战基本专利有效性的方式进入市场，专利药生产商也可以通过交叉申请的方式建立多道防线，确保其市场地位。[20]

在适当的时候，即在活性物质独占期结束时，构建这样的一"簇"密集的"次级"专利，将阻止仿制药生产商进入市场：这些次级专利将阻止大部分，可能不是全部的，为开发活性物质而开放的商业利益市场，或者它们将阻碍高效生产过程。[21]这种阻碍效应不一定是由于对所有活性物质的用途和生产方式的全面覆盖，更重要的是，由于次级专利网络中存在的不确定性和空白的维度。[22]因此，这些次级专利的存在阻碍了仿制药快速进入市场，并独立于通过司法措施或其他手段积极行使独占权。[23]在一些情况下，行业报告强调称，

---

[14] See for more detail, Commission, Final Report（supra, n. 3）, paras 65 et seq. , 79 et seq. , 440 et seq.

[15] See for more detail, Commission, Final Report（supra, n. 3）, paras 423, 445 et seq. , 1112 et seq. , 1114 et seq.

[16] See for more detail, Commission, Final Report（supra, n. 3）, paras 427 et seq. , 443 et seq. , Tables 52, 53.

[17] See for more detail, Commission, Final Report（supra, n. 3）, paras 445 et seq.

[18] See on this matter see, for the supplementary problem of divisional applications, Commission, Final Report（supra, n. 3）, paras 507 et seq.

[19] See in general, Commission, Final Report（supra, n. 3）, paras 467 et seq. , more specifically paras 475 et seq. with Table 60.

[20] Commission, Final Report（supra, n. 3）, paras 475 et seq. with Table 59.

[21] Commission, Final Report（supra, n. 3）, paras 491 et seq. , 525.

[22] Commission, Final Report（supra, n. 3）, para. 525.

[23] Commission, Final Report（supra, n. 3）, paras 528 et seq. ; for the practices of judicial proceedings for patent infringement, analysed separately in the inquiry, see id. paras 537 et seq. , 547 et seq.

其并不否定次级专利中体现的"增加的"创造活动的价值。[24]然而，该报告调查结果同样清楚显示，尽管专利簇的构建是"在独占期内……通常与专利制度的基本目标一致，在某些情况下，它可能只是为了排除竞争，而不是为了保护由专利簇自身的创新所带来的商业发展"。[25]虽然调查报告既没有提出区分的标准，也没有提出形成反竞争专利簇的假设特征，然而很清楚的是，提交次级专利申请的时间是重要的因素，如报告中着重强调的，该报告是对于专利药生产商的行为默认基于这样一种假设：至少对部分人而言，发明活动或专利申请都是在有用的基础上进行的。因此，我们假设，出现延迟专利申请或拖延发明活动的做法，是"适时"进行发明专利申请的行为。[26]

至于发明人和专利药企业之间的关系，[27]该制药行业报告较少关注形成专利簇的广泛保护效果或次级专利申请的时机。这是因为，报告作者意识到，基于可替代创新之间的动态竞争，如专利制度所设想的，[28]专利药企业不仅需要获得广泛的初级专利，[29]也需要或多或少地立即申请次级专利，[30]为新活性物质的自由开发预留一个受保护的空间。报告还指出，专利药生产商的目的是预测其产品线的研发受到竞争对手专利阻碍的风险并根据干扰情况进行调整。[31]然后，该报告将这些看似合法的专利行为与防御性专利的做法进行了对比，包括为企业的微小或不存在商业利益的产品申请专利的做法，尽管这是或可能是竞争对手的兴趣所在。[32]尽管大体上防御性专利和旨在保障一个自由开发空间的专利申请之间的界限并不明显，鉴于后者可能同样覆盖企业尚未设想的物质，该报告举例说明了防御性专利的布局是为了达到一个激进的目标，其目的或多

---

[24] See for instance Commission, Final Report (supra, n. 3), para. 485 and the note at the foot of page 353.

[25] Commission, Final Report (supra, n. 3), para. 523.

[26] 关于进一步的细节和其他标准（专利的数量和/或不开发的问题，通常仅由仿制药生产商使用的药物的表现形式或生产方式等）。see infra III. 2. b.

[27] See in general Commission, Final Report (supra, n. 3), paras 1082 et seq.

[28] Ullrich (2009), Propriété intellectuelle, concurrence et régulation – Limites de protection et limites de contrôle, RIDE, 399, 407.

[29] Schneider, D, R. (2008), Patenting of Pharmaceuticals – Still a Challenge? IIC, 39, 511, 519 ff.

[30] See Commission, Final Report (supra, n. 3), paras 1097 et seq. , 1112 et seq.

[31] See Commission, Final Report (supra, n. 3), paras 1100 et seq. , 1105 et seq.

[32] See Commission, Final Report (supra, n. 3), paras 1117 et seq.

或少地直接妨碍了竞争对手所追求的或极可能设想的研发路线。❸从这一角度来看，干扰的效果并不是单纯地、必然地来自对独占权利的积极行使，而是来自它作为存在的现有技术以阻止竞争对手获得专利保护。❸

9.2.2　常规专利实践

原则上，制药行业报告中定义的专利行为并不是制药行业特有的，而是在一定程度上代表了对制药工业及其市场的结构的顺应。因此，在其他类似行业，专利创新的保护也同样重要，而且专利申请也以相当数量级增加。❸更重要的是，其动机是相似的，即专利的意义不仅（主要是）保护申请人自己的创新，而且同样（伴随着）为了阻止竞争对手的替代创新。❸这类阻挡专利的申请可以拓宽申请人自己的活动范围（防御性阻挡专利）或限制竞争者行动范围（进攻阻挡专利）。作为一般性规则，在防御的优先顺序上，防御性阻挡目标占第二位，进攻阻挡目标是第四或第五位置，而对于模仿的阻挡几乎总是

---

❸　See Commission, Final Report（supra, n. 3）, paras 1122 et seq.；noting the avowed objective of the patenting of limiting the competitors' space for free manoeuvre. This objective not being obvious in itself, the demarcation line, which has just been mentioned, seems to be the distinction between the applicant's own lack of interest in using and the foreseeable interest in use by competitors.（注：为限制竞争对手的自由开发空间而申请专利的公开目标。这一目标本身并不是显而易见的，这条界线，刚刚被提及，似乎是申请人自身对使用兴趣的缺乏和竞争对手可预见的兴趣之间的区别。越容易确定竞争对手的利益（一个特定的竞争者的具体项目；参见 ibid, No. 1125），反竞争目标的可能性越大）。

❸　Commission, Final Report（supra, n 3）, paras 1127 et seq.；with respect to the simple 'defensive disclosure' of new knowledge resulting from the research and development of a proprietary manufacturer, see ibid at paras 1134 et seq. and Henkel and Pangerl（2011）, Alternatives to the patent arms race：An empirical study of defensive publishing, available at：http：//ssrn. com/abstract＝981444（accessed 31 March 2011）.

❸　For the number of patent applications see EPO（2010）, Annual Report 2009, Munich, p. 20（medical and veterinary sciences, hygiene：12. 2 per cent；electronic communication technology：10. 2 per cent；on the importance of patent protection specifically/equally for complex product industries, see Blind, et al.（2006）, Motives to patent：Empirical evidence from Germany, Res. Pol'y, 35, 655, 658 et seq. with references；id, Fraunhofer Institut für Systemtechnik und Innovationsforschung（eds）（2003）, Erfindungen kontra Patente, Karlsruhe, 55 et seq.（likewise showing the overwhelming importance of the first mover advantages for innovation, which are of less significance for easy to imitate innovations）；for an analytical international comparison see Harhoff and Hall et al.（2007）, The strategic use of patents and its implication for enterprise and competition policies, Final Report, Tender No. ENTR/05/82, under 3, available at：www. en. inno－tec. bwl. uni－muenchen. de/research/proj/laufendeprojekte/patents/stratpat2007. pdf（accessed 29 March 2011）.

❸　See Blind, et al.（2006）, Motives to patent：Empirical evidence from Germany, Res. Pol'y, 35, 655 et passim；Blind et al., The influence of strategic patenting on companies patent portfolios, Res. Pol'y, 38, 428（2009）；Harhoff and Hall et al.（2007）, The strategic use of patents and its implication for enterprise and competition policies, Final Report, Tender No. ENTR/05/82, para. 3. 2, available at：www. en. inno－tec. bwl. uni－muenchen. de/research/proj/laufend eprojekte/patents/stratpat2007. pdf（accessed 29 March 2011）.

占据第一的位置。[37]当然，这些出发点和其他目的[38]从原则上和时间上都不是相互排斥的。[39] 所有这些都是根据企业的竞争战略，按照企业内部构架中对专利保护（管理）的次序来排列的。[40]

企业专利行为的实施中应至少反映出"战略"优先，而企业专利"策略"的具体内容和可行性则需要考虑其实施的机会和限制。实际上，除了履行申请程序策略和手续外，可以通过提交申请、权利要求的撰写以及从属关系或划分方式的整体优化获得最大化的保护。[41]此外，还有其他方式——也许受到的限制较多——关于提交专利申请时间的选择，[42] 更重要的是，也有可能是"战场的选择"。[43]实际上，企业并不局限于通过"战略"专利来保护自己的创新，也有可能试图通过提交战略"反专利"来保护自己。最著名的例子是，通过提交大量从属的改进型专利，限制他人的基础（或主要）专利的（通常是广泛的）独占权利，这种限制要么围绕主要专利形成"壁垒"，要么在独占权范围内制造"漏洞"。[44]因此，这些从属权利之间相互作用。在经济层面，改进型专利阻碍了对基础专利的挖掘；从法律层面，对后者的挖掘同样也阻碍了改进型

---

[37] The exception being the objective of facilitating technological exchange in biotechnology; see Blind et al. , The influence of strategic patenting on companies patent portfolios, Res. Pol'y, 38, 665 et seq. (Table 4).

[38] Increasing reputation, signalling technological capacity, facilitating exchange and cooperation; see the references in (supra, n 35), but see also Leiponen and Byma (2009), If you cannot block, you better run: Small firms, cooperative innovation, and appropriation strategies, Res. Pol'y, 38, 1478.

[39] 伴随着持续 20 年的专利期，企业的市场和战略发生变化，为了决定维护专利的成本，必须定期对获得的保护目标进行重估，以确保持续增长的成本。

[40] Weber, Hedemann and Cohausz (2007), Patentstrategien, Heymanns, Cologne, pp. 1 et passim; this variable is obvious, for example the objective of facilitating cooperation, if the enterprise prefers not to co - operate with third enterprises, or the objective of encouraging/remunerating researchers, if the staff incentive system avoids any discrimination in favour of certain groups of employees.

[41] Weber, Hedemann and Cohausz (2009), Patentstrategien, Heymanns, Cologne, pp. 69 et seq. , 112 et seq. , 167; for divisional applications, ibid, pp. 148 et seq. and Commission, Final Report (supra, n. 3), paras 445 et seq. ; Rebel (2003), Gewerbliche Schutzrechte – Anmeldung – Strategie – Verwertung, 6th edition, Cologne, pp. 45 et seq. , 112 et seq. , 210 et seq. , 298 et seq; Armengaud and Berthet - Maillols (2009), Du mauvais usage du droit des brevets en matière pharmaceutique, selon le rapport préliminaire de la Commission européenne, Prop. Int. , 31, 132, 140.

[42] 只要竞争允许一项发明被保密，它本身就是完全合法的；see section 9. 3.

[43] See Weber, Hedemann and Cohausz (2007), Patentstrategien, Heymanns, Cologne, pp. 37 et seq. , Weber, Hedemann, Cohausz on the choice of geographical territory of international protection (supra, n. 40), pp. 37 et seq; Rebel (2003), Gewerbliche Schutzrechte – Anmeldung – Strategie – Verwertung, 6th edition, Cologne, Rebel (supra, n. 41), pp. 62 et seq, 419 et seq, 504 et seq.

[44] Weber, Hedemann and Cohausz (2007), Patentstrategien, Heymanns, Cologne, pp. 163 et seq. , 165 et seq.

专利技术的挖掘。这些围绕或渗透独占专利的策略，通常被推荐使用，**⑮**这也是基础专利的申请人提前考虑大量布局"次级专利"的原因。也许正是这样，一个改进型专利的竞赛开始了，而在制药行业，仿制药生产商似乎并不完全希望出现或参与这样的竞赛。**⑯**

9.3 保护制度的（良好）运行

9.3.1 自主权和规定

专利策略不仅仅是商业敏感性或掌握经济时机的问题。更确切地说，它们的基础和主要内涵是在保护制度本身。实际上，专利制度与其他工业产权制度一样，赋予企业双重自主权：获得独占权利的自主权和开发独占权利的自主权。开发的自主权是众所周知的和公认的。**⑰**它的结果是，保护通常是以赋予受保护对象以权利的形式，使其持有者可以有权自由地决定如何在竞争中使用。**⑱**事实上，它是一种积极参与竞争的手段，而不仅仅通过禁止侵权（或模仿）来防御竞争的方式，因此，未经权利持有者授权的技术竞争将使权利人也加入替代创新的动态竞争中，所产生的替代创新技术也能获得保护。在这方面，必须强调的是，保护制度在允许开发自主权的同时，也通过制定规章制度对该自主权进行限制，实际上也限制了替代竞争的方式。因此，可专利性的评价标准定义了在竞争中可能受益于独占权利的对象的本质属性，**⑲**从而也定义

---

⑮ See Granstrand（1999），The Economics and Management of Intellectual Property，Edward Elgar Publishing，Cheltenham，pp. 218 et seq.

⑯ 因此，让专利药企业自行选择申请次级专利的时机；see section 3. 2. 1. 显然，上文提到的圈地和渗透做法假定了存在研发能力，并且涉及成本。然而，仿制药企业似乎建立了这样的能力（see Commission，Final Report（supra，n. 3），paras 460 et seq. ）而花费是有限的。仿制药企业缺席次级专利竞争的原因可能是同样的时间因素，因为他们的商业模式是在市场上出现了对活性物质（专利药）的独占权丧失之后，即是价格竞争而不是创新。从这方面来说，次级专利保护期限或多或少与专利药物的独占权期相一致是毫无意义的。

⑰ See as only one example decision of the ECJ，case No. 19/84，Pharmon v Hoechst，［1985］，Rep 1985，2281，para. 25.

⑱ Ullrich（2009），Propriété intellectuelle，concurrence et régulation – Limites de protection et limites de contröle，RIDE，407 et seq. ；Ullrich（2001），Intellectual property，access to information and antitrust：Harmony，disharmony，and international harmonization，in Dreyfuss and Zimmerman，Expanding the Boundaries of Intellectual Property，OUP，Oxford，pp. 365，371 et seq.

⑲ See Article 52 et seq. （concept of an invention），54 et seq. （quality criteria for patentability）European Patent Convention（EPC）.

了属于公共领域的内容。同样，权利要求的措辞和授权范围[50]或侵权和救济程序的规则[51]决定了该财产权可以保留的市场独家开发机会的程度和限制。同样，除了保护以外，[52]它也包含了义务，[53]特别是对于受保护的发明充分披露的义务，[54]其维持的条件是这样设想的，它们既保证独占权利作为不同技术之间的动态竞争手段，又使保护制度能够在支持第三方参与上述竞争中发挥作用。

9.3.2 保护的自由选择

不言而喻，专利保护的双重属性在于它既是鼓励创新的机制也是激发创新竞争的体系，这体现在该保护制度赋予企业的其他自主权，[55]即自由选择保护和保护形式的权利。因此，该制度并非要求企业在保持市场早期进入的保密性和/或先发优势在快速渗透和维持一个足够大而稳定的市场份额，或选择获得专利保护之间二选一。相反的，企业不仅可以将所有这些策略整合，而且专利制度还允许他们根据自己的需要和能力申请或宽或窄范围的专利，在提交申请后立即或在 18 个月的等待期后公开其发明内容，[56] 允许其根据国家和国际保

[50] See Articles 69, 84 EPC；Rebel（2003）, Gewerbliche Schutzrechte – Anmeldung – Strategie – Verwertung, 6th edition, Cologne, pp. 228 et seq.

[51] See Directive 2004/48/EC of the European Parliament and Council on the enforcement of intellectual property rights, OJ 2004 L 157, 45, corr. OJ 2004 L 145, 16 and L 351, 44.

[52] In particular the rules on experimental use of the patented invention（§ 11, No. 2 German Patent Act, Article L 613 – 5 b）French Intellectual Property Code（c. prop. int.）, which needs to be considered together with the obligation to disclose（see infra, n 53）and prior personal possession of the invention or prior use of it, i. e. before the filing of the patent（§ 12 German Patent Act, Article L 613 – 7, L 614 – 10, para. 3 French c. prop. int.）.

[53] For example sufficient exploitation and marketing（§ 24, para. 5 German Patent Act, Article L 613 – 10 French c. prop. int.）; see also § 24 para. 2 German Patent Act, Article L 613 – 15 c. prop. int. concerning the mutual（and imperfect）obligation to grant licences for improvement inventions and the principal invention respectively.

[54] EPC 第 78 条和第 83 条. 为了促进发明专利的改进和寻找替代解决方案，通常被称为规避发明，需要明确和完全地披露这项发明，但这些发明是制度的一部分。如果，在专有药品的实验室之间的竞争中，"防御性"的披露（或公开）行为会产生问题（see Commission, Final Report（supra, n. 3）, paras 1122 et seq., 1133 et seq.）, 必须考虑到这样一个事实，即它们都有制度明文规定的积极影响，而且它们比一种通过保密来压制发明的做法更可取。披露或公布的发明所产生的不良影响，构成了制度中极其难以避免或抵消的"附带损害"。

[55] 更确切地说，专利制度的自治是以贸易和工业自由的原则为前提的。For an approach based on a pre – existing property right see Straus（2009）, Patentanmeldung alsMibrauch der marktbeherrschenden Stellung nach Article 82 EGV？GRUR Int, 93, 95 et seq.

[56] Article 93 EPC.

护制度的具体规定,⑤提出加快或推迟对申请的审查,允许其像制药行业报告中描述的那样根据不同的考虑因素,⑧限缩其专利申请甚至限制授权的专利保护范围,⑤甚至撤回或放弃专利。这些规则不单是最低限度确保对专利制度体系的良好运转。更重要或者至少同样重要的是能够让企业在决定使用专利制度时做出一个正确的选择。⑥

这并不是说专利制度的存在总是满足申请人、第三方⑥和公众的利益。⑥除了某些存在一两项缺陷外,⑥重要的是,作为支持企业创新竞争努力的一种手段,知识产权制度只在制度层面上发挥最佳作用,但在特定市场的具体实践层面则未必如此。其原因在于,首先,待保护技术的发展和保护的需求比立法机

⑤ 在欧盟内部,企业可以选择,一种是通过国家程序的国家保护路径(在法国只是在单纯注册专利时补充递交新颖性报告,或者相反的,在德国,依据德国专利法案第44条,需要针对所有的可专利性条款进行最多不超过七年的全面和强制的预先审查(延期审查),或者另一种是通过EPO的欧洲路径(依据EPC的91条及相关条款进行强制性初步审查,具有申请加快审查PACE的可能性),或通过PCT(《专利合作条约》)的国际路径以实现国际化,但同时会对具体国家或欧洲专利的后续授予程序造成一定的延迟。For further details see Rebel (2003), Gewerbliche Schutzrechte – Anmeldung – Strategie – Verwertung, 6th edition, Cologne, pp. 363 et seq., 419 et seq.)。

⑧ See Commission, Final Report (supra, n. 3), paras 445 et seq., p. 40.

⑤ Articles 105 a et seq. EPC.

⑥ 这种情况下,举例来说,在德国体系下选择为了缓解拥挤程序而引入的延期审查(参见EPC第93条),也为企业提供了一段时间来思考申请专利的经济效益,这段思考时间对某些行业包括依据研发的特点和竞争压力要求在研究活动的第一阶段迅速提出申请的医药工业来说特别有用。see Schpreceding § 34 PatG; id., Festschrift Nirk (1992), Harmonisierung des Patentrechts: Perspektiven, Chancen, Hindernisse, Beck, Munich, pp. 949, 960 et seq.

⑥ 更具体地说,它们在程序上的做法并不总是十分令人满意。因此,与大多数国家的专利制度不同,德国法律不允许在侵权诉讼程序中提出无效抗辩。作为替代,德国专利法第81条等相关条款要求"侵权人"在进入特别法院即联邦专利法院之前展开行动从而获得专利撤销。而反诉过程(EPC第99条及相关条款,德国专利法第59条)意在补偿第三方无法在专利授权过程之前干预申请进程这一事实。这种排除第三方的做法是为了加快专利的授予速度,并在一定程度上加强专利申请人的地位,尤其是在授予程序耗时过长的情况下。see also Commission, Final Report (supra, n. 3), paras 1329 et seq., 1335 et seq. For a general discussion of the problem, which also arises in other fields of intellectual property law and in other countries, see Ullrich (2009), Die Beteiligung Dritter im Verfahren vor der Schutzrechtserteilung in Hilty et al. (eds), Festschrift Loewenheim, Beck, Munich, pp. 333 et seq.

⑥ Literature is abundant; see, amongst the official reports and analyses Federal Trade Commission (2003), To promote innovation: The proper balance of competition and patent law and policy, Washington DC, Chapters 4 and 5; Tirole, Henry, Trommetter, Tubiana and Caillaud (2003), Propriété intellectuelle (rapport rendu au Conseil d'Analyse Economique), Paris (La Documentation franaise), pp. 9 et seq.; National Research Council of the National Academy, Merrill, Levin, Myer (eds) (2004), A patent system for the 21st century, Washington DC, pp. 9 et seq., available at: http://www.nap.edu (accessed 30 March 2011); Gowers (2009), Review of Intellectual Property, HMSO, London, pp. 36 et seq., 77 et seq., 113 et seq., available at: http://www.hmtreasury.gov.uk/d/pbr06_gowers_report_755.pdf (accessed 31 March 2011). Wissenschaftlicher Beirat beim Bundesministerium für Wirtschaft und Technologie (2007), Patentschutz und Innovation, Gutachten 1/07, Berlin, passim; European Patent Office (2007), Scenarios for the Future, Munich, 15 et seq. See also Commission, Final Report (supra, n. 3), paras 1289 et seq., 1311 et seq.

⑥ See supra nn. 60, 61 and Hilty (2009), The role of patent quality in Europe, in Drexl et al. (eds), Technology and Competition – Technologie et concurrence (Contributions in Honour of H. Ullrich), Larcier, Brussels, p. 91.

关修订法律的速度更快，也比行政部门和法院调整做法和规则的速度更快。其次，最重要的是，该制度并不是为单一技术或单一行业设计的。它的目的是平等地服务于一个国家或地区的整个经济体系，而在不同市场中的企业的保护需求存在很大的差别。只要不放弃"一刀切"的原则，❻保护过度或保护不足带来的经济效率低下的状况将不可避免，可能甚至更加常见。❻然而，这些是选择产权制度而不是授予补贴或奖金来维持令人满意的创新速度的代价，显然后者的管理更加困难和昂贵。❻事实上，关于保护期限如何合理确定的案例清楚地表明，❻避免任何"低效率"的唯一方法是依据个案确定保护条件。鉴于这是不可能的，而且鉴于当前总体制度的改变有利于为受保护的主题提供适应于所述创新项目特殊需求的既抽象又具体的保护制度。因此，在实践上基于

---

❻ See Burk, Lemley (2003), Policy levers in patent law, Virg. L. Rev., 89, 1575; Reichman (2001), Of green tulips and legal Kudzu: Repackaging rights in subpatentable innovation, in Dreyfuss and Zimmerman (eds), Expanding the Boundaries of Intellectual Property, Cambridge (CAP), p. 23; Carroll (2009), One size does not fit all: A framework for tailoring intellectual property rights, Ohio St. L. J., 70, 1361; Carroll (2009), Patent Injunctions and the Problem of Uniformity Cost, Mich. Telecomm. Tech. L. Rev., 13, 421 (2007); Mosel (2009), Sector–specific patent protection and e-conomic growth, Working Paper, Passau Graduate School of Business and Economics, 8 July; for the protection (or not) of software; more particularly Hilty and Geiger (2005), Patenting Software? A judicial and socio–e-conomic analysis, IIC, 36, 615, 630 et seq.; for copyright Hilty (2007), Sündenbock Urheberrecht, in Ohly and Klippel (eds), Geistiges. Eigentum und Gemeinfreiheit, Tübingen, pp. 107, 111 et seq.; Schmidt–Bischoffshausen (2009), "One size fits all" – Wieviel Einheitlichkeit vertrgt das Urheberrecht? in Gtting and Lunze, berprotektion durch Geistiges Eigentum?, Baden–Baden, Nomos, p. 15.

❻ See for an empirical presentation Merges and Nelson (1990), On the complex economics of patent scope, Col. L. Rev., 90, 839; as to the inequitable nature of the reward system see Scherer, The Innovation Lottery, in Dreyfuss and Zimmerman (eds), Expanding the Boundaries of Intellectual Property, Cambridge (CAP), pp. 3 et seq.

❻ See Scotchmer (2004), Innovation and Incentives, The MIT Press, p. 31 et seq.; David (2005), Koyaanisqatsi in cyberspace: The economics of an "out–of–balance" regime of private property rights in data and information, in Maskus and Reichman (eds), International Public Goods and Technology Transfers under a Globalized International Property Regime, Cambridge University Press, pp. 81, 85 et seq.; Ullrich (1977), Standards of Patentability for European Inventions, Verlag Chemie, Weinheim, pp. 105 et seq. (with references to an already rich literature).

❻ See Scotchmer (2004), Innovation and Incentives, The MIT Press, pp. 98 et seq.; Koo and Wright, Economics of patenting an input essential to further research, in Granstrand (eds), Economics, Law, and Intellectual Property, Kluwer Boston, pp. 331, 336 et seq.; the problem is clearly apparent in Commission, Final Report Pharma (supra, n. 3), paras 163 et seq., 467 et seq.), 一项专利的平均有效期为12.5年，但是，可以通过在主要专利到期前的最后几年申请次级专利从而尽一切努力来延长这些"重磅炸弹"的独占权。其结果是，通过保护鼓励创新和通过竞争促进创新传播之间的交易平衡（参见 in-infra, n. 70）被打破，这并不一定有利于创新，而是有利于垄断财富的产生（过度保护）。

"量身定做"的基础进行授权是不可能的，也不可期，[68]必须承认的是，我们必须忍受专利制度的某些时而过度、时而不足的保护倾向。

这种相当悲观的观点是必要的，以便于我们更好地理解企业在选择和实施专利保护方面享有的自主权构成专利制度运作的基本要素。它允许企业在制度的限制下选择和获得保护，从其获得的时间、组成、范围、期限、可行性和应用上，适应其个体需求。假设企业的行为是合理的，尤其是充分的竞争迫使他们这样做，行使这种自主权有助于在一定程度上提升专利制度作为一种激励竞争的手段所起到的保护作用。

9.4 竞争法下的专利策略

9.4.1 通　则

制度性问题

与任何的自主权相同，保护形式、范围和方式的自由选择不仅是为了合理的制度性目标或效果，也可以起到限制超出"战略"范畴的竞争甚至限制那些源于保护制度的正常运行带来的动态竞争的效果。鉴于前述讨论的保护制度的本质问题，事实上，该制度在具体操作下并不会因为出现无效果的保护，企业寻求最大限度地保护自己的事实本身也并不足以被认为是必须依据竞争法进行约束。[69] 更具体地说，通过开发大量主要的和次要的专利建立专利簇仅仅反映了该制度的一个问题，即由于专利制度的要求，导致不得不将一项整体技术分割成多个部分进行保护，而创新公司可能需要保护具备时间延续性的"技

---

[68] Thus, the introduction of specific protection for integrated circuits or databases never produced the increase in innovation that was hoped for (for integrated circuits see Heilein (2003), Die Bedeutung des Rechtsschutzes für integrierte Halbleiterschaltkreise in der Praxis, Lang, Frankfurt, 61 et seq., 103 et seq.; for databases Commission, DG Internal Market, Working Paper dated 12 Dec. 2005, First evaluation of Directive 96/9/EC on the legal protection of databases, and Commission, Press release of 12 Dec. 2005, IP/05/1567: Intellectual property: Evaluation of the EU rules concerning databases). 对于计算机程序来说，最好是建立一种特殊的保护机制，而不是在今天被专利和版权的过度保护所包围。

[69] Contra Lowe and Peeperkorn (2007), Intellectual property: How special is its competition case? in Ehlermann and Atanasiu (eds), The Interaction Between Competition Law and Intellectual Property Law, Hart, Oxford, pp. 92 et seq.; uncertain, Cotter (2008), Reflections on the Antitrust Modernization Commission's report and recommendations relating to the antitrust/IP interface, Antitrust Bull, 53, 745, 775, 794 et seq.; Fox (2005), Can antitrust policy protect the global commons from the excesses of IPRs, in Maskus and Reichman (eds), International Public Goods and Technology Transfers under a Globalized International Property Regime, Cambridge University Press, p. 758 and with ibid, p. 770 et seq.: comment Fink, Competition law as a means of containing intellectual property rights; Ullrich (2008), Droit de la concurrence, propriété intellectuelle, et accès à l'information technologique, in Buydens, Dusollier, L'intérêt général et l'accès à l'information en propriété intellectuelle, Bruylant, Brussels, pp. 249, 258 et seq.

术"整体。这种"复合"专利可以有效地识别和保护该技术的基本内容，即便技术核心不再受到专利保护，他人也很难实施该技术。其结果是，至少在制度层面上，削弱了保护创新与其后续使用之间的决策风险——例如，在保护期限的决定背后的决策风险。这种为了确保创新长期广泛使用而延迟开放核心技术竞争的行为，❼使得技术持有者获得了不合理的垄断收益，并对相关市场上的其他公司造成了经济损失。因此，委员会对于构建专利簇存在疑问并不奇怪。❶然而，在没有特殊情况的前提下，正是由于技术的分割原则，不会导致技术被全面和不可渗透地覆盖，这是专利制度的正常运作方式，而不是反竞争行为的表现。

但是，实际情况不止于此。首先，竞争法的基本原则，是以法律形式限制竞争，但不保护其不受到内容和效果的控制，这同样也适用于知识产权的获取和行使。❷因此，从竞争法的角度难以预判专利权法律保护能够达到的效果。❸其次，对专利簇或专利网络的审查关注恰恰也是确定和正式将这一专利行为列为反竞争的"特殊情形"。

尚无定论判例法

事实上，对落入竞争法范畴，更具体地说，应归入禁止滥用市场支配地位条款（TFEU 第 102 条）的专利策略实践行为的认定，至少在欧洲的司法和行政实践中缺乏先例。尽管法院已经制定了一套完整的关于滥用合法获得的知识

---

❼　See the references in supra, n. 66 and Molitor（1973）, Der Patentschutz als wirtschaftspolitisches Problem, WiSt, 507. 当前的一种趋势是忽略这种同层级的取舍（或困境），而更关注随着时间推移由"增量"的发明所带来的和延续的垂直的困境。通过版权形式对计算机程序和数据库的过度保护期正好说明其缺乏谨慎。

❶　See section 9. 1. 1.

❷　See CFI, case T – 65 – 98, Van den Bergh Foods v Commission, ［2003］, Rep 2003 II 4653 at No. 171；case T – 201/04, Microsoft v Commission, ［2007］, Rep 2007 II 3601 at Nos. 689 et seq. ；German Federal Supreme Court（BGH）of 4 March 2008 – Soda Club II, WuW DE – R 2268, pp. 2265 et seq.

❸　Misunderstood by Straus（2009）, Patentanmeldung als Miöbrauch der marktbeherrschenden Stellung nach Article 82 EGV? GRUR Int, 93, et passim; Kjolbye（2009）, Article 82 EC as a remedy to patent system imperfections：Fighting fire with fire? World Competition, 32, 163, 179 et seq. For a more basic but equally excessive and premature criticism of the Pharmaceutical Inquiry Report, see Frison – Roche（2010）, Usage stratégique des droits et abus de droit dans l'application du droit d la concurrence au secteur du médicament, in Frison – Roche（eds）, Concurrence, Santé publique, Innovation et Médicament, Paris（LGDJ）, p. 371. After all, the Commission is not trying to control the patenting strategies as such but merely and precisely those that are abusive.

产权行为的判定原则，其尚未被用于判定在竞争法下获得知识产权的合法性。❼最接近的是通过"购买"独占许可证持有人持有的独占权而获得技术的情况。❼如果在特定情况下，具备市场支配地位的企业的购买行为由于旨在消除市场上所有存在的竞争而被认定为滥用，将专利簇的形式类比为原始专利的获得以应用上述规则也并不容易。实际上，*Tetra Pak* 案具备一定要素，使得它类似于通过收购其他企业的资产以形成垄断的案例，在任何情况下，都具有通过合并方式来实现工业集中化的外部成长标准的所有特征，而最初的发明专利申请则更多地体现了企业的内部成长。❼

对于后者，值得注意的是，在工业设计法律中，对于复杂产品的保护行为，不仅通过申请产品整体外观的保护，也尽最大可能地对其（所有）构成部件申请独立保护，这已经被法院采纳，但是被给予了相对上位的处理。❼ 然而，在具体诉讼过程中，由于原告的论点主要在于强调扩展保护和商品在市场上自由流通之间的冲突，法院可以根据主权国家立法机构的政治主张在其对知识产权的保护范围进行界定。至于欧共体条约第 86 条的适用（现为 TFEU 第102 条），法院随后更严格地限定：

一开始就应该注意维护法律赋予的独占权的益处这一基本事实，其效果是禁止未经授权的第三方制造和销售受保护的产品，而其不能被认为是滥用竞争的手段。❼

---

❼ See Drexl，Abuse of dominance in licensing and refusal to license：A "more economic approach" to competition by imitation and competition by substitution，in Ehlermann and Atanasiu（eds），The Interaction Between Competition Law and Intellectual Property Law，Hart，Oxford，p. 647；contrast Kjolbye（2009），Article 82 EC as a remedy to patent system imperfections：Fighting fire with fire？World Competition，32，pp. 165 et seq. Note that the importance of this judicial practice，be it only indirect，for the competition law analysis of strategic patenting is far from being clear，and the less so as Kjolbye（ibid p 179）himself insists that there is a profound difference，albeit one，which he does not define clearly.

❼ CFI，Case T – 51/89，Tetra Pak Rausing v Commission，[1990]，Rep 1990 II 309.

❼ See for the distinction Heinemann，Intellectual property rights and merger control：How to secure incentives to innovate in the long run，Drexl et al.（eds），Technology and Competition – Technologie et concurrence（Contributions in Honour of H. Ullrich），Larcier，Brussels，pp. 601，603.

❼ See ECJ，case 53/87，CICRA v Renault，[1988]，Rep 1988，6039 at Nos 5，10；see also，case 238/87，Volvo v Veng，[1988]，Rep 1988，6211，at No. 7；case 144/81，Keurkoop v Nancy Kean Gifts，[1982]，Rep 1982，2853. 值得注意的是，对要素例如部件进行独立保护，不仅可以排除所有部件在次级市场上的竞争，也同样的通过对部件的后续而非不变的改进而延长了对主要产品的事实上的独占权。

❼ ECJ，case 53/87，CICRA v Renault，[1988]，Rep 1988，6039，No. 15.

其结果是，通过对所有要素的单独保护以过度保护"复合"产品🄫的方式似乎在实践中是无法约束的。此外，关于该问题的过度争论，即应当受到法律保护的不仅是其组成的零件，也包括相匹配的组件，使当事人或法院无暇判断其是否属于竞争法所应限制的过度保护。🄫

在同类案件中，🄫零件制造商通过主张独占权持有人拒绝授予其许可是对权利的滥用以获得具有进入二级零件市场的权利，但依据案情被驳回了。这是用来抵御由于拥有知识产权而产生的独占效应的第二道防线。在该案中，法院认为该防线仅适用于非常狭义的情况。🄫考虑到知识产权固有的独占权，执行一致的司法实践自然地被赋予了例外。🄫

然而，鉴于这样一条防线的存在，我们是否不应该得出结论，正如法院似乎已经实行的，以及正如制药行业报告的关键文献所支持的那样，🄫即没有必要反对纯粹和简单地获取独占知识产权？肯定的回应存在如下风险：忽视了对重大创新经常存在的（过度）扩展保护进行限制的可能，并最终导致循环争论。因此，在美国 SMC 公司以 XeroX 公司通过收购 Battelle 研究所拥有的 3 种主要影印专利，垄断了普通纸质复印机的市场为由对 XeroX 公司提起诉讼的案件中，地方法院不同意对因拒绝通过向合法授权获得的专利颁发许可证而造成的损失进行事后惩罚。然而，巡回法院得出结论是，无论如何，如果专利是合法获得的，拒绝颁发专利许可证就不可能是非法的，应当对因拒绝造成的损失给予赔偿。🄫

SCM v Xerox 案在许多方面都很有趣。首先，SCM 辩称，这并不是拒绝颁发许可证，而是由于对基础发明的专利保护的存在使其无法进入市场，而这些

🄫　See on this point Riehle （1993），EG – Geschmacksmusterschutz und Kraftfahrzeug – Ersatzteile，GRUR Int，49；Riehle （1996），Das künftige europäische Musterrecht und die Ersatzteilfrage，EuWiStR，Supplement 1 to Vol. 7.

🄫　On this discussion see Kur （2008），Limiting IP protection for competition policy reasons – a case study based on the EU spare – parts – design discussion，in Drexl （eds），Research Handbook on Intellectual Property and Competition Law，Edward Elgar，Cheltenham，p. 313.

🄫　ECJ，case 238/87，Volvo v Veng，［1988］，Rep 1988，6211.

🄫　ECJ，case 238/87，Volvo v Veng，［1988］，Rep 1988，6211，paras 8 et seq.；likewise ECJ，case No. 53/87，CICRA v Renault，［1988］，Rec 1988，6039，at paras 16 et seq.

🄫　See reference supra，n. 74.

🄫　See reference supra，n. 73.

🄫　SCM Corp. v Xerox Corp. 463 F. Supp 983 （D. Conn. 1978） = 201 USPQ 258；SCM Corp. v Xerox Corp. 645 F. 2d 1195 （2nd Cir. 1981） = 209 USPQ 889. 尽管这是一宗财产转让的案件，而不是通过专利申请获得专利，这些决定所规定的规则可以被广泛应用，上诉法院（依据 No. 56）强调，没有理由区分来自内部研发的专利，以及根据合同所产生的研发的专利（by Battelle，and at least partly financed by Xerox）.

专利的获得和维持构成垄断行为。其次，两级法院的判决表明，收购专利组合本身与收购后的实施行为一样容易引起竞争机构的关注，而两者之间的关系容易遭到各种不同的解读。再次，尽管 *Sherman* 法案第 2 章禁止类似"垄断行为"，因而有意收购获得垄断权利绝不仅仅是对这样一种权力的滥用，依据 TFEU 第 102 条，两级法院明确拒绝认定获得主要专利组合的行为是反竞争的，因为目前还没有任何一个凭借获得的专利赋予其持有者完全的市场权利来控制市场的实践上的可能性。

9.4.2 滥用市场权力的行为

出发点

在欧洲法中，只有在相关市场占有主导地位时才有可能存在操控专利策略的单方面行为，因为 TFEU 第 102 条仅仅是禁止这一地位的滥用而不是主导地位的获得。这种滥用包括人为地巩固或延伸主导地位或将其扩展到其他已形成或发展中的邻近市场的专利行为。更具体地，对于巩固或延伸主导地位的案件，对种种行为的评价问题随着时间的推移可能上升到美国法官在 *SCM v Xerox* 案中必须面对的问题。[86]实际上，一方面可能是在申请专利时申请人（还）没有占据主导地位；另一方面，即便已经占据市场主导地位，发明所保护的经济潜力以及因而获得的反竞争潜力（还）不能被预期。

尽管两方面问题的性质并不相同，处理该问题的方法可能是沿用已有原则，即滥用支配地位是一种客观概念，而持有者的垄断行为只能通过评估其当时所产生的影响来判断。[87]因此，尽管在最初申请时是无害的，那些具有反竞争性质而（现在）唯一目的是巩固或扩大主导地位的专利的维持可能构成滥用，这样的处理方式是正确的，因为 TFEU 第 102 条规定的并非是获取支配地位的手段，而是利用该支配地位的方式，主导企业应尊重当时尚存的竞争。[88]对于动态市场，这种尊重首先归因于动态竞争，其确保在受保护期限届满后发明的充分利用，其次来源于第三方的创新努力，以及专利制度的良好运作。

---

[86] See reference supra, n. 85.

[87] See Eilmannsberger (2007), in Münchener Kommentar in Scker (eds), Europisches und deutsches Wettbewerbsrecht, t. 1, Beck, Munich, Article 82, annot 145, 150 et seq. with references; Mschel (2007) in Immenga, Mestmcker, Wettbewerbsrecht, EG – Teil 1, 4th ed., Beck, Munich, Article 82, annot 126.

[88] Established case law since ECJ, case 85/86, Hoffmann – La Roche v Commission, [1979], Rep 1979, 461, No. 91; case 322/81, Michelin v Commission, [1983], Rep 1983, 3461, No. 57, 70.

不可否认，占据主导地位的企业可以像其他企业一样利用专利保护制度。[89] 然而，同样真实的是，它不能仅仅为了保护主导地位而利用普通知识产权制度的弱点。[90] 专利制度是建立在动态竞争的理念之上的，而不是为了，即便只是暂时地，获得整个市场的实际垄断而竞争的理念。[91] 有人经常表达这样一种担心，[92] 即为了辨别可能的滥用支配地位而采取事后管制专利行为的做法可能会追溯性地挫伤企业因授予独占权利而进行创新的积极性，当然，这一担心在原则上是不合理的。更有代表性的是，在滥用的情况显现之前，专利保护有效地发挥了作用，通过推动拥有专利权的企业获取主导地位显现出促进效果，而且只有在极端失控的情况下才会出现滥用。[93] 更特别的是，对滥用的调查将考虑到这一事实，即从一开始，也许是基于其真实的理念，或者，相反的，它仅仅通过维护一种已成为过度的甚至是蓄意阻挠的专利保护而构成反竞争行为。

案　例

尊重专利制度的合理规则和差异化管理是策略性申报 TFEU 第四条的原则。委员会特别在制药行业报告中对其拟达到的两方面的目标提供了初步的

---

[89]　Established case law since ECJ, case 53/87, CICRA v Renault, ［1988］, Rep 1988, 6039, No. 15; case 238/87, Volvo v Veng, ［1988］, Rep 1988, 6211, No. 8.

[90]　See section 9. 2. 2.

[91]　See Ullrich, H. (2009), Propriété intellectuelle, concurrence et regulation – Limites de protection et limites de contrôle, RIDE, 407 et seq.; Drexl, Abuse of dominance in licensing and refusal to license: A "more economic approach" to competition by imitation and competition by substitution, in Ehlermann and Atanasiu (eds), The Interaction Between Competition Law and Intellectual Property Law, Hart, Oxford.

[92]　Regularly with respect to the case law as established by ECJ, case C – 241/91 P and C – 242/91 P, RTE and Independent Television Publications v Commission, ［1995］, Rep 1995 I 743 (Magill). This concern is repeated in our context, see Kjolbye (2009), Article 82 EC as a remedy to patent system imperfections: Fighting fire with fire? World Competition, 32, p. 188.

[93]　在特定情况下，保护的范围不充分带来的"效率不高"问题本身就不足以使其通过竞争法加以纠正; see section 9. 2. 2. 实际上，应注意确保现代的应用竞争规则的方法，即以经济学为基础的方法，不会危及专利法的系统运行。This risk exists even for a differentiated approach (such as that rightly proposed by Harhoff and Hall et al. (2007), The strategic use of patents and its implication for enterprise and competition policies, Final Report, Tender No. ENTR/05/82, under 3, available at: www. en. inno – tec. bwl. uni – muenchen. de/research/proj/laufendeprojekte/patents/stratpat2007. pdf (accessed 29 March 2011), paras 3. 4, 6. 3. 2) to the extent that the application of the criterion of the "efficiency" of a patenting strategy could always lead to a confusion between the excessive scope of the patents acquired and the excessive nature of a patenting practice. It is possibly this concern, which inspired Frison – Roche to make such a fundamental criticism of the Pharmaceutical Report; see Frison – Roche (2010), Usage stratégique des droits et abus de droit dans l' application du droit d la concurrence ausecteur du médicament, in Frison – Roche (eds), Concurrence, Santé publique, Innovation et Médicament, Paris (LGDJ).

说明。

首先，考虑到专利策略行为的目的在于延缓仿制药进入市场，因而只有在确认一系列活性物质即将上市时才选择这一专利行为。通常次级专利的商业前景应该是相对明确的，如果这些专利的申请人在相关市场上已经有效地占据支配地位，对是否存在滥用问题的回答，实质上取决于提交专利申请是否符合保护制度的目的并可以良好运作。从这方面来说，重要的是，要辨别和区分实践中的延迟进入策略。事实上，正如委员会在其制药行业报告[94]中多次承认的那样，一个创新的逐步改进，尤其是它的变种，确实值得专利保护。它们是所有行业推进技术进步的典型阶段，而且是对医学进步的贡献，不论大小，都是有益的。[95]这些改进只有在基本活性物质被发明后才会出现也是正常的。然而，即使这些改进有资格获得专利保护，并不妨碍根据 TFEU 第 102 条对在研发形成发明的时间之后很久再提交申请，[96]或在活性物质和其主要存在形式的保护期限最后积累专利申请的情形，如果这些积攒的申请覆盖了"最后一分钟"或者被称为"适时"地大批出现的发明。[97]在这种情形下，对于主导地位可能存在的滥用的审查就是合理的，这是因为，一方面，这些发明的可专利性或许仅仅代表了限制竞争的计划或目标的法律形式；另一方面，延迟发明特别是延迟申请或许仅仅是占主导地位的企业未被暴露在充分进入竞争环境的结果。[98]如果专利进入延迟行为的因素伴随着由申请人设置的与已过专利保护期的核心

---

[94] Commission, Final Report (supra, n. 3), paras 485, 497 et seq. However, a one - sided criticism continues to ignore the fact that the Commission recognizes the undeniably beneficial character of incremental innovation, see Asséo, Bénard, Cycle de vie du médicament et incitation au perfectionnement, in Frison - Roche (eds), Concurrence, Santé publique, Innovation et Médicament, Paris (LGDJ), pp. 1237 et seq.

[95] 在这方面，不可否认的是，该产品在社会上的重要性，即药物发挥了作用，而且需要改进药物，因此，各国和各经济体之间的发明创造的效用也各不相同。竞争法在多大程度上可以或必须考虑到这一点的问题超出了这一贡献的范围。

[96] 根据研究实验室活动的文件确定。

[97] 在这方面，这些发明的边际质量并不重要，在很大程度上，大多数次发明尽管可申请专利，似乎是常规研究和发展的可预见产品，可以根据需要或多或少地产生。因此，对次级专利概念的批评仅仅基于专利的合法性，而忽视了它们独特的经济和战略功能，缺乏相关性；see for an (unsatisfactory) discussion Bénard (2010), Existe - t - il une spécificité des brevets dans le domaine pharmaceutique? in Frison - Roche (eds), Concurrence, Santé publique, Innovation et Médicament, LGDJ, Paris, pp. 205, 235 et seq. See by contrast, for the relevance of the unified effects of the quality of invention and the timing of patent applications, Shadowen, Leffler and Lukens (2009), Anticompetitive product changes in the pharmaceutical industry, Rutgers L. J., 41, 1.

[98] See also Granstrand (1999), The Economics and Management of Intellectual Property, Edward Elgar, Cheltenham, pp. 218 et seq. 这似乎是一种结构缺陷的竞争，即使是在专利药物的生产者之间，似乎并不总是想要在活性物质的基础上为改进这些已经进入了公共领域的药物而竞争。

活性物质紧密相关的专利簇，通过使该活性物质的法律可及性变得不确定，从而达到阻碍市场的目的，则构成了滥用。显然，要建立这种嵌合了一系列行为要素并受到专利法限制的复杂的和复合的滥用方式并不容易。[99]然而，进行非常宽泛的专利申请[100]以获得并未被申请企业认真考虑如何使用的过度数量的专利的行为，[101]在获得专利权程序中使用拖延战术的行为，以及延迟撤回明显不当的专利或权利要求的行为，都可能构成附加的证据。[102]

　　虽然，乍一看，防御性的专利行为似乎本身就是反竞争的，但事实并非如此。在制药行业报告中，[103]委员会认识到专利药企业有必要为自己争取一个保护的余地，以便制定一系列研究策略，并将基础发明转化为一种有望在市场上取得成功的创新。因此，这种方式表明了对从定义上看永远不会被主动使用的防御专利的容忍。只要研发和创新过程的成功具有不确定性，这种容忍就是合理的，而且在大多数情况下，在这个阶段，专利申请人将（还）没有占据主导地位。但是，如果事实上它在此时已经占据了主导地位，是否还需要一定程度的独占性？[104]尤其是，如果申请人因其创新的成功而获得这样一个位置，那么这种对更大的防御性专利的容忍是否仍然合理呢？[105]有观点认为，归根结底，用来保护企业免受模仿侵权的专利不足以竞争性的，而那些被主导企业用于阻挡感觉过于接近的替代技术的专利是反竞争的。[106]这种竞争由于可能构成对创新努力的威胁而如此不受欢迎，而且在药品领域必须接受这种观点吗？如果是这样，一旦创新取得成功，是否应减少早期次级专利构成的"防卫壁垒"？是否应核查这类专利的维持是否合理？在这方面应当指出的是，利用专利法中并没有规定获权专利必须进行产业应用的情况，通过申请不用的专利来构建一个宽泛的防卫壁垒是不适当的。首先，实际上专利权人是负责产生应用的义务，

---

[99]　Compare Commission, cases IV/30. 787 and 31. 488 – Eurofix – Bauco v Hilti, JOCE 1988 L 65, 19, [1987]; confirmed by CFI, case T – 30/89, Hilti v Commission, [1991], Rep 1991 II 1439 and on appeal by ECJ of 2 March 1994, Rep 1994 I 667.

[100]　See Weber, Hedemann and Cohausz (2007), Patentstrategien, Heymanns, Cologne, pp. 54 et seq., 140 et seq.

[101]　例如，由于某种形式的药物表现并不符合企业的营销策略。

[102]　Rather than constituting the only cases of abuse (vexatious applications) as suggested by Kjolbye (2009), Article 82 EC as a remedy to patent system imperfections: Fighting fire with fire? World Competition, 32, 182 et seq.

[103]　See Commission, Final Report (supra, n. 3), paras 1097 et seq.

[104]　Compare CFI, case T – 201/04, Microsoft v Commission, [2007], Rep 2007 II 3601, paras 643 et seq.

[105]　See section 9. 2. 1, and the text accompanying footnote 90.

[106]　See section 9. 2. 1.

只不过其在极少数情况下通过强制许可这一并不完善的程序来实施限制。[107]其次，无论是存在制裁的可能性[108]还是根本没有专利必须产业应用的规定，都不能证明竞争法的实践中对通过获得和维持纯粹和永久防御属性的专利而进行反竞争行为的宽限的合理性。

因此，该问题似乎与其说是一个原则问题，不如说是对可接受的或有效的被动防御保护界限的合理确定[109]和对于专利防御性能的验证问题。考虑到专利申请通常具有自相矛盾的属性，这种证明可能是相当困难的。然而，专利的数量越多，其目标越接近基础发明的边际，就越容易证明其反竞争属性。

积极的专利申请以达到阻止效果的行为也同样是矛盾的。可能出现这样的情况，不同的专利药企业发现自己从事着相当近似的研究和发展路线，其结果是，随着竞争者自己的研究和发展路线或创新变得更加具体，获得和维持纯粹防御性的专利将逐渐变成一个积极的阻碍专利。无论如何，创新路线并不属于从事于该路线的企业。然而，当具有市场支配地位的企业故意地在竞争对手确定研究和发展的"领域"提交一项或多项申请以获得专利权，这就不仅仅是对基于鼓励申请人自己的研究且不破坏竞争对手的研发而设立的专利制度的滥用。[110]这也在一定程度上滥用了自己的支配地位，一方面，它试图人为地抬高竞争对手的创新和生产成本，[111]而另一方面，从那些并不是通过自身努力创造的阻挡专利中获利。实际上，积极的阻挡专利的价值仅仅在于阻止竞争对手对其研发或者尚未完成的创新的投入。[112]因此，为了达到阻止目的而积极使用专利的攻击性做法可能具有严重的反竞争效果，即使构建专利池有可能起到预防

---

[107] Supra, n. 53. 强制许可的实施是一项步履沉重且实际上无效的补救措施。只要没有共同体专利（而且在未来 10 年内也不会授予共同体专利！），即使在欧盟内部，这种许可也必须进行逐个专利和逐个国家的申请。

[108] See BGH of 13 July 2004 – Standard Tight – Head Drum, IIC, 36, 741, under III. 1.

[109] See Harhoff and Hall et al. (2007), The strategic use of patents and its implication for enterprise and competition policies, Final Report, Tender No. ENTR/05/82, paras 3. 4, 5. 2. 2, 6. 3. 2, available at: www. en. inno – tec. bwl. unimuenchen. de/research/proj/laufendeprojekte/patents/stratpat2007. pdf（accessed 29 March 2011）.

[110] 在这方面，专利作为谈判筹码的概念构成了一种保护制度的曲解，即谈判筹码是人为产生的，而不是与持有者自己的研究和发展方向重合或重叠的结果。

[111] See Harhoff and Hall et al. (2007), The strategic use of patents and its implication for enterprise and competition policies, Final Report, Tender No. ENTR/05/82, para. 3. 2. 3, available at: www. en. inno – tec. bwl. uni – muenchen. de/research/proj/laufendeprojekte/patents/stratpat2007. pdf（accessed 29 March 2011）.

[112] It is thus a well – known element of anti – competitive "hold – up" conduct.

这些做法造成的创新延迟效应。❸首先，因为专利池仅仅是一种缓解过度申请专利的手段，它们本身具有相当的反竞争潜力。❹其次，竞争法的目的是允许和促进个体之间的竞争而不是为有组织的竞争铺设道路。

法律救济

　　本节并非是更详细地讨论专利策略实践——例如，进一步讨论在延迟竞争对手进入市场和防御性专利申请的策略之间可能存在重叠，而是对滥用支配地位的可能的救济办法作简要讨论。事实上，虽然滥用行为在于获得和/或维持具有反竞争性的延迟进入专利或防御性专利，并不意味着救济措施必然是直接撤销所涉专利。❺更合适的是，通过有效的补偿和/或赔偿使得制裁与反竞争效果严格对应。因此，对于其效果是使得他人对不再受专利保护的活性物质的使用从法律上和经济上存在难度或者事实上不可能的延迟进入行为的情形，要求次级专利的持有者要么更加精确的限定或限制其保护范围以合理的价格授权许可就已经足够。另外，在很多情况下，问题的关键不在于推动活性物质的使用，而是对市场进入的延迟进行补偿，因而应对占主导地位的企业实施罚款和/或迫使其履行义务，使其交出由于获得了人为的独占性而带来的额外利润，或者补偿那些失去市场机会的仿制药企业。❻

　　同样地，对于防御性专利，在大多数情况下，阻碍效果会产生在滥用行为引起竞争监管机构注意之前。当竞争对手不是转向其他的研究和发展路线，而是在要求这些专利的许可却无功而返的时候，可能希望通过对市场主导企业判令强制许可以重新建立一种更为直接的动态竞争。然而，这将是一种延迟的救济，❼将无法弥补失去的机会，因此不应将损害赔偿金排除。最后，对申请阻挡专利的激进做法而言，也可适用类似的补救措施，但应依据因阻挡效应受害企业的特殊情况给予补救许可：如果该企业在"它的"研究和发展路线中实际获得合法的"既得"利益，那么给予其的补偿许可必须是独占性的。

❸　Contra Kjolbye（2009），Article 82 EC as a remedy to patent system imperfections：Fighting fire with fire? World Competition，32，183.

❹　See Ullrich（2009），Propriété intellectuelle，concurrence et régulation – Limites de protection et limites de contrôle，RIDE，430 et seq. and accompanying references.

❺　But see on this point Kjolbye（2009），Article 82 EC as a remedy to patent system imperfections：Fighting fire with fire? World Competition，32，179.

❻　Which is precisely what the judges refused to do in SCM Corp. v Xerox orp. 463 F. Supp 983（D. Conn. 1978）＝201 USPQ 258；SCM Corp. v Xerox orp. 645 F. 2d 1195（2nd Cir. 1981）＝209 USPQ 889.

❼　On the difficulties of obtaining such licences and the defences available in the event of a refusal see decision of the BGH dated 6 May 2009 – Orange Book Standard，41 IIC 369（2010），comments Ullrich（2010），Patents and Standards – A comment on the German Federal Supreme Court Decision Orange Book Standard，IIC，41，337.

9.5 结　论

目前为止，所有关于策略性专利申请反竞争影响可能存在的疑问均已经被适当的补救措施所驱散：为了使知识产权保护和自由竞争保护之间的平衡更加令人满意制药行业报告也提出了若干新问题，对此我们只能提出解决方案的第一种方式。对于滥用行为的案件的裁决将会是困难的而且也将保留争议。[18]更常见的将会是这样的一种情形，这种行为是其他不那么可疑的行为的一部分，结果是，各种行为的结合将有助于加强不同行为的反竞争效果。毋庸置疑，实施专利保护制度的某些缺陷确实有助于促进策略性专利行为的发展。[19]从这方面来看，认为最终引入欧盟（前欧共体）专利或者随着合作的加强引入统一的专利保护将从根本上限制策略性专利申请行为的观点是不切实际的。[20]统一的专利只能作为一种可选的、作为组成欧洲（EPC）专利的一揽子统一的各国专利的替代方案，授予专利的基础将是现在已经存在的欧洲专利条约（EPC）；统一专利将由现在已经授予欧洲各国一揽子专利申请的同一机构授予，未来统一专利法院的法官将与今天在国家法院中任职的法官相同。[21]此外，强制许可

---

[18]　The Commission seems to be determined to follow up its sector inquiry by investigating into individual cases of possibly anti‐competitive strategic patenting; see Commission, MEMO/10/647 of 3 December 2010, Antitrust: Commission confirms unannounced inspections in pharmaceutical sector, available at: http://ec. europa. eu/competition/antitrust/news. html（accessed 1 April 2011）.

[19]　例如，在适用专利性标准方面存在一定的松懈，缺乏对专利申请范围的精确确定，专利申请过于宽泛，对专利申请和专利申请的充分披露缺乏足够的监督，这些专利申请往往模糊了它们的主题等等；see Armengaud and Berthet‐Maillols（2009）, Du mauvais usage dudroit des brevets en matière pharmaceutique, selon le rapport préliminaire de la Commission européenne, Prop. Int. , 31, 132 et passim; Harhoff and Hall et al. （2007）, The strategic use of patents and its implication for enterprise and competition policies, Final Report, Tender No. ENTR/05/82, paras 3. 3, 4. 3. 2, 4. 3. 3, available at: www. en. inno‐tec. bwl. uni‐muenchen. de/research/proj/laufendeprojekte/patents/stratpat2007. pdf（accessed 29 March 2011）; Hilty（2009）, The role of patent quality in Europe, in Drexl et al.（eds）, Technology and Competition‐Technologie et concurrence（Contributions in Honour of H. Ullrich）, Larcier, Brussels, 98 et seq.

[20]　As Commission, Final Report（supra, n. 3）, at para. 1578 suggests.

[21]　See for the EEUPC project, Haedicke, Grosch（2010）, European patents and the Draft Agreement on a European and European Union Patents Court, ZGE/IPJ, 2, p. 196; Ullrich（2011）, Die entwicklung eines systems des gewerblichen rechtsschutzes in der Europischen Union: Die rolle des gerichtshofs, in Eger（eds）, konomische Analyse des Europarechts: Primrrecht, Sekundrrecht und die Rolle des EuGH, Tübingen, 2012, 147 = Max Planck Institute for Intellectual Property and Competition Law Research Paper 10‐11, available at http://ssrn. com/abstract = 1688319（accessed 31 March 2011）. For the recent development of unitary patent protection, see Ullrich, H.（2013）, Enhanced cooperation in the area of unitary patent protection and European integration, ERA Forum 13（4）= DOI 10. 1007/s/12027‐013‐0275‐2.

将依旧是罕见的，在任何情况下，除非是对于涉及整个技术的必要专利或者至少涉及主要原理的必要专利的全球许可性强制许可，否则在面对巨大的专利投资组合时都将是无效的。最后，策略性专利并非欧洲独有的现象，而是一种国际性的现象，在美国和日本的专利法体系下它的扩散和繁荣也同样容易。事实上，正是在这些国家，策略性专利申请以一种特别"复杂"的方式发展起来。⑫

⑫ Weber, Hedemann and Cohausz (2007), Patentstrategien, Heymanns, Cologne, pp. 163 et seq., 165 et seq.; and Harhoff and Hall et al. (2007), The strategic use of patents and its implication for enterprise and competition policies, Final Report, Tender No. ENTR/05/82, paras 3.1, 3.3, available at: www. en. inno – tec. bwl. uni – muenchen. de/research/proj/laufendeprojekte/patents/stratpat2007. pdf (accessed 29 March 2011).

10

欧洲制药改革背景下的反竞争营销

Bengt Domeij[❶]

10.1 引　言

在分析 2000～2007 年第一次面临仿制药竞争的药品时，欧盟委员会发现，仿制药在市场上的销售价格比原研公司在失去独占权之前所收取的价格低约 25%。之后，仿制药的价格持续下跌，并且在进入市场两年后，仿制药的平均价格低于原研公司在独占期末期所收取价格的 40%。由于仿制药的竞争，原研公司的平均价格也下降了。[❷]

仿制药进入市场后，原研药品的份额和价格下降，这种威胁自然而然地促使原研公司采取应对策略。这些策略有时被称为生命周期策略，或者可能更为贬义，例如"常青"或"产品跳转"。其目的是延长在独占期间享有的特权地位，虽然特权地位不是永久性的，但至少在专利权、补充保护证书或数据独占期之后的几个月内享有。本章重点介绍了其中一种策略，即原研公司试图将患者从面临独占期丧失的药物转换到所谓的第二代或后续药物。欧盟委员会对制药行业调查的结果表明，原研公司启动了后续药物，并试图转换 40% 与失去保护的在先药物相关的患者。当独占期届满时，产品越有价值，想必就越有可能采取这种转换策略。因此，转换是制药行业的一个重要特征。

转换通常需要从一种给药形式（例如，片剂）改换到另一种（例如，胶囊）。第二种转换类型则涉及通过添加或除去化合物来选择分子片段（也称为

---

❶　法学博士，瑞典乌普萨拉大学法学院教授。

❷　EU Commission, Pharmaceutical Sector Inquiry – Preliminary Report Fact Sheet, Prices, time to generic entry and consumer savings, fact sheet 1, p. 1, available at: http://ec. europa. eu/competition/sectors/pharmaceuticals/inquiry/fact_sheet_1. pdf（last accessed 15 April 2012）.

"基因")。第三种类型是两种或多种以前已经单独销售的活性化合物的组合。❸
这些改变可能有治疗优势，但很少是显著的。欧盟委员会在行业调查报告中认
为，原研公司以外的其他行为者（普通公司和消费者组织）普遍抱怨，后续
产品有时可能会受到质疑，因为它们比第一代缺乏或仅有轻微的治疗优势。❹

在转换过程中原研公司明显做出了一些创新性的工作，因为后续产品已经
获得了专利。但是，可专利性要求很低。当将已知药物重新配制时，即使对于
本领域技术人员而言，其技术和治疗结果在一定程度上也是不可预测的，这足
以使重新配制的产品获得专利。随着获得专利，后续产品避免了被直接模仿。
市场上可见的仿制药将与第一代产品相同，但重要的是，其与第二代产品不
同。如果医生开具后续产品，那么将足以防止仿制药的替代。因此，采用转换
策略的原研公司不必为了获利而对产品进行大幅度地改进。❺ 行业内部人士坦
率地承认："再配方药物作为防御仿制药的手段，其目标是明确的：防止仿制
药替代专利权到期的品牌药品"，❻ 如果转换成功，第一代产品的专利权到期
后，仿制药将获得相当大的市场份额的可能性也会显著下降。

平均而言，后续产品是在第一代药品的独占期丧失之前一年零五个月时被
推出。❼ 从转换策略启动到第一代药品独占期满为止，原研公司开展了大量的
营销工作，目的是将大量患者转移到新药品中。❽ 这期间，医生可以在两种品
牌产品之间进行选择，两种产品通常以相同的价格提供（有时甚至是新产品
的价格略低），并且通常会有一个无可争议的信息，即新产品更好。❾

---

❸ Carrier, M. A. (2010), A real – world analysis of pharmaceutical settlements: The missing dimension of product hopping, Florida Law Review, 62, 1017, available at: http://ssrn.com/abstract=1587818.

❹ 在部门调查中得出结论："在部门调查过程中，仿制药公司和消费者协会有时质疑某些类别变化的实际改善效果，特别是在其治疗效果方面。通讯，制药行业调查报告执行摘要，14 页，可查阅：http://ec.europa.eu/competition/sectors/pharmaceuticals/inquiry/communication_en.pdf（最后访问日 2012 年 4 月 15 日）.

❺ "足以改变品牌产品的范围，使其不再与仿制药公司用作［药用权威申请］的参考产品相同。这可以防止药店用仿制品代替重新配制的品牌产品……"，Perrett, S. (2008), 'The modified – release drug delivery landscape: The commercial perspective', in M. J. Rathbone et al. (eds), *II Modified – Release Drug Delivery Technology*, 2nd edition, pp. 1 – 2. Quoted from Shadowen, S. D., K. B. Leffler and J. T. Lukens (2009), 'Anticompetitive product changes in the pharmaceutical industry', *Rutgers Law Journal*, 41 (1&2), 7, available at: http://ssrn.com/abstract=1792864.

❻ *Ibid*.

❼ Pharmaceutical Sector Inquiry – Preliminary Report, 'Prices, time to generic entry and consumer savings', fact sheet 2, p. 5, available at: http://ec.europa.eu/competition/sectors/pharmaceuticals/inquiry/fact_sheet_2.pdf (last accessed 15 April 2012).

❽ Shadowen, S. D., K. B. Leffler and J. T. Lukens (2009), 'Anticompetitive product changes in the pharmaceutical industry', Rutgers Law Journal, 41 (1&2), 49, available at: http://ssrn.com/abstract=1792864

❾ *Ibid*, p. 51.

如果该公司被认为是占市场支配地位的话，则可以采用法律手段审查其转换策略。根据"转换策略"执行的行为，其可能违反《欧盟运行条约》（TFEU）第 102 条的规定。然而，存在的问题是，该策略的哪些部分是滥用市场支配地位，或者，是否只是通过开发创新产品来保持竞争力的合法途径，正如任何其他公司在老的产品变得缺乏竞争力时引入新的版本一样。❿

本章的第一部分涉及一种转换场景，其中，原研公司重新确定了第一代产品的上市许可。在阿斯利康案中，这种行为被发现违反了 TFEU 第 102 条的规定。第二部分以瑞典为例介绍了在药店中的仿制药替代规则。为了理解为什么在某个时间点之后，没有在市场上推销第一代产品或者推出任何仿制版本，而只是推广拥有专利的后续产品，有必要对其进行讨论。第三部分重点介绍了根据 TFEU 第 102 条对后续产品营销行为的评估。

10.2 撤销第一代产品的上市许可

欧盟委员会在制药行业调查报告中解释说，并非所有的升级版的药物的出现都被认定为竞争性问题，渐进式的研究是重要的。⓫ 它可以显著地强化现有产品，使患者受益。但是，撤销旧版本的上市许可则被认为是一个潜在的竞争性问题。然而，在讨论引发这一问题的阿斯利康案之前，有必要解释所谓的仿制药上市许可申请。

仿制药是指具有相同定性和定量的活性物质组成以及与参考药物（原药）相同的药物形式（无活性物质）的药物，并且已经试验证明其与参考药物的生物等效性。⓬ 如果符合这些条件，则仿制药的上市许可申请人被免除通过临

---

❿ Westin，J.（2011），Product switching in the pharmaceutical sector – an abuse or legitimate commercial consideration?'［2011］E. C. L. R.，12，595.

⓫ Communication，Executive Summary of the Pharmaceutical Sector Inquiry Report at 14，available at：http：//ec. europa. eu/competition/sectors/pharmaceuticals/inquiry/communication _ en. pdf（last accessed 15 April 2012）.

⓬ 欧洲议会和理事会 2001 年 11 月 6 日关于与人用药品有关的共同体法典的第 2001/83/EC 号指令，经 2004/27/EC 修正的第 10 条规定，一种"仿制药品"是指具有与参考药品相同的定性和定量的活性物质和相同药物形式的组合物，并且已经通过适当的生物利用度研究证明其与参考药品的生物等效性［最终到达作用部位的药物量被称为生物利用度，其直接影响药物的有效性和耐受性。对于被认为具有生物等效性的仿制药，欧洲药品管理局（EMEA）要求其生物利用度在原品牌药的 80% 至 125% 之间］。活性物质的不同的盐，酯，醚，异构体，异构体混合物，复合物或衍生物应被认为是相同的活性物质，除非它们在安全性和/或功效方面的性质存在显著不同。在这种情况下，申请人必须提供附加信息，证明要求许可的活性物质的各种盐，酯或衍生物的安全性和/或功效。各种即释口服药物形式应被认为是同一种药物形式。如果申请人能证明仿制药品符合相应的详细指导原则中规定的相关标准，那么不需要申请人进行生物利用度研究。

床前试验和临床试验证明其安全性和有效性的要求，而医药审批机构则依据参考产品提供的安全性和有效性证明。将参考产品的数据资料用于简化上市许可申请将为仿制参与者节省时间和金钱。根据上市许可法规的旧规定——关于共同体人用药品规范的第 2001/83 号指令⓭——只有当参考产品仍然在市场上时（或者至少其上市许可仍然维持），仿制者才能受益于该简化程序。然而，在 2005 年该指令进行了修订，其大意是在原研企业提出终止后上市许可仍继续存在 3 年。

在旧的规定下，在 20 世纪 90 年代，阿斯利康公司取消了丹麦、挪威和瑞典的原研洛赛克产品（胶囊形式）的上市许可，由第二代洛赛克 MUPS 产品（水分散片）取代，这能够使其从额外的专利保护中获利。欧洲普通法院在 2010 年 7 月 1 日的 T321/05 案件中认定，上述上市许可的选择性撤销是滥用市场支配地位（该案中的"第二次滥用"）。⓮阿斯利康在欧洲普通法院辩称，销售洛赛克胶囊已不再有任何商业利益，因此撤销上市许可是有客观理由的。然而，法院认为，撤销登记并不是以促进竞争为目的的合理做法（第 812 段）。此外，欧洲普通法院认为，占市场支配地位的企业不能采用监管程序来阻止竞争对手进入市场或使其更难进入。任何此类监管程序的使用都必须与占市场支配地位公司的有益竞争有关，或者有客观的理由支持，以免市场支配地位被滥用。

如上所述，关于仿制药简化申请的规定已经修改。撤销上市许可以防止该通用名药的出现已经不够了。根据第 2001/83 号指令第 10 条规定，在申请上市时，如果申请人能够证明所申请的药品是一种参考药品的通用名药，该参考药品是在一个成员国或共同体内已经获得上市许可不少于 8 年的产品，则申请人不需要提供临床前试验和临床试验的结果。此外，根据第 2004/27 号指令的修订，现在于第 2001/83 号指令第 24 条第 4 款中规定，在获得许可后的 3 年期间未在许可成员国的市场上实际投放的产品，其任何许可应当不再有效。原研产品废止后其上市许可存在 3 年。据预测，该窗口期足够让仿制药公司提交简化的申请。转换策略的这一特定部分——放弃上市许可——似乎由于对欧盟立法的修订而变得无效。

⓭　Directive 2001/83 on the Community code relation to medicinal products for human use［2001］OJ L311/67.

⓮　AstraZeneca v. Commission of the European Communities （C – 457/10 P）［2010］OJ C301/18. AstraZeneca has appealed.

10.3 药店中的仿制药替代

通过撤销上市许可无法阻止仿制药进入，那么使患者转换到第二代药品则显得更为重要。任何未被原研者转换的药品，患者通常将根据药店仿制药替代规则而自动选择最便宜的仿制药品。这种形势是近年来日益增强的关于推广使用仿制药的政治趋势的结果。⑮ 政治家面临着减少医疗保健预算的压力，而使用昂贵的专利药物则是一个容易的靶子。仿制药的贡献也使人越来越认识到，高额的医药支出和制药公司的研发费用之间的互惠是非常有限的。⑯ 研发着眼于最高效的地方，而不是只盯着市场。仿制药替代可能是促进仿制药使用的最有效的政治工具。该术语是指即使在医生已经为特定品牌写了处方的情况下，允许或强制药剂师使用药物的仿制版本的方案。2002 年 10 月 1 日，瑞典引入了仿制药替代品可作为报销药物的策略。⑰

瑞典改革的目的是通过增加仿制药之间的价格竞争来降低非专利药的花费。现在瑞典医疗产品管理局（SMPA）不断地更新可替代产品的清单，其标准是替代品被视为医疗等效的。⑱ 在这种情况下，药房工作人员有义务按照SMPA 的清单为患者提供最便宜的替代药物。⑲ 虽然出于医疗原因，医师可以限制这种替代。患者也可以反对这种替代，并保留更昂贵的药品，假定由他或她愿意支付自费和最便宜的（报销的）药品之间的差价。该系统旨在保证只有以最低价格提供的仿制药才能获得一些销售额。仿制药和第一代产品之间的价格竞争非常激烈，因为原研生产商可以不断更新它们要求的替代产品的价格，并且 SMPA 将相应地修改它们的清单。除了少数替代受到限制的情况以外，非专利药物的整个市场将由最便宜的仿制药来满足。

仿制药替代的目的是取消医师的某些处方习惯。大多数国家的医生都会接触到大量的药物促销，包括所谓的详细说明（打到医生办公室的销售电话）、直接邮寄、免费药物样本、医学杂志广告和赞助的继续医学教育计划。在药品

---

⑮ Andersson K. A, M. G. Petzold, P. Allebeck and A. Carlsten (2008), Influence of mandatory generic substitution on pharmaceutical sales patterns: a national study over five years, BMC Health Services Research, 8 (50) at 1. The electronic version of this article is the complete one and can be found online at: http://www.biomedcentral.com/1472-6963/8/50 (last accessed 15 April 2012).

⑯ Jack, A. (2012), Ailments encapsulated, *Financial Times*, 16 February, p. 7.

⑰ Swedish Act (2002: 160) on Pharmaceutical Benefits, etc.

⑱ § Swedish Act (1992: 859) on Pharmaceuticals.

⑲ § Swedish Act (2002: 160) on Pharmaceutical Benefits, etc.

营销中，与医生的个人接触也许是最重要的。[20] 药品营销的目的是在医生心中建立品牌记忆。仿制药则在不同的分销层面（药店）对此进行反击。因此，商标对非专利药品的影响已在竞争"方程"中不起作用了。[21]

一项研究表明，瑞典推出仿制药替代之后，取得了一定程度的成功。[22] 研究显示，在采用仿制药替代品之后，与不可替代（专利）药品相比，配发可替代（非专利）药品的数量成比例地增加。这被理解为证明了医生意识到替代系统和替代药物带来的价格降低。但是，这不足以证明药店仿制药替代的社会价值。如果政策关注的重点不仅是仿制药的价格，那么医疗总支出还可能会进一步降低。

10.4　通过仿制药替代促进的转换

药店中仿制药替代的规则显然会导致第一代产品的价格竞争加剧，但是它会阻碍后续产品的有效竞争，作者会尽力解释为什么会有这样一个重要的和非预期的不利影响。与药品一样，这些不利影响可能造成弊大于利。以下部分将就 TFEU 第 102 条和转换策略提出一些初步建议，对原研企业的第二代产品的一些营销形式属于滥用支配地位的观点进行讨论。

前面已经提过，在转换策略中，原研企业将在原始产品的专利到期之前引入后续产品。据称，采用该策略在仿制药进入市场后的头 3 年，原研企业后续产品的预期销售额将比仿制药进入后才推出配制药物（例如，每天用药一次替换每天用药两次）高出几乎 3 倍。[23] 这一点的商业意义可以从以下事实明显地看出来，至少在几年之内，仿制药将会占据第一代产品的大部分（即使不是全部）市场。实际上原研企业只能从后续产品中获得大量的利润。

转换策略的一个重要组成部分就是在第一代产品独占期的最后阶段对第二

[20]　Brezis M. (2008), Big pharma and health care: unsolvable conflict of interests between private enterprise and public health, *Israel Journal of Psychiatry Related Science*, 45 (2), at 83 – 9, discussion 90 – 94; and Sufrin C. B., J. S. Ross (2008), Pharmaceutical industry marketing: understanding its impact on women's health, *Obstetrical & Gynaecological Survey*, 63 (9), 585 – 96 (September).

[21]　Josefson, P. (2009), Tidsbegränsat varumärkesskydd för originalläkemedel – när det offentliga betalar väger immaterialrätten lätt, *Nordic Intellectual Property Review* (*NIR*), p. 269.

[22]　Andersson K. A, M. G. Petzold, P. Allebeck and A. Carlsten (2008), Influence of mandatory generic substitution on pharmaceutical sales patterns: a national study over five years, *BMC Health Services Research*, 8 (50), 1.

[23]　Pharmaceutical Sector Inquiry – Preliminary Report, Prices, time to generic entry and consumer savings, fact sheet 2, p. 6, available at: http://ec. europa. eu/competition/sectors/pharmaceuticals/inquiry/fact _sheet_2. pdf (last accessed 15 April 2012).

代产品进行激烈的市场营销。当然,正常的营销并不是反竞争的。[24] 但是,如果第一代产品的重要营销并没有得到维护,可能存在问题。这意味着消费者和医生可能无法发现产品的相对价值。第二代产品的市场推广力度加大,第一代产品将在短时间内大幅降价。然而,医生和患者不太可能理解这种正在进行的市场变化。仿制药进入市场后也不会切换回来。一方面,仿制药替代规则导致第一代产品的营销不足;另一方面,医生通常不愿意改变已接受的药物,导致患者将停留在第二代产品的处方上。

不会有人推广仿制药,因为在独占期和仿制药替代之后,任何第一代产品或特定仿制药的处方都会自动导致销售最便宜的仿制药。第一代产品的营销将变得没有效果,并且在独占期结束之前的某段时间停止。[25] 由于第二代产品被引入市场,营销努力的方向将是原研企业试图进行的转换。事实上,原研企业往往会强调新产品相对于旧产品的优势。[26] 而仿制药企业方面,其对于市场营销的投入很少或根本没有动力投资。它们唯一的竞争方式就是价格,因为任何药物相同的品牌或仿制药都将由药剂师替换为 SMPA 清单中最便宜的产品。因此,在第二代产品推出后,将没有专门针对第一代产品的销售代表或任何其他形式的营销工作。这导致医生对于第一代产品的相对优点只接收到"一个完全单方面的介绍"。[27] 得出的结论是:

与品牌药生产商不同的是,仿制药生产商不能通过向医生进行详细介绍进而从价格断层中获利。一旦仿制药可用,进行详细介绍非常昂贵,其通常在经济上是不可行的。如果一种原研产品的多种仿制药可用或即将可用,那么生产商就不可能向医生推销一种仿制药产品,因为药剂师可以很容易地使用其他生产商的仿制药替代该药物。因此,如果一个仿制药卖家向医生推销该产品,则其他仿制药卖家可以通过以较低的成本和提供低于促销卖家成本的价格来免费搭乘该促销。出于同样的原因,品牌药生产商通常也会在仿制药可用时停止详细说明并且以其他方式推广品牌药产品。这种仿制门槛的"搭便车"使得任

---

[24] Advertisements may, for example, be socially efficient if advertisement spending is less than the cost reductions that will be available to buyers when they can reduce their search costs and still find the best alternative. See Stigler, G. J. (1961), The economics of information, *Journal of Political Economy*, 69 (3), 213 (June); and see for a discussion on how trademarks are means to economize on search costs, Landes, W. and R. Posner (1987), Trademark Law: An economic perspective, *Journal of Law and Economics*, 30 (2), 265.

[25] Josefson P. (2009), Tidsbegränsat varumärkesskydd för originalläkemedel – när det offentliga betalar väger immaterialrätten lätt, *Nordic Intellectual Property Review* (*NIR*), 272.

[26] Carrier M. A. (2010), A real – world analysis of pharmaceutical settlements: The missing dimension of product hopping, *Florida Law Review*, 62, 1019, available at: http://ssrn.com/abstract = 1587818.

[27] *Ibid.*

何人——品牌药生产商和仿制药生产商都积极地推广产品的行为——在经济上是不可行的。在无法通过向医生详细介绍进而从价格差距获利时，仿制药生产商通过向药店提供低价销售以替代品牌药产品。㉘

营销资源的这种差异削弱了第一代产品的仿制药与专利后续产品之间的竞争。一代产品的再配制与不平等的营销资源相结合，消除了其与密切替代品之间的价格和质量竞争。原研药企业将推广转向新产品，而仿制药企业不能推广其产品，使得医生无法有效比较第二代药品和第一代药品。诚然，医生可以通过学术研究和专题研讨会获得比较信息，专家医生也可以通过分析竞争产品来进行自己的比较。然而，综合考虑患者转换到新产品相关的医疗问题，例如，几乎不再进行营销推广其可能对某些患者来说效果欠佳，而这对第一代产品则可能导致对昂贵的后续药物进行不必要的消费。㉙ 因此，以降低成本为目的的仿制药替代可能会产生相反的效果，并提高整体药物支出。第二代产品和仿制药之间的弱竞争所消耗的社会成本，与第一代品牌药和其他仿制药生产商之间由价格竞争带来的社会收益相比，可能更高。仿制药替代规则促进了转换策略的另一个潜在的破坏性影响，即原研公司将把研发预算用于现有药品的渐进式改进，而不是对社会更有价值但不确定的开创性研究中。

2003～2006 年，在瑞典引入仿制药替代后，紧随其后的数字统计显示公共药品消费总成本上升。尽管某些重磅药物的独占期已经过期，但消费总成本仍有上升趋势。自 2006 年以来，瑞典处方药的成本稳定地持续增长。每年的消费成本以瑞典克朗计：2006 年：232.52 亿元；2007 年：242.90 亿元；2008 年：252.28 亿元；2009 年：254.76 亿元；2010 年：255.74 亿元；2011 年：259.08 亿元。㉚ 确实，包括仿制药替代在内的各种改革可能有助于抑制在 20 世纪 90 年代呈两位数的增长，经过一段时间后甚至更高的药品成本支出，但这具有不确定性。不可否认，总成本增加的部分原因是转换策略的成功和仿制药与第二代药物之间的弱竞争。仿制药和第二代药物之间缺乏竞争当然不是瑞

㉘ Shadowen, S. D. , K. B. Leffler and J. T. Lukens (2009), Anticompetitive product changes in the pharmaceutical industry, *Rutgers Law Journal*, 41 (1&2), at 7, available at: http: //ssrn. com/abstract = 1792864.

㉙ Josefson, P. (2009), Tidsbegränsat varumärkesskydd fär originalläkemedel – när det offentliga betalar väger immaterialrätten lätt, *Nordic Intellectual Property Review* (*NIR*), 273.

㉚ Läkemedel – statistik för år (2011) Table 2, p. 20, available at http: //www. socialstyrelsen. se/ Lists/Artikelkatalog/Attachments/18654/2012 – 3 – 28. pdf (last accessed 15 April 2012).

典所特有的，但它被认为是如今专利—反垄断交叉领域中最受关注的问题之一。**③②**

瑞典的立法者似乎认为，向具有微小治疗优势的后续药物的转换所固有的风险，可以通过原研公司与 SMPA 之间进行必要的谈判来处理。SMPA 应该在对药物的治疗效果进行了全面分析之后，才接受提议的价格，并考虑与现有的老产品进行比较。产品具有小的治疗效益，则应该只允许在现有疗法的基础上小幅度地提高其价格。然而，这是一个由不确定因素和潜在的博弈过程所控制的监管过程。原研公司面临很高的风险，对后续产品的治疗价值从来没有明确的答案。因而要求 SMPA 能够设定一个真正反映后续产品与第一代产品相比改进的价格，有时是边际改进，可能太过分了。**③** 通常一个运转良好的市场比一个监管机构更能处理好这种类型的动态竞争，从而使该问题又回到了竞争法领域。

10.5　依据《欧盟运行条约》第 102 条的暂定解决方案

本节仅就如何根据竞争法处理转换问题提供一些探索性的建议，出发点是，如果主流生产商撤销原产品的上市许可，就像欧洲普通法院在阿斯利康案中所说的那样，转换策略不仅是不合法：

在目前的情况下，没有理由责备阿斯利康发售洛赛克水分散片或从市场上撤回洛赛克胶囊的行为，因为这些行为并不是为了提高委员会所声称的能够延迟或阻止仿制药和平行进口的引入的法律门槛。相比之下，注销洛赛克胶囊的上市许可的行为不能被视为在公平竞争的范畴之内。**③**

阿斯利康案中的这一举措——受质疑的仅是撤销第一代的上市许可——从

③　Moïse, P., and E. Docteur, Pharmaceutical pricing and reimbursement policies in Sweden, *OECD Health Working Papers*, No. 28, available at: http://ssrn.com/abstract=1329310.

②　Carrier, M. A. (2010), A real-world analysis of pharmaceutical settlements: The missing dimension of product hopping, *Florida Law Review*, 62, 1009, available at: http://ssrn.com/abstract=1587818.

③　通讯，制药行业调查报告摘要中 14-15 页，可查阅：http://ec.europa.eu/competition/sectors/pharmaceuticals/inquiry/communication_en.pdf（最后访问日 2012 年 4 月 15 日），其中欧盟委员会认为："利益相关方，尤其是原研公司，也抱怨开发新药时价格/奖励的不确定性。具体提到了，试图确定新药'附加价值'超过现有药物的国家评估重叠。对增值评估科学方面的跨界合作普遍感兴趣。在这方面，委员会指出，成员国科学评估的重复造成额外费用，最终由消费者/纳税人承担。在基本相同的问题上也存在与决策相矛盾的风险。而且，在这个阶段，较小的成员国并不总是有科学评估的手段，因此不能从较大的成员国可用的可能性中受益。"

③　Case T-321/05 *AstraZeneca v Commission* [2010] ECR II-0000 (not yet officially reported) at points 811-12.

经济或法律的角度来看，是站不住脚的。欧洲普通法院认为，推出洛赛克水分散片只是提供了一个新的选择，并不涉及对市场进入设置法律障碍。当然，法律旨在促进创新，并不能认为任何新产品的引入都是反竞争的。但是，假设新产品的"推出"仅仅是被动地为消费者提供可用产品，这太简单了。在几乎所有情况下，营销都是必要的，竞争法的审查可以集中在这一点上，而不是在原研者的技术产品开发上。即使是一小部分的产品改进对某人也是有利的，但从竞争和经济的角度来看，营销是一种更矛盾的做法，也是更容易审查的目标。❸ 诚然，占主导地位的公司推出新产品时，市场营销是非常合法的行为。根据 TFEU 第 102 条，对第二代产品的销售行为不能因此而视为滥用行为。但是，著者将讨论的是，某些特定的、明确的营销努力在制药领域的特殊环境中构成了市场支配地位的滥用。市场营销将阻止仿制药的发展，并在实质上构成对竞争的偏离。

出于诸多考虑，这对于药品营销的高标准来说显然是重要的，但从竞争的角度来看，尽管在后续产品的推出和第一代产品的专利权丧失之间的这个关键的时间范围内（通常是 1 年 5 月），❸ 普遍禁止第二代产品的销售可能太苛刻了：原因在于如果无法有效地引起买方的注意，那么开发新产品就毫无意义。但是，人们可以合理地认为，在这个时期将第一代产品的缺陷与第二代产品进行比较，是一种滥用支配地位的行为。只要第一代产品仍然受益于独占权，一个占支配地位的公司在营销背景下对第一代和第二代药品进行价格或质量的比较应被视为滥用其市场支配地位。

实际上，在这一时期发表的关于第一代产品的负面声明，实质针对的是即将推出的仿制药产品。虽然并不明显，但在转换窗口期，通常针对第一代产品的营销信息实际上是与竞争对手的未来仿制药产品有关的。这是仿制药替代规则的直接后果。根据欧盟的营销法律，诋毁竞争对手产品的声明通常是不被允许的。❸ 消费者被误导的风险太高。

在这个特定的时期，考虑到即将发生的第一代产品的价格急剧下降，患者

---

❸　Becker 和 Murphy 指出，"最主要的经济学家和其他知识分子不喜欢那些提供很少信息的广告"，而有说服力的广告被认为是"改变和扭曲品味"。参见 Becker G. 和 K. Murphy（1993），A simple theory of advertising as a good or bad，*Quarterly Journal of Economics*，108，941.

❸　Pharmaceutical Sector Inquiry – Preliminary Report，Prices，time to generic entry and consumer savings，fact sheet 2，p. 5，available at：http：//ec. europa. eu/competition/sectors/pharmaceuticals/inquiry/fact _sheet_2. pdf（last accessed 15 April 2012）.

❸　2006 年 12 月 12 日第 2006/114/号关于误导性广告和比较广告的指令第 4（d）条："就比较而言，比较广告应在符合下列条件时才被允许，它不诋毁或诽谤竞争对手的商标、商号，其他特色商标、商品、服务、活动或情况。"

和医生将无法充分评估第二代产品的医疗益处。由于仿制药公司无力应对，负面声明可能误导即将推出的仿制药的相对价值。由于第一代产品拥有专利权，在专利独占期间，仿制药品可能无法合法销售。而专利到期后的仿制药实际上也不能从仿制药替代规则中获利。

第一代产品不是公平竞争的另一个理由是，如果没有迫在眉睫的竞争形式的变化，将患者从第一代产品转换到第二代产品并不会使原研公司的利润最大化。在制作产品比较的广告时，第二代产品通常不会比第一代产品更有利可图。营销只是为了使利润最大化，因为转移后的患者大部分将产生黏性，而不会被未来的仿制药竞争所左右。由于缺乏仿制药营销基金并且受医生处方实践的约束，这些患者会被固定。如果一个追求利润最大化的公司在竞争并未减少的情况下出现了不合常理的经济状况（比如增加整体利润），那么可以推断该公司意识到并且主动去达到反竞争的效果。[38] 总的来说，第一代产品相比第二代产品的负面信息并不会在短时间内使原研者的利益最大化，而是在第一代产品和第二代产品将来发生竞争的不同时期产生。在 *Hoffmann – LaRoche* 案中，欧洲法院认为，通过禁止滥用支配地位，TFEU 第 102 条不仅涵盖了可能直接损害消费者的滥用行为，还涵盖了通过损害有效竞争结构而间接损害消费者的滥用行为。[39] 在随后的几项判决中对此观点表示了认可。[40] 转换就是属于这种情形。根据 *Hoffman – LaRoche* 案中的标准，不应允许占市场支配地位的企业利用其自身的地位来阻止新竞争的发展，其有关自己第一代产品的负面声明是为了延迟将来仿制药的销售增长。

在电信领域，委员会曾认定这种行为是滥用支配地位行为，其通过主要产品的随机变化形式而使得竞争对手的次级产品失去作用，或者使主要产品生产商在次级产品市场上大幅领先。在该案中，一家经营导航无线电网络的公司随机改变由其经营的地面电台发送的无线电信号，其滥用了在其次级产品，即无线电接收机上的支配地位。[41] 该公司还给出了不合理的说法，即频率的变化等同于技术上的改进，但事实上仅仅是为了使无线电接收机的竞争对手的处境变

---

[38] Shadowen, S. D., K. B. Leffler and J. T. Lukens（2009）, Anticompetitive product changes in the pharmaceutical industry, *Rutgers Law Journal*, 41（1&2）, p. 76, available at: http://ssrn.com/abstract = 1792864.

[39] C – 85/76, *Hoffmann – LaRoche v. Commission*, ［1979］ECR 461 para 125.

[40] See joined cases 40 – 48, 50, 54 – 6, 111, 113 – 14/73, *Suiker Unie and others v. Commission* ［1975］ECR 1663, paras 125 and 526, case 27/76 *United Brands v. Commission*［1978］ECR 207, paras 159 and 183, case 202/07 P *France Telecom v. Commission*, 2 April 2009.

[41] 89/113/EEC: Commission Decision of 21 December 1988 relating to a proceeding under Articles 85 and 86 of the EEC Treaty（IV/30. 979 and 31. 394, Decca Navigator System）.

得更加困难。同样的情况是，一个占支配地位的公司可以修改其产品，即使这种修改并没有显著地改善（改变频率或化学成分），但是不得通过这样的修改来获得竞争优势，例如先发优势。

必须补充的是，当然，在一般情况下的营销绝对是有利于竞争的。不能轻易断定某项市场营销是反竞争的。建立品牌成本高昂，一般只在有实质内容需要推广时才值得去做（否则品牌很快会变得毫无价值，品牌的支出就会损失）。[12] 然而，著者认为，阻止原研者的老药品销售的努力是一个特殊的情况，这一努力不是主要基于实质性产品的开发，而是由于两个明显的即将发生的监管事件：专利权到期和仿制药替代。这不是一般的商业惯例——例如汽车或IT制造商——只要发现旧版产品不能像新版产品那样有利可图，即立刻积极地阻止旧版产品的销售。原研公司当然充分意识到将由专利权到期和仿制药替代规则启动的一系列事件。在这样特殊情况下，营销可能产生反竞争效果，如果对这一事实视而不见，那么竞争法无法正确地履行它的职能。

10.6 结   论

本章描述了原研药公司采用的转换策略，并试图分析除撤销上市许可（在阿斯利康案件中被认定为反竞争）之外的其他行为是否也可能存在滥用TFEU 第 102 条规定的支配地位的情形。由于仿制药公司和原研药公司在这方面的明显差异，所以重点在于营销行为的讨论。结论是，营销在大多数情况下当然是有利于竞争的，但是由于制药行业有特殊的监管环境，可能有必要对营销进行不同的评估。一家原研药公司的营销可以用来重建客户群体，使其不再卷入即将到来的仿制药竞争。在第一代产品专利保护期的最后阶段，动态的、熊彼特式的竞争是限制第二代产品营销的非常关键的环节，著者认为，只有把第一代产品的品质置于不好的地步，才是一家占支配地位公司的滥用行为。这实际上是在诋毁竞争对手即将到来的产品，通常对于任何一家公司都是不被允许的，而具有市场支配地位的公司在 TFEU 第 102 条规定下更承担着特殊的责任，即不得损害竞争。

---

[12] See empirical findings to this effect in Demsetz, H. (1962), The effect of consumer experience on brand loyalty and the structure of market demand, *Econometrica*, 30 (1), 22.

11

阿斯利康案与欧盟行业调查：
什么情况下专利申请违反竞争法？

Josef Drexl❶

11.1 引　　言

　　欧盟委员会对阿斯利康案的裁决，❷ 以及欧洲普通法院（GC）❸ 和欧盟法院（CJEU）❹ 后来的判决吸引了很多人的关注。❺ 第一次，制药企业因为滥用市场支配地位而被罚款；❻ 第一次，欧洲机构必须评估在并购控制领域以外的

---

❶　博士，教授（加州大学伯克利分校 LLM 专业），马 - 普知识产权与竞争法研究所所长，慕尼黑大学名誉教授。

❷　Commission decision of 15 May 2005, Case COMP/A. 37. 507/F3 – *AstraZeneca*, available at: http://ec. europa. eu/competition/antitrust/cases/dec_docs/37507/37507_193_6. pdf (accessed 21 July 2011). On this decision see Drexl, J. (2009), Deceptive conduct in the patent world – A case for US antitrust and EU competition law? in Wolrad Prinz zu Waldeck and Pyrmont et al. (eds), *Patents and Technological Progress in a Globalized World*, Springer: Berlin and Heidelberg, p. 137; Manley, M. I. and A. Wray (2006), New pitfall for the pharmaceutical industry, *J. Intell. Prop. L. & Prac*, p. 266.

❸　Case T – 321/05 *AstraZeneca v Commission* [2010] ECR 2010 II – 2805.

❹　Case C –457/10 P *AstraZeneca v Commission* [2012] ECR I – 0000 (not yet officially reported).

❺　From the growing literature see Hull, D. W. (2011), The application of EU competition law in the pharmaceutical sector, *J. Eur. Comp. L. & Pac.*, 2, 480; Maggiolino, M. T. and M. L. Montagnani (2011), AstraZeneca's abuse of IPR – related procedures: A hypothesis of anti – trust offence, abuse of rights, and IPR misuse, *World Competition*, 34, 245; Müller – Graff, J. and F. Fischmann (2010), Der Fall AstraZeneca: "tool boxes" im Arzneimittelsektor – wer hat die besseren Werkzeuge und welche sind erlaubt? *Gewerblicher Rechtsschutz und Urheberrecht Internationaler Teil (GRUR Int.)*, 792.

❻　阿斯利康被委员会下令支付 6000 万欧元。在上诉中，这笔罚款被 GC 减少至 5250 万欧元.

药品领域相关市场；❼ 第一次，提出了策略性地申报使用专利保护程序是否被视为违反竞争法的问题。特别是由于后两个问题，竞争法学界和专利法学界的人们都急切地等待着 2012 年 12 月 6 日 CJEU 的最终裁决。❽

然而，就案件事实而言，阿斯利康案的裁决似乎解决了在实践中不会再出现的纯过渡性问题。实质上，该公司被指控滥用专利制度和获得药品上市许可的程序，其目的是延迟仿制药进入市场。更具体地说，欧盟委员会认为，阿斯利康已经违反了原欧盟条约（E1）第 82 条（现在 TFEU 第 102 条）的规定，在国家专利申请的过程中，为了获得根据欧盟 SPC 规定的补充保护证书，阿斯利康向各国家专利局提供了错误的重磅抗溃疡药物洛赛克的首次上市许可日期（第一种滥用行为）。❾ 与第二种滥用行为有关的是，阿斯利康决定注销丹麦、挪威和瑞典的洛赛克胶囊的上市许可，将这种胶囊从市场上退出并推出洛赛克片。这种注销造成了这样一种情况，即在阿斯利康注销洛赛克胶囊时，根据关于药品的第 65/65 号指令❿的修订版第 87/21 号指令，⓫ 似乎仿制药公司不能再依靠所谓的仿制药"简化程序"而获得本质上与已有上市许可的产品类似的仿制药的上市授权。⓬

第一种滥用是利用了 1992 年 11 月 2 日生效的 SPC 所规定的专利持有人获得补充保护的条件。⓭ 针对第二种滥用，前欧洲法院于 2003 年作出了一项澄清声明，只要与参考药品有关的相关文件仍然可用，仿制药就可以通过简化程序获得上市许可，并不要求参考产品在市场上销售。⓮

然而，阿斯利康案件实际上更像一个人们近来热烈讨论的关于企业策略性

❼ On this point, see, in particular, Müller – Graff and Fischmann, *supra* n. 5, 793 – 795.

❽ CJEU, *supra* n. 4.

❾ Council Regulation (EEC) No 1768/92 of 18 June 1992 concerning the creation of a supplementary protection certificate for medicinal products, [1992] OJ L, 182, p. 1.

❿ Council Directive of 26 January 1965 on the approximation of provisions laid down by law, regulation or administrative action relating to proprietary medicinal products, [1965] OJ L 22, p. 369.

⓫ [1987] OJ L 15, p. 36.

⓬ See Article 4 (3), point 8 (a) (iii), Directive 65/65 as amended by Directive 87/21: Council Directive of 26 January 1965 on the approximation of provisions laid down by law, regulation or administrative action relating to proprietary medicinal products, [1965] OJ L 22, p. 369. It was for reasons of public health that the law required that the primary product still be registered. For a concise description of this procedure see Commission decision, *supra* n. 2, paras 259 – 62.

⓭ See Article 19 SPC Regulation, *supra* n. 9.

⓮ See Case C – 223/01 *AstraZeneca* [2003] ECR I – 11809, para. 27. This judgment is based on a referral for preliminary proceedings from a Danish court for interpretation of Directive 65/65 when a dispute arose in Denmark on the issue of whether AstraZeneca would indeed be capable of preventing generic companies from getting the authorization for omeprazole capsules after Astra – Zeneca had deregistered its authorization.

地利用专利申请策略和程序，如原研药企业申请防御性专利以阻碍其他制药企业的研发行为，是否违反竞争法的先例。⑮ 当欧盟委员会开展对勃林格殷格翰的调查时，这类策略被推到了关于知识产权和竞争法关系的讨论最前沿，这家制药公司被指控依靠阻挡性专利排除在肺病药物市场上的潜在竞争者，其违反了原 EC 第 82 条指令。⑯ 欧盟委员会早在 2009 年 7 月的制药行业调查报告之前，便开始了上述调查。在 2009 年 7 月的"行业调查报告"中，欧盟委员会将这种策略性申请，或者更宽泛地说，原研制药公司滥用专利程序阻止仿制药进入市场和其他研发公司的研发努力的行为视为违反欧盟竞争法。⑰ 勃林格殷格翰后来同意在委员会主持下与西班牙竞争对手 Almirall 公司合作，并最终撤销了它的阻挡性专利，至此勃林格殷格翰案结束。尽管提交这类专利申请是否可以被视为反竞争的问题仍然没有明确，但欧盟委员会仍将该案作为执法成功的案例。⑱

此外，在阿斯利康案中被确认的第二种滥用行为可能正是其被判定为滥用专利程序的关键。就第一种滥用而言，虽然阿斯利康曾对专利局进行欺骗性行

---

⑮ See, in particular, the very critical comments by Kjølbye, L. (2009), Article 82 EC as remedy to patent system imperfections: Fighting fire with fire? *World Competition*, 32, 163 (also hinting at the relevance of the *AstraZeneca* case, p. 179 et seq.); Straus, J. (2010), Patent application obstacle for innovation and abuse of dominant market position under Article 102 TFEU? *J. Eur. Comp. L. & Prac.*, 1, 189. Others are more in favour of applying competition law to such practices. See, for example, Ullrich, H. (2010), Wahrung von Wettbewerbsfreiräumen innerhalb der Schutzrechtsverwertung – Die Regelung des Innovationswettbewerbs im und durch das Patentrecht, in: Kanzlei Bardehle Pagenberg Dost Altenburg Geissler (ed.), *Sektorenuntersuchung Pharma der Europäischen Kommission – Kartellrechtliche Disziplinierung des Patentsystems?*, Carl Heymanns Verlag: Cologne, p. 29.

⑯ Case COMP/B2/39246 – 勃林格殷格翰. See the communication by the Commission on the initiation of proceedings, available at: http://ec. europa. eu/competition/antitrust/cases/dec _ docs/39246/39246 _ 951 _ 10. pdf (accessed 27 December 2011).

⑰ See Commission, Pharmaceutical Sector Inquiry Final Report, Part I (8 July 2009), available at: http://ec. europa. eu/competition/sectors/pharmaceuticals/inquiry/staff_working _ paper _ part1. pdf (accessed 27 December 2011). See alsoCommunication from the Commission – Executive Summary of the Pharmaceutical Sector Inquiry Report (8 July 2009), available at: http://ec. europa. eu/competition/sectors/pharmaceuticals/inquiry/communication_en. pdf (accessed 27 December 2011). See, also, the contributions in: Kanzlei Bardehle Pagenberg Dost Altenburg Geissler (ed.) (2010), *Sektorenuntersuchung Pharma der Europäischen Kommission – Kartellrechtliche Disziplinierung des Patentsystems?*, Carl Heymanns Verlag: Cologne, p. 29; Philipp, M. P. (2011), *Intellectual Property Related Generic Defense Strategies in the European Pharmaceutical Market*, Nomos: Baden – Baden.

⑱ See Commission, Antitrust: Commission welcomes improved market entry of lung disease treatment, Press Release IP/11/842 of 6 July 2011, available at: http://europa. eu/rapid/pressReleasesAction. do? reference = IP/11/842&format = HTML&aged = 0&language = EN&guiLanguage = en (accessed 27December 2011).

为从而获得了不应获得的 SPC 补充保护，但就委员会所持的滥用专利程序的立场，批评者更多地认为，该行为属于专利法的范畴，不应适用竞争法。[19] 相比之下，对于阿斯利康的第二种滥用行为，欧盟委员会和两个欧洲法院都没有接受因为阿斯利康所述行为符合第 65/65 号指令规定的合法可用程序，从而该行为不违反竞争法的争辩理由。

本章旨在阐明 CJEU 在阿斯利康案的判决后，针对"制药行业调查报告"中滥用专利程序行为的竞争法适用原则。首先分析了阿斯利康案中两个法院的推理（参见第 11.2 节），然后，分析了"制药行业调查报告"的调查结果（参见第 11.3 节），最后，确定欧盟竞争法的相关原则以及对专利申请行为进行评估的其余未决问题（参见第 11.4 节）。

11.2 欧洲法院的判决

在下文中，本节将分析两个欧洲法院如何将滥用概念应用于阿斯利康被指违反了 EC 第 82 条（TFEU 第 102 条）的两种行为形式。由于向 CJEU 提出的上诉只涉及 GC 判决的一些要点，并且由于 CJEU 充分确认了 GC 的判决，因此本文侧重于 GC 中更为详细的内容。本文不涉及如何界定药物市场的问题。然而，是否具有市场支配地位通常被认为是竞争法裁量中确定是否存在违法行为的重要限制因素。

11.2.1 滥用时需要证明市场支配地位

TFEU 第 102 条并不能对任何形式的滥用专利程序行为提供补救措施。这个禁令只针对一些特定的企业，即那些在相关市场占支配地位的企业。由于专利可以排除模仿性竞争，专利在评估企业的市场力量中起着重要的作用。但是，拥有知识产权本身并不能证明是占市场支配地位的。[20] 事实上，不同的专

---

[19] See, in particular, Kjølbye, *supra* n. 15, at 180 (rejecting the idea of applying competition law to patent filings in the absence of a "plus factor" such as fraudulent behaviour as in the SPC abuse of the *AstraZeneca* case).

[20] 这已被欧洲法院认定了很久。例如，参见 Joined 案件 C–241/91 P 和 C–242/91 P RTE 和 ITP v 委员会（Magill）[1995] ECR I–743，第 46 段（就主导地位而言，一开始就应该记住，仅仅拥有知识产权是不能赋予这种地位的）。在美国，联邦最高法院很早就认识到在捆绑产品获得专利的情况下推定市场力量。这一推定最近在伊利诺斯工具公司诉独立油墨公司案中被放弃了（547 U. S. 28 (2006)）。然而，对于这一决定的批判性看法，见 Jones, CA (2008)，"专利权和市场力量：反思知识产权与反托拉斯分析中的市场力量之间的关系"，载于 J. Drexl（编），Research Handbook 关于知识产权与竞争法，Edward Elgar：英国切尔滕纳姆和美国马萨诸塞州北安普顿，第 258 页（批评新兴的慷慨搭售方式）。

利产品可能在相同的相关市场上竞争，因为专利仅仅排除了一种竞争形式，即模仿竞争（价格竞争），从而鼓励不同的替代竞争形式（创新竞争）的出现。[21]因此，在阿斯利康案中，委员会和欧洲法院被要求详细评估所谓滥用时其是否具有市场支配地位。[22]

关于市场支配地位的要求对于更好地理解阿斯利康案判决背后的危害理论至关重要。第一种滥用，SPC 的申请是通过延长专利保护期限来人为地维持市场支配地位。第二种滥用，理论上，尽管专利保护期满，但阿斯利康也试图通过削弱这些公司能够更快获得上市许可的能力来排除价格竞争，从而延续其垄断地位，降低成本。

11.2.2 欺骗性获得欧盟药品补充保护证书（SPC）

关于 SPC 的申报，GC 全面肯定了委员会的决定。[23]阿斯利康在其上诉中提出，委员会对于滥用法律适用错误并且未能充分证明滥用的事实。接下来，将集中分析滥用的法律标准。

GC 在决定中认同了委员会的观点，其认为：

向主管机关提交误导性信息以使其误判，并因此具备了本不应具备的获得排他性权利的资格，或者所述排他权的期限本应更短，这超出了实质竞争的范畴。[24]

GC 所持观点在很多方面影响深远。首先，它强调甚至可以将基于主管机关的行为视为竞争法适用范围内的。为此，法院驳回了基于权利人必须在市场上使用专利，最主要的可能方式是通过拒绝向潜在的竞争对手授予许可权，才可能对竞争造成影响的意见。法院之所以接受专利申请本身就构成潜在的滥用的原因是知识产权对市场的排斥效应。法院明确承认了这种直接的市场效应：

当被主管机关授予专利权，该权利通常被认为是有效的，企业对该权利的所有权也是合法的。由于法律法规要求竞争者尊重这种排他性权利，所以结果通常是排除了竞争。[25]

---

[21] On this see Drexl, J. (2008), The relationship between the legal exclusivity and economic market power: Links and limits in I. Govaere and H. Ullrich (eds), *Intellectual Property*, *Market Power and the Public Interest*, PIE – Peter Lang: Brussels, pp. 13, 16.

[22] See Commission, *supra* n. 2, paras 329 – 601; GC, *supra* n. 3, paras 28 – 294; CJEU, *supra* n. 4, paras 27 – 60.

[23] GC, *supra* n. 3, paras 295 – 613.

[24] GC, *supra* n. 3, para. 355.

[25] GC, *supra* n. 3, para. 362.

因此，大多数竞争者只要了解到专利的存在就会放弃竞争。GC 继续指出，以侵害竞争对手现有知识产权为前提的行为，将继续适用原 EC 第 82 条（TFEU 第 102 条）。㉖ 同样，GC 也不接受以竞争法之外的补救措施——尤其是存在竞争对手提起专利无效宣告的可能性——作为反对原 EC 第 82 条所述的滥用行为的论据。㉗

不过，法院也表达了重要的保留意见。即"专利欺诈"本身并不构成对竞争的限制。相反，法院要求对"具体情况"进行评估，并指出评估可能会根据每个案件的具体情况而有所不同。㉘ 因此，法院提出应注意专利权人申请 SPC 的具体情况。法院认为：

在这方面，正如委员会所声称的，主管机关仅有有限的自由裁量权或者没有任何义务为确定有争议的实践来核实所提供的信息的准确性，这增加了对竞争的监管障碍。㉙

在阿斯利康案中，明显满足了这个标准，因为 SPC 法规㉚的过渡规则并没有给专利局任何授予或不授予 SPC 的自由裁量权利。另外，专利局没有义务核实 SPC 申请人提供的欧盟首次上市许可的日期。在这种专利欺诈的情况下，还必须指出的是，GC 坚持传统的观点，认为滥用是一个客观的概念。㉛ 因此，法院并不要求占支配地位的企业具有任何欺骗专利局的意图或计划。但是，如果有证据表明其具有特定的意图，可以考虑这一点，以肯定其滥用行为。㉜

同样地，GC 重申了欧盟竞争法的既定原则，即并不要求所述滥用的行为消除了所有的竞争。㉝

关于与专利法的衔接问题，将 TFEU 第 102 条适用于专利申请的一个最重要的问题是，申请人是否可以依靠专利法的创新原理来证明其行为的合理性。事实上，在创新相关的案例中，GC 现在均针对滥用行为的反竞争效应和竞争法干预对创新的不利影响进行衡量，以达到平衡。㉞ 为了在阿斯利康案中实现

㉖ *Ibid.*

㉗ GC, *supra* n. 3, para. 366.

㉘ GC, *supra* n. 3, para. 357.

㉙ *Ibid.*

㉚ Article 19 SPC Regulation, *supra* n. 9.

㉛ GC, *supra* n. 3, paras 352 and 359. See also Case 85/76 *Hoffmann – La Roche v Commission* [1979] ECR 461, para. 91; Case T – 128/98 *Aéroports de Paris v Commission* [2000] ECR II – 3929, para. 173.

㉜ GC, *supra* n. 3, para. 459.

㉝ GC, *supra* n. 3, paras 364 et seq.

㉞ See, in particular, the decision of the Court of First Instance (CFI; now GC) in Case T – 201/04 *Microsoft v Commission* [2007] ECR II – 3601, paras 688 – 712.

这种平衡,GC 在判决中采用了一种非常直接的方法。

它认为实体专利法是一种不可推翻的设定,因为通过专利法能够达到利益的平衡,在促进创新的同时通过允许仿制药进入市场来控制价格。❸❺ GC 总结说,通过欺骗性行为获得了无权获得的延期保护,这实际上减少了对申请人创新的激励,因为其市场支配力的扩大,申请人不再面对必须实施创新竞争策略并投资研发新药作为替代品的压力。❸❻

阿斯利康在上诉时试图采用两个理由对第一种滥用行为进行辩解。首先,阿斯利康认为,GC 认为其向专利局作出的陈述具有误导性是错误的。然而,CJEU 认同了 GC 的观点,阐释了滥用概念的客观性质,❸❼ 同时指责阿斯利康不择手段获得 SPC,虽然其申报途径是合法的,但包括诉诸极具误导性的陈述,其目的是引导专利局出现错误。❸❽

其次,阿斯利康指责 GC 没有考虑 SPC 申请是否限制竞争的问题,并认为竞争只能在 SPC 授予之前受到影响。关于这一点,CJEU 也肯定了 GC 的观点,即,虽然 SPC 是在相关专利的专利期限内的很多年以前被授予的,但授予 SPC 对潜在竞争的影响甚至可以一直持续到专利到期之前。❸❾ 此外,欧洲法院还澄清,欺骗行为不需要成功误导专利局,只要其很可能会导致非法的 SPC。❹⓿ 同样,并不要求行为实际上导致损害竞争,相反,只要有潜在的反竞争效应就足够了。❹①

11.2.3 洛赛克胶囊的注销

关于第二种滥用行为,注销洛赛克胶囊的上市许可,最重要的是 GC 和 CJEU 所持的观点,即使使用的是合法程序,也可能违反竞争法。在这里,GC 已经明确区分了医药法律下的法律与竞争法下的非法行为:

此外,申请人阿斯利康所提出的其有权要求撤销洛赛克胶囊的上市许可的情况,绝不会是不适用 EC 第 82 条规定的理由。正如委员会所指出的,根据

---

❸❺ GC, *supra* n. 3, para. 367.

❸❻ 因此,专利期满应被视为专利法的创新设计的一部分。GC 也提到了这一点,同上,n. 3,第 367 段,正如委员会所指出的那样,专利制度的这种滥用可能会降低参与创新的积极性,因为它使得占支配地位的公司能够在立法者设想的期限之外保持其独占性。

❸❼ CJEU, *supra* n. 4, para. 74.

❸❽ CJEU, *supra* n. 4, para. 98.

❸❾ CJEU, *supra* n. 4, para. 108. Accordingly, the CJEU considered it immaterial that, in Germany, the grant of the SPC was annulled before the expiry of the patent. *Ibid.* , para. 109.

❹⓿ CJEU, *supra* n. 4, para. 111.

❹① CJEU, *supra* n. 4, para. 112.

EC 第 82 条规定的滥用行为的非法性，与其遵守或不遵守其他法律规则无关。关于这一点必须指出的是，大多数情况下，滥用支配地位的行为是根据竞争法之外的其他法律规定的合法行为。㊷

因此，医药法规定下的合法性并不能使阿斯利康的行为免除竞争法的责任。但是，这并没有回答委员会是否正确地论证并提供证据证明所述责任是竞争法范畴的问题。这里，GC 首先援引其判例法，根据该判例法，欧盟竞争法要求市场支配地位的企业承担"不能通过善意竞争范围以外的竞争方式损害共同市场的真正竞争本意的特殊责任"，㊸ 而基于善意竞争，法院认为，与通常的合法流程不同，该案"在缺少认定其是维护竞争企业合法权益的基础或合理理由的情况下，以这样的一种方式防止或使得竞争对手进入市场更加困难"。㊹ CJEU 也采用了这种判断方式。㊺ 可见，说明了两点：第一，从市场圈定的意义而言，这种行为必然产生反竞争效应；第二，这种行为必然是不正当的。

关于反竞争行为特征的判断标准，阿斯利康案判决中有三个方面值得强调一下：第一，GC 和 CJEU 驳回了阿斯利康关于适用"必要设施规则"标准的抗辩。㊻ 关于这点，两个法院均指出，所述标准是在存在独占权（也就是拒绝向他人作出许可）的前提下制定的，㊼ 并且依据第 65/65 号指令的规定，在数据独占期届满之后，阿斯利康不再享有这些权利，㊽ 阿斯利康也不能享有关于数据的任何所有权，㊾ 因为上述指令明确允许了在独占期届满后，这些数据可

㊷ GC *supra* n. 3, para. 677. This was explicitly confirmed by the CJEU, *supra* n. 4, para. 132.

㊸ GC, *supra* n. 3, para. 671 (citing Case 322/81 *Nederlandsche Banden – Industrie – Michelin v Commission* [1983] ECR 3461, para. 57; Case T – 83/91 *Tetra Pak v Commission* [1994] ECR II – 755, para. 114; Joined Cases T – 24/93 to T – 26/93 and T – 28/93 *Compagnie maritime belge transports and Others v Commission* [1996] ECR II1201, para. 106).

㊹ GC, *supra* n. 3, para. 672.

㊺ CJEU, *supra* n. 4, para. 134.

㊻ GC, 同上 n. 3, 第 678 – 682 段; CJEU, 同上 n. 4, 第 142 – 156 段。请注意，一些作者试图从欧洲法院的判例法中推断拒绝许可的一项论据，根据该论据，无论哪个专利申请永远不会被认为是反竞争的。见 Kjølbye, 同上 n. 15, 在 179 段及以下 163 段（根据关于拒绝许可的判例法，一般性地讨论专利申请的评估）; Straus, 同上 n. 15, 在 198 段, 在阿斯利康案的判决之后, 将不再可能有这样的论据。

㊼ The most important holdings are the three judgments of the European Court of Justice in Joined Cases 241/91 P and 242/91 P *RTE and ITP v Commission* (*Magill*) [1995] ECR I – 743; C – 7/97 *Bronner* [1998] ECR I – 7791; and C – 418/01 *IMS Health* [2004] ECR I – 5039; as well as the *Microsoft* judgment of the Court of First Instance, *supra* n. 34.

㊽ GC, *supra* n. 3, para. 680.

㊾ The CJEU, *supra* n. 4, para. 149, explicitly stated that the possibility to deregister a marketing allowance cannot be considered equivalent to a property right.

以用于简化流程中。⑩ GC 认为应将这一点与微软案的判决区分开来，微软案的判决确实提出了可以拒绝提供作为商业秘密的信息，⑪ 但需要指出的是，阿斯利康涉嫌滥用的行为"并不是拒绝提供包含药理学和毒理学试验和临床试验结果的文件，因为在任何情况下，阿斯利康都不能使用其所声称的所有权来阻止国家主管机关于简化程序中使用这些数据"。⑫

第二，关于适用的标准，GC 提出注销登记对仿制产品进入市场以及平行进口产品造成了监管障碍。⑬ 因此，法院依据原 EC 第 82 条并不要求"恶意"或者"故意的"丧失抵押品赎回权策略的内容，明确了"滥用"这一概念的客观性质。⑭ 不仅如此，法院还指出，有足够的证据表明，阿斯利康"意识到了取消洛赛克胶囊的上市许可注册可能对提高进入监管性质的障碍有用"。⑮

至于对市场的具体影响，法院并没有要求委员会准确评估撤销注册对仿制药的市场进入造成的延误。⑯ 撤销注册导致无法使用简化程序就已经足够了。与此同时，存在获得上市许可的替代程序并不能作为反驳撤销注册是滥用行为这一观点的理由，因为这些替代程序似乎比简化程序更不利和更昂贵。⑰ 最后，阿斯利康案还引发了另一个问题，因为阿斯利康在丹麦、挪威和瑞典也能够依靠配方专利和 SPC 阻止仿制药进入市场。关于这个问题，法院驳回了其他替代性的监管和司法手段的存在，使注销洛赛克胶囊的上市许可行为不构成滥用的观点，只因为撤销注册"无论如何是为了限制竞争"。⑱ 鉴于因果关系的法律概念，这样的论点可能出现问题。

重要的是，要注意，这些其他手段并不会为阿斯利康提供绝对的法律确定性，以避免仿制药有效地进入市场。尤其是，阿斯利康的专利和 SPC 可能在专利侵权或无效诉讼程序中失效。

---

⑩　GC, *supra* n. 3, para. 681；CJEU, *supra* n. 4, para. 151.

⑪　In this regard see in more detail Drexl, J. (2011), Refusal to grant access to trade secrets as an abuse of market dominance in S. Anderman and A. Ezrachi (eds), *Intellectual Property and Competition Law – New Frontiers*, OUP: Oxford, p. 165.

⑫　GC, *supra* n. 3, para. 682.

⑬　GC, *supra* n. 3, paras 608 and 814.

⑭　GC, *supra* n. 3, para. 813.

⑮　GC, *supra* n. 3, para. 814.

⑯　GC, *supra* n. 3, para. 831.

⑰　GC, *supra* n. 3, para. 829. According to Article 4 (3), point 8 (a) (ii), Directive 65/65, Council Regulation (EEC) No 1768/92 of 18 June 1992, an applicant can also rely on references to scientific literature to prove that the proprietary medicinal product is recognizably efficient and guarantees an acceptable level of safety.

⑱　GC, *supra* n. 3, para. 836.

第三，值得指出的是，与美国的反垄断实践相比，GC 仅考虑市场圈定效应，并不要求显示消费者受到损害。[59] 此前在 *Glaxo Smith Kline* 案中，其一审法院（CFI）对原 EC 第 81 条（TFEU 第 101 条）的适用作出了规定，[60] 但在之后的上诉中被法院驳回。[61] 在阿斯利康案中，GC 没有就这种方法作出进一步讨论，[62] 而且阿斯利康向 CJEU 提出上诉时并没有反驳这一点。

GC 的判决书中多次提到正当理由的问题。[63] 实质上，法院明确指出，阿斯利康无法依赖受保护的合法权益来保护其对数据的投资，这些数据是仿制药在申请上市许可时所必须的。[64] 类似于第一种滥用的推理，法院根据第 65/65 号指令将数据独占期的立法决定作为接受促进竞争的正当理由的参考基准。因此，法院认为，在独占期届满之后，阿斯利康没有理由证明是根据自己的创新动机来推迟仿制药进入市场。[65]

此外，GC 指出，阿斯利康无法证明注销洛赛克胶囊的合法商业理由。考虑到洛赛克药物在销售数年之后的安全水平，GC 不相信撤销注册是为了避免由市场营销持有人的药物预警义务所产生的沉重负担，所述义务包括报告可能出现的任何不良反应。[66] 特别是，阿斯利康的行为缺乏一致性，因为该公司没有撤销在德国的洛赛克胶囊的上市许可，而那里的药物预警义务确实是最严格的。[67]

总而言之，GC 总结认为，委员会正确地把注销洛赛克胶囊在丹麦、挪威和瑞典的上市许可定性为滥用支配地位。[68] 然而，法院认为委员会在一定程度上犯了一个错误，其未能证明在丹麦和挪威的注销也可能限制洛赛克胶囊在这

----

[59] On this difference, see Drexl, J. (2010), Real knowledge is to know the extent of one's ignorance: On the consumer harm approach in innovation – related competition cases, *Antitrust L. J.*, 76, 677, 683 – 8. See also Drexl, J. (2010), Competition law as part of the European constitution in A. von Bogdandy and J. Bast (eds), *Principles of European Constitutional Law*, 2nd edition, Hart and C. H. Beck: Oxford and Munich, pp. 659, 690 – 94 (on EU law in particular).

[60] Case T – 168/01 *Glaxo Smith Kline v Commission* [2006] ECR II – 2969, para. 172.

[61] Joined Cases C – 501/06 P, C – 513/06 P, C – 515/06 P and C – 519/06 P *GlaxoSmithKline v Commission* [2009] ECR II – 9291, para. 63.

[62] 然而，必须指出的是，CFI 为了适用 EC 第 82 条之前的规定，在微软判决书之前，甚至在葛兰素史克公司的裁决之前，都拒绝了消费者伤害的做法。见 CFI，同上 n.34，第 664 段。

[63] 欧洲法院只简单地提到了理由，并确认了 GC 的持有。见 GC，同上 n.3，第 135 – 9 段。

[64] GC, *supra* n.3, para. 681.

[65] See, in particular, GC *supra* n.3, paras 674 et seq. and 812.

[66] See, in particular, GC *supra* n.3, paras 689 et seq.

[67] GC, *supra* n.3, para. 692.

[68] GC, *supra* n.3, para. 864. This was confirmed by the CJEU, *supra* n.4, para. 156.

两个国家的平行贸易。❽

11.3　欧盟制药行业调查报告

现在的问题是，对于评估行业调查报告❼中确定的制药公司采取的潜在的反竞争策略来说，阿斯利康案的判决提供了多大程度的先例意义。为了回答这个问题，本节的这一部分将首先阐明"行业调查报告"的法律依据和目的（见第11.3.1 节）。然后，将确定阿斯利康的判决所涉及的策略类型（见第11.3.2 节），解释该报告在这方面的发现（见第11.3.3 节）。最后将介绍委员会从"行业调查报告"中得出的结果（见第11.3.4 节）。

11.3.1　行业调查报告的法律依据和目的

第1/2003 号实施条例❼第 17 条规定了委员会具有进行行业调查的权力。第 17（1）条规定如下：

如果成员国之间的贸易趋势、价格僵化或其他情况表明竞争可能在共同市场内受到限制或扭曲，欧盟委员会可能对特定的经济行业或不同行业间特定类型的协议进行调查。在调查过程中，委员会可以要求有关企业或企业协会提供执行"条约"第 81 条和第 82 条所需的资料，并可为此进行必要的检查。

委员会可以特别要求有关企业或企业协会向其通报一切协议、决定和协调一致的做法。

欧盟委员会可能公布一份调查结果报告，介绍特定经济行业或不同行业间特定类型的协议，并邀请有关方面发表意见。

根据这条规定，一方面，调查的范围非常广泛；另一方面，其结论意义十分有限。下文将通过与委员会在对具体违反竞争法进行调查并最终作出决定时所作的考量来强调这两个方面。

关于范围，行业调查包括特定经济行业的所有公司。这些公司可能是违反竞争法或侵犯行为的受害者。开始一个行业的调查既不需要任何具体的迹象表明一个企业参与或正在从事反竞争行为，也不需要其他企业的投诉。正如第 17（1）条的记载所示，市场的一般特征，例如价格僵化引起了相关市场受到

---

❽　GC, *supra* n. 3, para. 865. This is also the reason why the Court lowered the fines imposed by the Commission.

❼　*Supra*, n. 17.

❼　Council Regulation (EC) No 1/2003 of 16 December 2002 on the implementation of the rules on competition laid down in Articles 81 and 82 of the Treaty, [2003] OJ L 1, p. 1.

竞争限制的担忧，这些足以启动一个行业调查。尽管如此，阿斯利康案和勃林格殷格翰案的诉讼很可能有助于欧盟委员会作出启动涉及整个制药行业的行业调查的决定。

另一方面，调查的目的仅限于收集有关行业竞争情况的信息。这些信息可能相当普通，不涉及任何具体的违规行为。然而，行业调查也可能产生导致委员会针对个别公司启动正式诉讼的结果。❼ 尽管如此，行业调查报告原则上仅限于纯粹的事实调查，不应当就违反竞争法的问题作出任何法律结论。❼ 因此，在制药行业调查报告中，委员会主要是报告其真实调查的结果，并对特定的行为形式进行了分类，然而这些行为已事先被认定为潜在的反竞争行为，因此对个案的法律评估没有指导意义。一旦委员会启动针对某个公司的正式调查程序，这种分析当然是必须进行的。❼

11.3.2 潜在的反竞争专利申请策略

在制药行业调查报告中，委员会调查了一系列潜在的反竞争行为。这些行为可以是不同的方式。在报告中，委员会根据对竞争的特殊影响对这些行为进行了分类。第一类策略包括那些旨在通过人为拖延仿制药进入市场来减少价格竞争的策略。❼ 第二类策略是针对其他原研药公司的，并对创新水平（动态竞争）产生了负面影响。

阿斯利康的两种滥用行为属于第一类策略，延迟了仿制药进入市场。从竞争法的角度来看，这些案例并不复杂。延迟仿制药进入市场只会影响价格竞争。而评估关于创新的问题则更复杂，在相关市场上竞争的不同公司的创新行为的影响，只能在价格合理化评估框架内进行分析。即使这样，就像阿斯利康案中所提到的，竞争法的执法者有时也得依赖专利法和其他领域法所表达的关

---

❼ By relying on the findings of the Pharma Sector Inquiry Report, the Commission opened formal proceedings against the French pharmaceutical company Les Laboratoires Servier and a number of generic drug producers on 8 July 2009, the very same day of the presentation of the Report. See Case No COMP/E. 1/39. 612 – *Perindopril* (*Servier*). See also Commission, Antitrust: Commission opens formal proceedings against Les Laboratoires Servier and a number of generic pharmaceutical companies, Press Release MEMO/09/322 of 8 July 2009, available at: http://europa. eu/rapid/pressReleasesAction. do? reference = MEMO/09/322&format = HTML&aged =0&language (accessed 27 December 2011).

❼ 委员会指出，制药行业调查报告的目的不在于就某些做法与竞争法的相容性提供指导。见委员会，制药行业调查最终报告，同上 n. 17，第 472 段关于影响非专利产品进入市场的专利申请策略）以及第 1088 和 1096 段（关于阻碍其他发起公司研发活动的专利战略）。

❼ See Article 7 of Regulation 1/2003.

❼ 委员会明确指出，在这种情况下对竞争执法的价格有正面影响。特别参见：委员会，制药行业调查最终报告，同上 n. 17，第 465 段。

于利益的法制平衡。

此外，阿斯利康案对于评估专利申请策略非常重要。这种专利申请策略构成了上述两类较宽泛类别的一个子类别。换句话说，该专利申请策略可以通过阻止仿制药（第一类）❼ 进入市场并阻碍其他原研药公司（第二类）的研发活动，来减少价格竞争。

对于与仿制药公司的价格竞争，制药行业调查报告提出了，专利申请策略旨在延长专利保护的期限和宽度，从而延缓仿制药产品进入市场的时间。❼ 据委员会称，制药公司通过申请多项专利获得"专利群"或"专利丛林"——在某些情况下，欧盟成员国有 1300 多项专利和在审专利——用于同一种药物。这种做法不仅给仿制药生产商带来产品上市时的法律不确定性，也使得仿制药生产商在专利无效诉讼中挑战无效专利更加困难。❼

根据制药行业调查报告，专利申请策略也被认为是所谓的防御性专利策略的一个子类别。"专注于排除竞争对手而不追求创新"。❼ 根据委员会的说法，这些策略可能追求不同的目标。特别是，防御性专利策略可能被用来创设可执行的权利——以阻止专利的形式——旨在防止竞争对手在专利申请公布后立即进一步参与自己的研发工作或创造现有技术。❽ 例如，在勃林格殷格翰案❽中，委员会就反竞争性的"防御性专利策略"提出了争议。"防御"这个术语的使用似乎被误导了，特别是在阻止专利的情况下，❽ 在这种情况下，专利申请人的申请行为非常积极，其目的仅仅是阻碍竞争对手的研发，使其无意进一步开发和使用专利发明。

---

❼ As also pointed out by the Commission, Pharmaceutical Sector Inquiry Final Report, *supra* n. 17, para. 468.

❼ Communication from the Commission – Executive Summary of the Pharmaceutical Sector Inquiry Report, *supra* n. 17, ch. 3. 2. 1 (p. 10). See also Commission, Pharmaceutical Sector Inquiry Final Report, *supra* n. 17, paras 467 – 506.

❼ 本章不涉及另一个专利申请策略是关于自愿的分案专利申请。见委员会通报，制药行业调查报告摘要，同上 n. 17，第 3. 2. 1 节（第 10 页）；委员会，制药行业调查最终报告，同上 n. 17，第 507 – 22 段。这样的申请不会延伸专利的范围。通过拆分最初的专利申请，如果母案申请被撤回或撤销，则延长审查期限。从而增加了仿制药生产商的法律不确定性。

❼ Communication from the Commission – Executive Summary of the Pharmaceutical Sector Inquiry Report, *supra* n. 17, ch. 3. 3. 1 (p. 16).

❽ *Ibid.*

❽ *Supra* n. 16.

❽ However, it is not the Commission that is to be blamed for use of an inappropriate term. The Commission took the term from the internal reports of originator companies relating to their patent strategies. Commission, Pharmaceutical Sector Inquiry Final Report, *supra* n. 17, para. 1118.

11.3.3　关于专利申请策略的行业调查报告结果

影响仿制药企业的专利策略

根据欧盟委员会的说法，旨在阻止仿制药品进入市场的专利申请策略构成了制药公司专利组合的所谓生命周期管理的组成部分。[83] 重要的是，制药公司为了在基础专利保护期限届满后继续延长其独占期，还试图通过申请一些次级专利，例如加工或者重新配制药品来实现这一目标。[84] 如果这种情况发生在基础专利保护期限结束时——这种策略通常被称为"专利常青"策略——这将最大限度延迟仿制药进入市场。此外，委员会指出，制药公司为许多渐进式的创新提交专利申请，从而围绕基础专利创建专利群，如盐形式、代谢物、多晶型物、重新配制和临床试验中可能出现的新医疗用途。[85] 虽然从专利法的角度看，这种策略一点也不违法，但是它给仿制药进入市场带来了问题，鉴于这些发明仅仅是一些渐进式研究，这样的次级专利可能更容易失效，从而增加了仿制药何时可能真正进入市场的不确定性。[86] 委员会在其行业调查中发现，这种"次级专利"策略是由原研公司实施的，其明确的意图是通过提高法律不确定性来阻止仿制药。[87] 委员会还发现，原研公司刻意将专利作为阻止仿制药的工具连弱专利也不放过。[88][89]

这种调查结果产生的最重要的法律问题当然是，在哪些条件下，这些专利申请不再被视为合法，并进入竞争法律责任的范围。虽然委员会竭力不对案件个例是否适用竞争法提供指导，[90] 但它暗示了区分合法和非法策略的标准：

尽管［这种策略］在独占期通常符合专利制度的基本目标，但在某些情况下，其目的可能只是排除竞争，而不是维护被该专利集群所涵盖的自主创新的可行商业发展。[91]

因此，根据委员会的说法，这是百分之百的反竞争意图，同时申请人自身缺乏创新，这就会引起竞争法的关切。值得注意的是，委员会还提到在欧洲专

---

[83]　Commission，Pharmaceutical Sector Inquiry Final Report，*supra* n. 17，para. 473.

[84]　Commission，Pharmaceutical Sector Inquiry Final Report，*supra* n. 17，paras 476 et seq.

[85]　Commission，Pharmaceutical Sector Inquiry Final Report，*supra* n. 17，para. 485.

[86]　这些问题得到了委员会提出的关于废止这些次级专利的统计的支持。根据这些统计数字，所有异议和上诉程序中有60%以撤销专利权结束。在另外15%的案件中，专利的保护范围缩小了。

[87]　Commission，Pharmaceutical Sector Inquiry Final Report，*supra* n. 17，para. 494.

[88]　*Ibid*，Final Report，paras 525－7.

[89]　*Ibid*，Final Report，paras 503－5.

[90]　*Ibid*，Final Report，para. 472.

[91]　*Ibid*，Final Report，15，para. 523.

利局审批阶段，并不会关注专利申请的目的。[92] 但是，委员会认为，从竞争法的角度评估时，无论如何应考虑这种意图。[93]

影响其他初创公司的专利策略

关于旨在阻碍其他初创公司研发活动的专利策略，委员会的调查结果倾向于类似的方向。委员会证明，由新药进入市场的数量统计显示，近期制药业的创新水平在下降，因此解决原研公司之间的动态竞争是有合理理由的。[94] 尽管委员会充分意识到限制竞争并不是导致这种下降的唯一可能的原因。[95] 但委员会指出，为了能领先一步，在需求特别高的那些医疗领域推销其治疗方案，原研公司在研发活动中竞争最为激烈。[96] 尽管委员会明确拒绝就个别案件的竞争法评估提供指导，[97] 类似于对阻碍仿制药市场准入的专利策略的解释，委员会依靠制药公司提交专利的阻碍意图来识别那些引起竞争关注的专利申请："本节将分析一家原研公司常规的专利策略是否旨在阻止新的竞争性产品的开发，而不是保护其自身的发明"。[98]

由此可见，委员会完全接受专利申请策略的合法性，这些策略旨在保护申请人为自己的研究寻求尽可能多的途径的自由。[99] 因此，虽然某一发明专利申请之后并没有得到进一步发展，但是这一事实将不足以作为证明是反竞争阻挡策略的充分证据。

鉴于某些治疗领域竞争激烈，制药公司的研发努力与其专利可能是重叠的。从投资和金融的角度来看，制药公司进行清除性研究是极其重要的，以确定在预期的研究领域是否有其他公司的已获权或申请的专利。行业调查报告对于制药公司如何应对清除性研究中发现的重叠问题提供了最有益的指导。受影响的公司有 4 种不同的反应方式。他们可以：

（1）完全放弃在该领域的进一步研究；

（2）尝试围绕已有的专利进行创新；

（3）联系专利权人进行谈判，以获得许可；或者

---

[92] *Ibid*, Final Report, footnote 375 to para. 523; see also para. 524.

[93] *Ibid*, Final Report, footnote 375 to para. 523.

[94] See, in particular, *ibid*, Final Report, para. 1554.

[95] The Commission also mentions, among other things, increased scientific complexity and uncertainty about the financial rewards. See *ibid*, Final Report, para. 1083.

[96] Final Report, paras 1084–5.

[97] *Ibid*, Final Report, paras 1088 and 1096.

[98] *Ibid*, Final Report, paras 1092 and 1118.

[99] *Ibid*, Final Report, para. 1094.

（4）在法律诉讼中质疑专利的有效性。**⑩**

不论专利权人或专利申请人是否愿意基于自己的独占权继续进行自主研发，这类反应方式都会发生。因此，上述重叠并不意味着违反竞争法。相反，按照委员会的说法，专利申请人在申请时缺乏开发和将发明引入市场的兴趣，同时意图阻止其他原研公司进一步开发特定的创新并引入市场的因素引发了竞争法相关的事宜。**⑩** 委员会在其报告中引用了一系列来自原研公司的内部文件，这些文件表明这种"防御性专利策略"在制药行业中是一种相当普遍的现象。**⑩**

11.3.4　实际的后果

制药行业调查报告公布后，让人感兴趣的是，委员会是否会开始对个别案件进行调查。然而3年多的时间已经过去了，委员会还没有就报告中提到的做法作出任何一个决定。即使委员会在其报告中宣布，将充分利用其权力来追究反竞争法的行为。**⑩** 迄今为止，展开的这些调查只涉及原研公司和仿制药企业之间的潜在反竞争性专利诉讼和解。**⑩** 值得注意的是，欧盟委员会并未展开任何其他的关于专利申请策略的调查程序。但是，无论如何其实施对勃林格殷格翰案的调查表明，上述行为不应该被解释为委员会已经放弃了专利申请策略可能违反竞争法的立场。因此，以下部分评估阿斯利康案的判决对于解决在制药行业调查报告中确定的专利申请策略中所提出问题的贡献，是非常重要的。

11.4　什么情况下专利申请策略会违反竞争法？

对于如何评判专利申请策略符合欧盟竞争法，可以从阿斯利康案的判决中吸取一些教训，例如在行业调查报告中所确定的那些（见第11.4.1节）。但是，阿斯利康案并没有给出所有问题的答案（见第11.4.2节）。

---

⑩ *Ibid*, Final Report, paras 1109 et seq.

⑩ *Ibid*, Final Report, para. 1122.

⑩ See *ibid*, Final Report, paras 1122 – 32.

⑩ Commission, Pharmaceutical Sector Inquiry Final Report, *supra* n. 17, paras 1564 and 1570.

⑩ See Case No COMP/E. 1/39. 612 – *Perindopril*（*Servier*）；Case No. COMP/39. 266 – *Lundbeck*；Case No. COMP/39. 686 – *Cephalon*. On the latter case, see also Commission, Antitrust：Commission opens investigation against Cephalon and Teva, Press Release IP/11/511 of 28 April 2011, available at：http：//europa. eu/rapid/pressReleasesAction. do？reference ＝ IP/11/511&format ＝ HTML&aged ＝ 0&language ＝ EN&guiLanguage ＝ fr（accessed 27 December 2011）.

11.4.1 阿斯利康案关于评估专利申请策略的原则

第一，也是最重要的，阿斯利康案中证实，提起专利申请原则上可以构成 TFEU 第 102 条意义上的滥用。案件特别强调，申请人使用合法程序的事实不能免除申请人所受到的竞争法责任的制约。此外，欧洲法院驳回了这样一个论点，即只有在专利权人行使专有权之后才能构成滥用。制药行业调查报告也证明了这一做法的恰当性。正如委员会的实际调查结果所显示的，仿制药公司和其他原研公司往往会尊重授权的专利，并决定不对其有效性提出质疑，进而避免将仿制药品投放市场或重新调整自己的研发活动。尽管竞争法执法者确实也可以针对拒绝许可作为滥用市场支配地位行为的阻挡性专利的行为进行评估，拒绝许可的潜在非法性并不能事先阻止阻挡性专利的申请。将竞争法适用于拒绝许可的做法，在竞争性原研公司立即改变其研发工作，进而不要求许可的情况下，将无济于事。

第二，尽管依据专利法，申请人可能完全有权获得专利，但专利申请可能构成 TFEU 第 102 条意义上的滥用。有些学者认为，阿斯利康案只是提供竞争法适用于存在欺诈行为等额外因素的专利申请的先例。[105] 另外一些人则更为谨慎，其认为竞争法是否也可以适用于在阿斯利康案判决后那些遵守了专利法的行为，还未得到解决。[106] 这两种观点都忽视了这样一个事实，即阿斯利康案中关于注销洛赛克的第二次滥用行为也与专利申请有关。欧洲法院所持的对于滥用市场支配地位并不因为其行为符合其他法律领域而被排除在外的原则，是一种通用的原则，同样适用于医药法。将竞争法适用于符合专利法的申请也是正确的，因为专利审查员无法像委员会那样核实专利申请是否为了达到阻碍目的的反竞争意图。这类信息通常只能在申请人的内部文件中找到，并且只能通过使用竞争管理机构的调查权才能发现。即使专利法改革也不能使专利法符合竞争法原则。因此，认为竞争法不应适用于遵守了专利法的行为的观点，其实是从欧盟竞争法中免除了专利法律制度的使用，这违背了欧盟内市场竞争不受扭曲的目标。

第三，根据竞争法来评估专利申请是否是非法的，必须考虑专利局是否有决定权作出决定，或者是否有严格的专利授权义务。关于制药行业调查报告中讨论的专利申请就是这种情况。如果专利性要求得到满足，专利申请人就有权获得授权。而授权后如何使用专利的意图，根据委员会的观点，其显然是竞争

[105] See Kjølbye, *supra* n. 15, at 180.

[106] See Maggiolino and Montagnani, *supra* n. 5, at 258.

法下的决定性标准，专利局不能也不会考虑到这一点。在这方面，制药行业调查报告中讨论的专利申请策略比阿斯利康在申请 SPC 时的滥用情况更为明确，因为在阿斯利康案中，其甚至没有获得 SPC 的权利。

第四，在阿斯利康案中，两个法院都隐含地重申了既定的判例法，即 TFEU 第 102 条不要求市场支配地位的存在与损害竞争的能力之间存在因果关系。[107] 事实上，任何专利权人，包括那些没有市场支配地位的专利权人，都可能误导专利局进而获得不合理的 SPC。然而，阿斯利康公司作为一家占支配地位的企业，一般承担着不损害竞争的责任，其手段是否损害竞争依赖于其市场支配地位的存在与否。这个原则最初是由欧洲法院在早期的 *Continental Can* 案中提出的，委员会在第一份"并购管理"生效之前，将欧洲经济共同体条约第 86 条应用于占支配地位的企业与竞争对手的并购。[108] 并购企业试图通过辩称非市场主导的企业也能通过并购取得同样的结果来捍卫并购。法院依靠"共同市场不失真竞争"的条约原则[109]拒绝了这一论点，要求最有效地保护竞争。不要求这种因果关系的恰当性在学术研究中是有争议的。[110] 然而，至少在阿斯利康案中，申请 SPC 的企业是否是市场支配地位，这是非常重要的。只有一个占市场支配地位的垄断企业能够在推迟仿制药生产商进入市场后限制价格竞争，甚至在其申请 SPC 之前也是如此，而一个非支配地位但持有专利的企业必须通过替代来维持价格竞争。[111] 正如制药行业调查报告中所处理的那样，在一家占支配地位的公司试图通过申请次级专利来延迟仿制药进入市场的情况下也是如此。

第五，行业调查报告中涉及的专利申请案件面临的巨大挑战包括确定那些不被视为反竞争案件的专利申请的相关标准。在其报告中，委员会在进行确定时严重依赖专利申请人的意图。如果专利申请专门阻止仿制药企业进入市场，或阻碍竞争性原研企业的研发活动，委员会似乎都会将其视为反竞争案件。乍一看，阿斯利康案的判决并没有为这种方法提供明显的指导。至少在第一次滥用 SPC 方面，由于阿斯利康没有获得 SPC 的权利，因此阿斯利康案是更加简

---

[107] On this point see also Drexl, *supra* n. 2, at 151 *et seq*.

[108] Case 6/72 *Europemballage Corporation and Continental Can Corporation v Company* [1973] ECR 215, paras 25 and 27. See also the later confirmation in Case 85/76 *Hoffmann – La Roche v Commission* [1979] ECR 461, para. 91.

[109] Former Article 3（f）EEC Treaty.

[110] In favour of requiring a causal link see, for instance, Eilmansberger, T.（2005）, How to distinguish good from bad competition under Article 82 EC: In search of clearer and more coherent standards for anticompetitive abuses, *C. M. L. Rev.*, 42, 129, 141 – 146.

[111] See also Drexl, *supra* n. 2, at 152.

单的案例。尽管如此，更仔细地阅读对第二次滥用的判决会产生一些见解。关于注销洛赛克胶囊上市许可，问题在于这种合法使用程序是否被视为反竞争行为，而不是依据法律的竞争。两个法院选择采取以下两步法：首先，竞争管理机构必须确定竞争性损害——在阿斯利康案中，其包括通过阻止仿制药进入市场来延迟价格竞争。其次，必须确定是否存在使行为合法的商业理由。在制药行业调查报告中，委员会似乎主张采取类似的做法。委员会首先强调了专利申请竞争的负面影响，然后提出了专利申请人是否追求合法利益的问题。尽管在评估行为的反竞争性方面采取了这种并行的方法，但是行业调查报告中所指出的测试可能超出了从阿斯利康案中可以获知的内容。在本章后面的小节中将一起讨论这个问题以及其他方面的问题。

11.4.2 阿斯利康案判决的局限性和未决问题

尽管有上述研究，阿斯利康案的判决并没有对所有需要解决的问题给出答案，以用于评估制药行业调查报告中提到的专利申请策略。尤其对于那些妨碍其他原研公司研发努力的申请。

第一，阿斯利康案引发的损害理论，主要是市场支配地位概念的延展，可能不适用于行业调查报告所涵盖的所有专利申请策略。如上所述，阿斯利康案的损害理论包括通过延迟仿制药进入市场来扩大市场支配地位。由于这一理论也适用于行业调查报告中提及的次级专利申请，即一家原研公司旨在为仿制药进入市场设置障碍。相比之下，旨在阻止其他原研公司的申请策略对市场的影响则更为复杂。例如，如果受影响的竞争对手可能提出新的药物，并且这些新的药物可以替代占支配地位的公司已经在相关市场上销售的药物，那么上述策略可能扩大专利申请人现有的支配地位，并推迟价格竞争。

然而，更重要的反竞争效应是，竞争性原研公司投资研发的动机——对创新动态竞争的影响。在 GC 对阿斯利康案的判决中，考虑的是其主观意图，而对于创新的影响仅局限在客观层面。但与之相反的是，对于影响其他原研公司的阻碍性专利，对创新的负面影响构成了这种行为的反竞争性危害。

这可能使委员会更加重视这种情况，因为减少创新造成的社会利益损失可能比单纯降低价格竞争造成的社会利益损失更为严重。然而，这方面的挑战性很高。传统的产业组织经济学仍然是如今现代竞争政策和法律的基础，其通过新自由主义价格模型可以很好地评估商业行为对价格的影响。但是，它对衡量创新效果的贡献很小。由于竞争经济学的这些理论缺陷，人们经常认为竞争管理机构只能通过竞争法来保护价格竞争，从而降低创新激励的风险。⑫ 在行业调查报告和勃林格殷格翰等案例中，委员会发出了一个明确的信号，表示其愿意采取不同的态度，即认真对待创新的竞争，干预并保护动态竞争和价格竞争的目标。⑬

第二，明确有关证明市场支配地位适用 TFEU 第 102 条的要求，就制药行业调查报告中涉及的专利申请而言，这一点可能比在阿斯利康案中更为重要。阿斯利康在申请 SPC 时已经拥有了专利，这说明阿斯利康当时是市场主导的。作为延迟仿制药进入市场策略的一部分，提交次级专利也是可能引发争论的。在这两种情况下，损害理论都是通过提交文件作为"常青"策略的一部分，以扩大其市场支配地位。但是，针对阻碍其他原研公司研发活动的策略，阿斯利康案的分析只能成功适用到这种情况，如果申请人已经在特定的治疗领域占有市场支配地位并申请阻挡性专利，目的是避免竞争的原研公司开发更好的、可替代的产品进入市场。确信在勃林格殷格翰案中是可以适用的。⑭ 然而，在很多其他情况下，甚至在如今的相关产品市场中，原研公司可能仍然为在特定治疗领域首先销售一种药物而竞争着，尚且没有任何一家公司占据市场支配地位，甚至都不够活跃。

因此，对市场支配地位的法律要求可能会大大限制竞争执法者应用第TFEU 第 102 条并阻止针对其他原研公司的专利的能力，这也可能解释了为什么委员会自勃林格殷格翰案以来还没有提出其他任何类似的案例。事实上，在勃林格殷格翰案中，专利申请时，专利申请人占据市场支配地位的事实似乎是一个巧合。

要将 TFEU 第 102 条适用于专利申请人在产品市场上尚未占支配地位的情况，一种方法是，采用"创新市场"的概念，将"支配地位"的概念转移到

---

⑫ See, for instance, Ahlborn, C. , V. Denicolò, D. Gérardin and A. J. Padilla (2006), DG comp discussion paper on Article 82: Implications of the proposed framework and antitrust rules for dynamic competitive industries, available at: http://papers. ssrn. com/sol3/papers. cfm? abstract_id = 894466 (accessed 27 December 2010); Evans D. S. and A. J. Padilla (2005), Designing antitrust rules for assessing unilateral practices, a new – Chicago approach, *U. Chi. L. Rev.* , 72, p. 73 (with a general recommendation not to intervene in IP – related cases).

⑬ See also Drexl, *supra* n. 21, at 27 (claiming the need for a more comprehensive competition – law analysis in the light of the goal of protecting innovation).

⑭ *Supra* n. 16.

创新资源的控制上。⑮ 然而，这个概念也是非常值得怀疑的，因为创新与发生真正交易的市场没有什么相像之处。⑯ 因此，对于在新技术或产品在市场出现之前妨碍竞争对手的研发努力或者对有关公司进入现有技术和产品市场的单方面限制行为，欧盟竞争法可能没有任何补救办法。⑰

第三，关于竞争法责任的标准，那些影响原研公司创新积极性的专利申请又是更加复杂的。如上所述，⑱ 阿斯利康案提供了区分反竞争行为和优劣竞争的分析框架。在阿斯利康案中处理的滥用行为，以及制药行业调查报告中提到的影响仿制药企业的专利申请，要求各机构在价格竞争与创新之间找到平衡点。

在这种平衡方法中，需要回答的问题是价格竞争的降低是否可以通过创新得到客观的证明。但是，对于影响其他原研公司的专利申请，执法人员需要平衡支配地位的企业及其竞争对手的创新积极性。阿斯利康案可能不会被视为此类案件的先例。然而，这种类型的平衡是由委员会进行并由 CFI 在 *Microsoft* 案中认可的，其中委员会要求微软向工作组服务器操作系统的生产者提供 Windows 操作系统程序中包含的互操作性信息。⑲ 委员会平衡了各方就二级市场上提供的兼容应用软件进行创新的积极性（激励平衡方法）。

第四，委员会在行业调查报告中提出的关于竞争法赔偿责任标准的适用性引发了更进一步的担忧。诚然，委员会似乎在评估违规行为时采用了同样的分析方法，即首先确定竞争性损害，然后考虑到可能的理由，但这无法掩盖行业调查报告中涉及的专利申请和阿斯利康案中发现的滥用行为对竞争的影响大不

---

⑮ 这个概念在 20 世纪 90 年代中期首次被美国的并购管理法所推广。参见 Gilbert，R. J. 和 S. C. Sunshine 的文章（1994~1995 年），在合并分析中纳入动态效率问题：创新市场的运用，Antitrust L. J.，63，569。现在已经放弃 2010 年美国新并购指南，而赞成 "创新竞争" 的概念。参见美国司法部和联邦贸易委员会（2010），横向兼并指南，8 月 19 日，第 6.4 节，可查阅：http://www.justice.gov/atr/public/guidelines/hmg - 2010. html（访问日 2011 年 12 月 27 日）。

⑯ 最近，"横向合作指南" 的修订也得到了证实，该指南也解释了 2010 年 12 月 14 日关于适用 "条约" 第 101 条第（3）款的关于欧盟研究和开发协议类别的欧盟委员会第 1217/2010 号条例（R&D Block Exemption），［2010］OJ L 335，p. 36。见委员会通知 - "条约" 第 101 条关于欧盟履行水平合作协议的适用性的准则，［2011］OJ C 11，p. 11，第 119 - 22 段。与以前的指南相比，"创新市场" 的概念被 "创新竞争" 所取代。

⑰ In more detail on the limitations of Article 102 TFEU to address restraints of competition in innovation see Drexl, J. (2012), Anti - competitive stumbling stones on the way to a cleaner world: Protecting competition in innovation without a market, *J. Comp. L. & Econ.*, 8, 507, 529 - 41.

⑱ See above 11. 4. 1 at the end.

⑲ CFI, *supra* n. 34. For a most recent and thorough analysis of the case, see G. Surblyte. (2011), *The Refusal to Disclose Trade Secrets as an Abuse of Market Dominance - Microsoft and Beyond*, Stämpfli Publishers: Berne.

相同。问题在于授予专利本身对市场和竞争对手的行为有排他性的影响，尤其是在他们自己的研发活动中可能受到影响。因此，产生专利的本质——至少有一些——市场封锁效果，实际上，立法机构期望它们具有这样的效果。原则上这样的效果不应该被认为是反竞争的。

相反，必须假定，根据专利法的立法本意而授权的专利，其在排斥竞争的同时推动替代来促进竞争，从而产生整体的有利于竞争的效果，事实上这符合阿斯利康案的决定。因此，将专利自身的阻碍作用视为足以使其符合反竞争的条件似乎并不恰当，需要确认是否有进一步使用和在市场上推广该发明以构成一种创新型商业理念的意图。否则，通常的专利申请将被视为看起来证据确凿的违反竞争法的案例。

作为客观合理性测试的先例，*Microsoft* 案的判决可以进一步支持这种批评。根据 *Microsoft* 案的说法，在其行为被认定为滥用行为之后，占支配地位的公司必须证实行为并证明其存在客观的理由。⑫ 这样的规则会使所有专利申请都变得可疑，而专利申请人极难证明其并没有采取完全反竞争的阻挡策略。鉴于这种批评，应当仅在有证据表明申请人百分之百采取的是阻挡策略时，才将该专利申请视为属于竞争法的范围。此外，由于法律上的不确定性无疑是由委员会提出的意图标准所造成的，所以为了确保专利申请只会在非常特殊的情况下受到质疑，将基准设定得非常高是必需的。

第五，阿斯利康案很难作为先例来评估专利申请人意识到其申请的是一个弱的专利，然后决定仍要将其作为"常青"策略的一部分的情况。这种情况与阿斯利康申请不合理的 SPC 有很大的不同。虽然阿斯利康有义务告知专利局关于授予上市许可的日期，但专利申请人没有义务在申请时告知专利局。虽然专利局不必质疑阿斯利康提供的信息的正确性，但至少在专利审查过程中，专利局必须全面评估是否满足专利性要求。这些差异性强调，不应因次级专利往往无效这一事实而将这些专利纳入竞争法责任的范围。如果专利申请人隐瞒来自专利局提供的可能表明该发明实际上是现有技术的信息，则这种情况可能不太明朗。但是，即使在这种情况下，申请人也没有义务事先告知专利局。⑫

---

⑫　CFI, *supra* n. 34, para. 688.

⑫　也参见 Hull, 同上 n. 5, 484 及以下，他认为这个假设不清楚，但主张狭义解读阿斯利康案所记载的误导行为的概念，目标是保持创新激励。

11.5　结　　论

阿斯利康案当然可以被视为根据竞争法评估专利申请的里程碑式的案例。尽管案件涉及一系列不太可能再次出现在法庭上的事实，但对于延缓仿制药进入市场，从而损害价格竞争或妨碍其他原研公司的研发活动的专利申请策略来说，该案例是非常重要的。欧盟委员会的制药行业调查报告中已经将这两种专利申请策略都视为具有潜在的反竞争性。

阿斯利康案建立了这样的规则：知识产权的备案对相关市场的竞争立即产生影响，因此构成了 TFEU 第 102 条意义上的潜在的滥用。此外，委员会和欧洲法院的 3 项裁决都解释说，根据专利法规则存在的专利的法定权利本身并不排除竞争法的义务。必须指出的是，专利局在授予专利方面缺乏自由裁量权是"争取"而不是"反对"竞争法赔偿责任的论据。然而，随着通过降低价格竞争或阻碍竞争对手的创新动机而显示出可能的竞争损害，其竞争法方面的责任必须积极地建立起来。

阿斯利康案也表明，一旦潜在的竞争损害确立，需要平衡这些负面影响与专利申请人自身的创新动机的影响。按照阿斯利康案中的说法，这种激励措施应在客观层面予以考虑。然而，行业调查报告中提到的专利申请做法与阿斯利康案的事实有很大的不同。由于专利作为排他性权利会自动对相关市场上仿制药的可用性以及竞争性原研公司的研发活动产生负面影响，因此关键的是，要承认专利申请，其本质上是促进和保护申请人的创新积极性的合法商业策略。[120]

在平衡对竞争的负面影响的框架下——无论是在静态价格竞争还是在创新动态竞争——竞争执法者都应该承担的责任是证明专利申请人在提交专利申请时具备追求专有的反竞争策略意图。就此类专利申请而言，为竞争法责任制定高标准是至关重要的。否则，竞争法将阻止专利制度的使用，甚至是在专利的目的是促进竞争的情况下。专利申请案件中的竞争法责任必须仍然是非常罕见的例外，而不是频繁执法行动的基础。

总而言之，本章所提倡的谨慎态度，并不反对将竞争法适用于行业调查报

---

[120]　这种担忧激发了 Kjølbye，同上 n.15，在 182，完全拒绝单纯的专利申请而没有"附加因素"作为反竞争的。他忽视了这样一个事实，即委员会只是主张在专利申请人的专利创新意图被排除的情况下进行干预. Priddis, S. 和 S. Constantine（2011）在"欧洲的制药行业、知识产权和竞争法"中也表达了类似的担忧，S. Anderman 和 A. Ezrachi（编），Intellectual Property and Competition Law – New Frontiers，OUP：Oxford，第 241、260 页（主要是指意图要求导致的不确定性）。

告中所确定的专利申请行为。专利申请可以是反竞争阻碍策略的特殊表达。由于专利法不能以专利局阻止专利申请的方式进行改革，那么竞争法必须发挥其作用。相比之下，专利局更容易发现不稳定专利。不合理的次级专利问题是一个主要应该在专利法和政策背景下解决的问题。因此，恰当的问题不是竞争法是否应该适用于专利申请，而是从体制的角度来看，是否应该适用特定的竞争政策。

制药行业过去和现在仍然受到制药行业调查结果的影响，这并不令人惊讶。主要是因为制药行业过去并不是竞争执法的主要目标。现在这个情况发生了变化，这也是由于诸如阿斯利康案和勃林格殷格翰案等诉讼而引发的。在所有行业中建立和促进竞争规则的意识是需要得到尊重的，这是竞争管理机构和法院使命的重要组成部分。然而，制药行业对竞争管理机构采取强有力的执法行动存在担忧，这种担忧是否真的有道理？分析表明，实际的后果预计会相当有限。正如所解释的那样，专利申请时要求已占据市场支配地位，仅仅这一标准就大大降低了专利申请专门阻碍其他原研公司研发活动的可能性，这才是竞争法责任的范围。勃林格殷格翰案在这方面似乎是个例外。至于有可能延迟仿制药进入市场的专利申请，则要求竞争执法者证明申请人无意进一步开发专利发明并将其带入市场，这种高度防范标准将会使对它的干预变得不太可能发生。希望专利局通过保持高水平的专利质量来最大程度地维护专利制度，从而使得竞争管理机构确信不需要干预。

原书索引

说明：索引格式为原版词汇＋中文译文＋原版页码。